駐車施策からみたまちづくり

地域ルールの先がけ大丸有モデル

高田　邦道　監修

大手町・丸の内・有楽町地区駐車環境対策協議会　編著

■ 発刊にあたって ■

　大手町・丸の内・有楽町地区は、1894年に竣工した赤レンガの三菱第1号館に始まる「一丁倫敦（ろんどん）」の時代、東京海上ビルディング、郵船ビル、丸ノ内ビルヂング等に代表される1920年前後に竣工したアメリカ式高層オフィスビルの「一丁紐育（にゅーよーく）」の時代、1960年ごろより建設が進められた高さ31mで軒高が揃った整然とした近代的オフィスビルの時代、そして2000年ごろより始まり現在も続く超高層オフィスビルの各時代を通じて、日本を代表する最先端のオフィス街を生み出してきました。

　そのオフィス街の歴史は、一方でモータリゼーションの発展と並行して、この地区に大規模な駐車場群を生み出しましたが、やがてそれらの利用は低迷し、ビルにとっての重荷のひとつとなってきました。

　この地区では、1988年にエリアとして将来のまちのあり方を議論し、それに基づき実践的なまちづくりを進めるために、地権者等による協議会を設立しましたが、その場においても、早い時期から駐車場のあり方は重要なテーマのひとつとして検討が進められてきました。その結果として、このエリアの地域特性に見合った適切な駐車場整備ができる地域ルールが2004年に誕生しました。このルールは、その後、工夫、改良を加えながら、15年間に亘り運用し、一定の成果を上げております。

　本書は、これまでこの地域ルールの運用に携わった方がたによって、地域ルールの思想、運用の方法、運用によってもたらされた成果等をとりまとめたものです。都心部における駐車場に関する課題は、多少の地域差があっても共通する本質的な部分があります。現在、他のいくつかの地域でもルールづくりの検討が進んでいると聞いておりますが、当地区で先駆けて始めたこのルールが、他地域での参考となり、活かされる機会があるならば幸いです。

　最後に、このルールの策定ならびに運用にご理解、ご協力いただいた国土交通省、東京都、千代田区、警視庁の関係行政の方がた、技術的に精査し常に適切なご指導をいただいてきた高田邦道先生をはじめとする学識の先生方に対しまして心より感謝を申し上げます。

2019年10月

大手町・丸の内・有楽町地区駐車環境対策協議会会長

杉山 博孝

■ 序　文 ■

　本書は、『駐車政策が育むまちづくり』を目指した大手町・丸の内・有楽町地区における地域ルールの誕生から10年を経過した実績をまとめたものである。その内容は、

① 地域ルールというシステムをどのように構築したか

② ビルの駐車計画の審査にどのように関わってきたか

③ その結果、地域の交通にどのような変化が起きてきたか

④ 今後の地域の交通未来図をどう描こうとしているのか

である。すなわち、大丸有モデルについてとりまとめて「地域発」の新しいルールの誕生の姿を示したものである。

　地域ルール、住民が育てる地区交通計画は、欧州の都心再生計画や欧米の住宅地の交通計画にみられるが、真の住民参加はこれまで日本では育たなかった。欧米の先進国では、地域のことは、地域住民が行政指導の下、多数決で事を決める。あるいは住民の考えたことを、行政が法的対応や補助金制度の活用を指導した後、住民が多数決で事を決めることが一般的である。それは、地域地域によって、そこで生活する人、来訪する人が地理的・社会的環境に加えて、土地利用や歴史的過程によって異なるので、当然、交通現象も異なってくる。そのため、交通安全や近隣防犯のための地区計画、あるいは商業地の買い物客やオフィス街への来訪者を受け入れる駐車場等の施設整備や受け入れシステムは住民判断に委ねられている場合が多い。ものによっては、賃貸契約者（下宿人）まで入れて、その判断が委ねられる。それができるのは、個人責任が問われているからである。

　一方、管理瑕疵責任社会のわが国の場合は、なかなか難しい。筆者が取り組んだ住宅地内の交通安全対策を行政と住民の代表とで話し合って決めた住民参加に近い例（鎌ヶ谷モデルと呼ばれている）では、国土交通省の『道路政策の質の向上に資する技術研究開発・優秀技術研究開発賞』までいただいた。そのため、通学時の交通安全対策や住宅地の交通安全計画の事例として、地方自治体の職員や議員が見学に大勢おしよせたが、部分的なデバイスの採用はあっても、モデルの肝である交通事故発生の分析やヒヤリ体験データのデータ収集やその分析結果からの優先順位の決め方、あるいは住民参加の計画づくりから実施までのプロセスは波及しなかった。また、わが国にも住民投票という制度も存在しているが、投票率が批判に上り、少数意見の尊重が対象外地域の社会的支援を受けることもしばしばで、法的には最終決定力がなく、実行者の参考意見に過ぎないなどの課題もある。

本書で扱う地域ルールは、附置義務駐車スペースの緩和の認定をベースに、旧制度との差から得られる建設コスト減額の一部を使って、よりよい建物内駐車施設計画の実施と、地域内のよりよい交通システムの実現を求めるものである。大丸有地区のように社会インフラが他地域に比べて進んでいるところでは、行政におけるインフラ整備の優先順位は極めて低い。また、旧ルールにおける建物との混在が当分続くこともあって、附置義務駐車台数の減免という恩恵によった建物は、地域の交通に貢献する義務もあるのではと考えた。たとえば、建物内で貨物車の積みおろし、タクシー客の乗り降りは建物内の車寄せで、乗用車の場合には地域内では、できるだけ走行距離の短い近くの駐車場に駐車し、地域内は徒歩で移動できるような歩行空間をつくり、車の地域内トリップを極力減少させる等々が求められる。また、交通管理者からの「駐車場が足りない場合どう責任をとるのか」などの意見に対しては、地域としての駐車料金の値上げによる需要のコントロールや附置義務駐車制度の駐車場であるが一般有料駐車場として開放し、隣接する建物に通路で連絡をさせて、隣接駐車場で補うなどを条件に実施することにした。結果的には、地下の歩行者用通路および自動車通路のネットワーク化が完成し、地上部の道路を歩行者専用にできるかなどの模索も開始している。

　以上述べたような地域内交通システムが実行できる可能性を組み立てられるかを条件に大丸有モデルのお手伝いを引き受けた。これらを実行するには住民参加型で、行政との折り合いがつけられるかという注文に、すべて応えていただけたのは、故人になられた三菱地所の三武庸男さんと初代事務局長の白根哲也さんとが奔走したお陰であった。

　こうして出来上がった地域ルールのシステムを実効あるものにするために、大丸有地区住民（ここでは主として企業）を束ねていただいている大丸有地区再開発計画推進協議会（現・一般社団法人大丸有地区まちづくり協議会）と一体的な運用ができるように取り計らって、自ら大丸有地区駐車環境対策協議会会長に就任していただいた福澤武（元・三菱地所社長）さん、続いて就任された杉山博孝（元・三菱地所社長）さんには地域ルールのシステムが機能できる『要』になっていただいたことが大丸有モデルを成功に導いた。

　もうひとつ地域ルールで重要と考えたのは、建物ごとの需要予測、建物内の駐車場計画とそれに伴う建物内の動線、および周辺建物や地下鉄駅などとの連絡計画等についての審査である。この仕組みは、筆者と駐車場の共同研究をしていた故・對木揚（ついき企画代表）さんに、原田昇東京大学工学部教授と苦瀬博仁流通経済大学教授（当時東京海洋大学教授）のアドバイスの下で構築していただいた。對木さんが病に倒れられた後は宮本成雄さんに引き継いでいただいている。この厳しい審査が大丸有モデルを支えている。

　さらに重要な役割は、協議会事務局の役割である。減免を必要とする新築建物の窓

口として、新築後の建物がどのように機能しているか、また対象地域の道路の駐車事情や交通事情の調査、分析、そして地域ルールの適用を受けた地権者からの審査手数料の使用と管理、負担金の有効な使用方法の検討およびその管理にあたっての役割を果たしていただいているのは、代々の事務局長、白根哲也さん、国富剛さん、渡邊仁さん、また事務局長のもとで実務にあたった保阪邦夫さん、茂木憲明さん、三武庸男さん、大原大志さん、および吉岡悠さんの努力の結晶である。そして、実際の調査にご協力いただいたのは、IBS 一般財団法人計量計画研究所の方々であった。

この地域ルールの成果を行政上への成果にご協力をいただいているのは、大丸有協議会の代表、駐車場事業者、国土交通省、東京都、千代田区、および警視庁で構成されている大丸有地区地域ルール策定協議会、ならびに大丸有地区地域ルール運営委員会の委員の方々である。

以上、多くの方がたの協力によって地域ルール・大丸有モデルは誕生し、育って、今日に至っている。欧米の住民参加システムに及ばないまでも、わが国でできる範囲内の『地域発のルール』は構築できたと考えている。ここに記して、謝意を表す次第である。

最後に、大丸有モデル立ち上げ、運用、審査手法の確立に重要な役割を果たした故・三武庸男さんと故・對木揚さんには病に倒れられた。この場を借りて謝意と哀悼の意を捧げる次第である。

2019 年 10 月

大手町・丸の内・有楽町地区駐車環境対策協議会事務局にて

高田 邦道

■「駐車施策からみたまちづくり」目次 ■

第1章 駐車政策の変遷と大丸有地域ルールの誕生

1-1 わが国の駐車政策の考え方 [1] [2] [3]

（1）駐車政策の誕生

わが国では、1957（昭和32）年に、駐車問題全般に対処していくための「駐車場法」、1962（昭和37）年には、「自動車の保管場所の確保等に関する法律」（以下、「車庫法」）が制定された。当時、車の保有台数は増加していたものの、まだ家庭までの浸透には至らない時期において、この駐車問題全般に対処する法整備に、「駐車は路外」という思想が根付いており、先見の明があったと国内外の交通技術者から評価されている。駐車場法は、自動車交通が輻輳している場所を「駐車場整備地区」に指定し、①都市計画駐車場、②附置義務駐車場、③届出駐車場、の3種類の路外駐車場と路上駐車場の整備促進を狙いとしていた。

しかし、貨物車の駐車問題については、これらの制度の対象外とされていたが、1959（昭和34）年に「自動車ターミナル法」が制定された。ただ、この制度は、バスや営業用貨物車など大型車両が対象で、その駐車スペースを「ターミナル」として道路外に確保していくことを狙いとしており、集配など小型貨物車への対応策は道路交通法での「貨物の積みおろしのための5分間の駐車を除く[1]」という例外条項で片付けられた。そのた

港湾部に路上駐車するトラックの列

---

[1] 道路交通法第2条第18項で「貨物の積みおろしのための停止で5分を超えない時間内のものおよび人の乗降のための停止を除く」となっている。『貨物』という用語を使っていることは、これを素直に読めば、『青ナンバーの貨物車の荷積み』と考えられる。しかし、運転免許を取得するために習う運転教本では『貨物』が『荷物』となっているため、自家用乗用車で運ぶ荷物までも該当すると、一般には受け取られている。そのうえ、「5分間を超えない」という文言も取り締まりの際に『5分間』という時間空間の担保を証明することが難しく、ドライバーの自白に依存するため、20〜30分間の時間担保の下、路上駐車の取り締まりがなされてきた。同様に人の乗降もタクシーやバスの青ナンバーが対象につくられたと考えられるが、これも不明確になっている。現在では、駐車取り締まりは、民間委託により「放置車両（車内あるいは車の直近に車関係者がいない）」という名目でこの条項を運用している。

都市部の路上駐車

客を待つタクシーの列

め、貨物の集配は路上駐車に依存し、現在各都市で集配送による路上駐車問題を引き起こしている。また、近年、通勤支援の企業バス、病院への通院バス、あるいは幼稚園や私学の通学バス、観光立国政策への転換から、外国人観光客の増加に伴う観光バスの路上駐車問題が新たな課題となってきている。

　一方、大規模建築物に対しては、附置義務駐車スペースを準備することが求められた。具体的には、床の用途と面積を勘案した必要最小限の駐車スペースである。本来建築側で建物用途に応じて必要駐車スペースが準備されるべきところであるが、それまでは車利用が少なく、建物内での駐車の受け入れ対象ではなかった。それは、交通量が少なく、路上駐車が可能なこともあって、駐車スペースを建物内に保持しないのが一般的な傾向であったからである。しかし、昭和30年代半ば（1960年前後）ごろから一流企業の役職者レベルではあるが、個人での車所有が進み、車利用も急激な増加傾向となってきた。法の制定は路上駐車問題が生じ始めたことへの素早い対処であったといえる。附置義務制度もでき、わが国の駐車政策は、「駐車は路外に」という基本理念の下で、定着することになった。

（2）昭和40年代以降の駐車対策

　昭和40年代（1960年代後半から1970年代前半）以降の高度成長期に、自動車が一般家庭にまで普及していった結果、自動車交通は飛躍的な増大をみせた。1971（昭和46）年、東京では「光化学スモッグ」という大気汚染現象が大きな社会問題となった。当時は美濃部亮吉東京都知事時代で、自動車交通による環境悪化への対応策として、東京都内に流入する自動車交通を抑制する思想が強いこともあって、都心部の路上駐車を禁止し、通勤などで終日路上駐車している自動車を締め出す政策を採用した。

　この政策は一定の成功を収めたが、高度経済成長期を迎え、車による活動が増加していったにも関わらず、「駐車は路外」を実行できる準備が建物側にはできなかった。そのため、路上駐車がはびこり、バブル経済期には東京都内で、ピーク時には約17万台の車が路上を埋め尽くした。そのため、駐車政策全般の見直しが必要となった。

延々と続く路側駐車のため、集配のための車両による二重駐車が発生し、交差点付近など、道路交通法で規定されている駐車禁止区間[2]にまで駐車するなどの二次的問題を引き起こした。さらに、道路上に停車している貨物車に自動車が追突する事故が相次ぎ、社会問題化した。ちょうどこのころからいわゆる「バブル経済」が始まり、道路は貨物車であふれるようになった。小売業が強いわが国の商流体系に物流革命の旗手といわれている「ジャスト・イン・タイム[3]」が登場して、貨物車が路上駐車に拍車をかけた。1987（昭和62）年には、この課題に対し「良好な市街地の形成のための都市内道路の整備のあり方とその推進方策についての答申」で、荷さばきのための駐車施設整備の必要性が示された。また、都市計画中央審議会でも駐車場整備を積極的に推進するための対策が提案された。

このように路上駐車が社会問題化し、国家的議論を起こすに至った。この議論で、道路上の違法駐車取り締まり強化が衆知の一致した見方であった。しかし、道路交通法にある「貨物の積みおろしのための5分を超えない停止を除く」例外規定が、「5分間」の時間空間をどう担保するのか、その認定を難しくしていた。また、たとえ違反車を特定し、路上から排除した場合も、違反駐車車両を収容すべき路外駐車場が足りないという問題もあった。その一方では、厳しい駐車違反の取り締まりに対して、「お客が来にくくなる」「貨物の積みおろしに支障をきたす」などという理由から、商店街からの反対もあった。

一方、路外駐車場の整備は補助制度も整い、地方自治体や民間が主体となって道路、公園、駅前広場などの地下空間を利用して駐車場を整備してきた。しかし違反駐車の取り締まりが厳しくない状況下のもとでは利用率が悪く、駐車場経営の採算上の問題や建設コストの上昇傾向とも相まって、路外駐車場の建設が低下していった。また、昭和30年代から40年代にかけて、駐車場整備のために考えられた地下商店街との一体建設が、火災等の惨事によって、地下駐車場建設も停滞した。

（3）駐車政策の見直し

駐車場法は、大都市を意識してつくられたため、地方中小都市の駐車対策には必ずしも有効に作用しなかった。駐車は、「車トリップ＋徒歩トリップ」であるという考え方から商業・業務地区など特定地区の問題を具体的に解決できる仕組みをつくることを目指して対応する施策を組み立てることを念頭に駐車施策の見直しが求められた。

---

2 たとえば、交差点とその端から5メートル以内の場所、横断歩道、自転車横断帯とその端から5メートル以内の場所、バス、路面電車の停留所の表示板から10メートル以内の場所など。

3 just in time、必要なものを、必要な時に、必要な量だけ生産する体制。原材料の搬入や中間品の搬入には、時刻が限られるため、川下の下請納入業者は早めに目的地付近に到達して、納入予定時間まで路上で待機する。生産体制上は合理的なシステムであるが、公共財である道路が駐車車両によって占有され、社会問題化された。

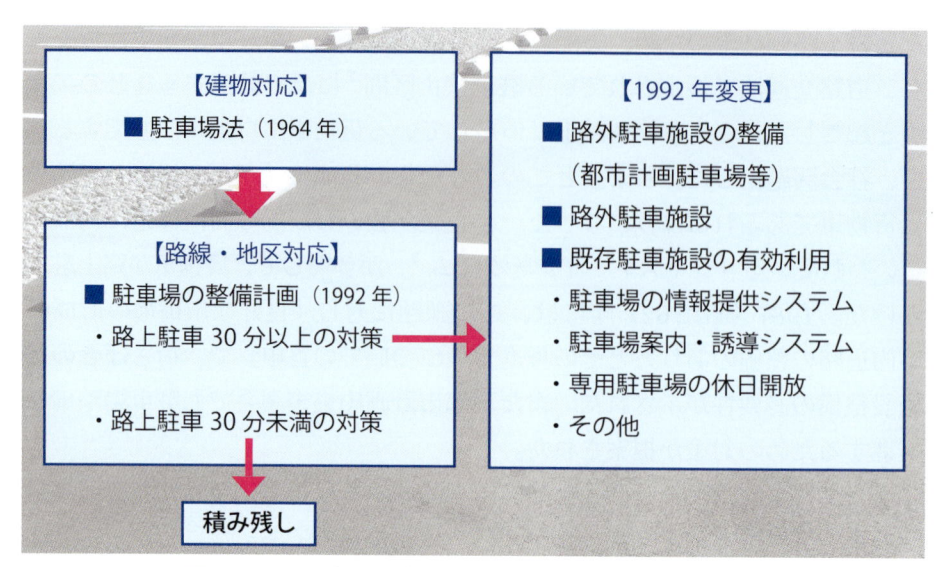

図 1.1　1992 年の駐車政策変更時の駐車対策メニュー

　このような駐車課題に対処するため、筆者も幹事長として参画した駐車政策検討委員会（新谷洋二委員長）の議論では、駐車場法ならびにその関連法は、基本的には間違っていないが、この法の対象が特定の小規模地区であることから、地区の駐車（場）計画を構築する道筋をもう少し親切かつ具体的に示すことが必要だとした。また、駐車場やその利用情報の提供、あるいは駐車場案内・誘導システムの導入など運用管理面を補助制度とともに充実させた。加えて、地区内にある銀行などの民間企業の既存専用駐車場の開放などを含めて、地区の駐車場運用システムの構築まで踏み込むことが現実的ではないかとの結論を得た。この視点から駐車場法の一部改正および運用方法までの具体的な方法を示した。**図 1.1** は、その具体的な対策構造図を示したものである。これらの対策を実施するために、各自治体は、計画対象地域を選出し（基本計画）、その対象地域の路上駐車と既存の駐車施設などの調査を行い、対象地域の駐車需要を推定した。その推定をもとに対策を検討し（整備計画）、対象地域の路上駐車を収容できる規模の路外駐車場の建設や専用駐車場の解放などにより「空き駐車場」に案内・誘導するシステムの構築に取り組んだ（実施計画）。この考え方が本書のテーマである『地域ルール』の元になっている。

（4）駐車政策の見直しで積み残された課題

　1992 年時の駐車政策の見直しで積み残された課題もあった。それは、
　①　「貨物の積みおろし」と「人の乗降」の路上駐・停車問題
　②　大規模建築物の附置義務駐車基準の緩和
である。
　駐車政策の見直しの検討委員会の幹事長であった筆者は、委員会が終了後、自身の

研究テーマとし、検討を続け、論文の作成はもとより、海外の事例の調査や国内の自治体の実施計画のサポート、また、大規模研究助成費による社会実験をとおして、①と②、それぞれの解決策に取り組んだ。具体的な成果としては、「短時間路上駐車の諸課題」として、さらに、路上駐車の問題と大規模建築物の附置義務駐車スペースの緩和の問題との結合ができるのではとの考えの下に方法論を熟成してきた[4][5][6]。この熟成の成果は、後述する「大丸有モデル」で結実できたと考えている。

ポストバブルの駐車政策について、「短時間路上駐車の諸課題」と「大規模建築物の附置義務駐車スペースの緩和」の成果を研究発表するとともに当局に進言し、社会実験の実施などを通し、今日の駐車政策、特に路上駐車政策に貢献できたと考えている。普及したかどうかは別として、その実現できた項目は、

① 附置義務荷さばき駐車施設の導入による条例改正
② ポケットローディングシステム（路外荷おろしスペース）の補助金制度
③ タクシーの呼び出しシステム（羽田空港などで定着）
④ 路上駐車の取り締まり（放置車両の民間委託）
⑤ 「大規模建築物の附置義務駐車スペースの緩和」に伴う地域ルール

である。

さらに、地球環境や都市環境の視点から車の大都市郊外部からの都心部への流入の抑制が重要視され、その施策の速効的かつ、わかりやすい対策として駐車管理があげられた。東京都の TDM（Transportation Demand Management：交通需要マネジメント）東京行動プランの9つの重点施策のうち、既存道路容量を回復する策として「駐車マネジメントの推進」、自動車利用からの転換を促す策として「パーク・アンド・ライドの検討」、自動車交通を抑制する策として「企業保有車の自宅持ち帰り自粛」と「物流対策」の4項目が駐車施策として織り込まれた[7]。

一方、欧米の車先進国では当時、各都市の都心部への車の流入対策として、LRT の施策が実行されていた。LRT は、郊外電車と路面電車の結合であり、郊外駅におけるパーク・アンド・ライドシステムを導入して、自動車と鉄道を結合させた。そして、自動車に課する諸税や駐車料金などを LRT の建設と運営に投じ、LRT を低料金

ポケットローディング運用中の宅配トラック

ポケットローディングによる狭小地活用

にしたうえ、家族が1枚の切符で移動できる仕組みを提供した。また1枚の切符で一定時間の乗り換えを自由にし、かつ電車とバス、あるいは終電以降はタクシーと結合するなどの施策で、都心部を車の洪水から守ることに成功した。言い換えると、都心地区の再生を都市全体で対応できたことを示すものである。それには、計画手法や財政が地方分権化されており、都市を独立的に構築できたからである。

LRTとパーク・アンド・ライド用駐車場

　わが国の場合は、道路法と鉄道法などの法の壁、駐車場（国土交通省都市局）、道路管理（国土交通省道路局）、交通管理（警察庁交通局）、運輸管理（国土交通省運輸局）など縦割り行政の壁などがあって、欧米のような車と公共交通を一元的に運用することは難しかった。そのうえ、東京都は、周辺地域の人口集積と人の流れが郊外鉄道・地下鉄の整備による公共交通の成立を可能にしたため、地下鉄道網が充実した。しかしながら、流入交通のうち「物の流れ」については、自動車交通に依存せざるをえず、路上駐車問題はバブル当時ほどではないまでも、取り残されていた。その課題解消に、

① 交差点の手前約30mにわたって最外側車線の路面を赤く塗り、ドライバーの視覚に訴えることで、交差点付近の路上駐車の排除を目的とした「レッドゾーン対策」

② パーキングメーターを貨物車と乗用車が相互に使用する方式の「トラックタイム・プラン」

③ 赤系の舗装で交差点付近の駐停車禁止を示すギラギラ舗装

④ 停車区画（ローディングベイ）の整備による荷さばきスペースの確保

などの社会実験を経て、東京都と警視庁が協力して2001（平成13）年より3か年計画で「スムーズ東京21」による総合的な違法駐車対策が実施された。さらに2006

交差点付近のレッドゾーンと「スムーズ東京21」のローディングゾーン

（平成 16）年度から 5 か年計画で「スムーズ東京 21」を発展させた「スムーズ東京 21 －拡大作戦－」が実施された。

　また、2004（平成 16）年の道路交通法の改正でも、2006（平成 18）年 6 月 1 日より放置車両確認事務の民間委託と使用者責任の拡充を柱とした違法駐車の対策が施行された。大きな改正点としては、「放置車両確認事務への民間委託制度」の導入と、「運転者未出頭時の責任が車両の使用者に課せられる」ことの 2 点である。前者は従来の駐車違反取り締まり業務のうち駐車違反にかかわる確認事務を民間に委託するというものである。民間委託された業者は駐車監視員活動ガイドラインを元に確認事務を行ことにより、従来よりも定期的な人員の配置が可能となった。後者は、運転者の特定が不可欠であった駐車違反の検挙を、特定をしなくても車検証上の主たる使用者に課せられることになった。それ以外にも放置違反金を滞納した場合は自動車検査証を交付しない、ということができるようになった。

　このように、曲がりなりにも路上駐車の対応方法が、オーソライズされてきたが、建物側の「車寄せ」の設備や貨物車の建物内走行と駐車に必要な「梁下高」を確保する考え方が建築設計上稀薄である。また、タクシーの客待ち、観光バスや貨物車、および乗用車の大型化に対応できず、路上駐車の数は減少したものの、いまだ路上における駐・停の数は、後述する地域ルールの対応待ちの状態が続いており、改築および新築の大規模建築物は、これらの課題を解消する協力が望まれているのである。

1-2　大規模建築物の附置義務駐車減免と地域ルールへの道

（1）道路側と建物側の駐車の取り扱い方

　わが国の駐車政策は、1957（昭和 32）年に駐車場法、1962（昭和 37）年に車庫法が誕生したことで、「駐車は路外」が定着した。この駐車政策は、著者が 1970 年代から 90 年代前半にかけて「駐車政策とまちづくり」をテーマとした研究・視察で欧米の都市を訪問した際に、自動車先進諸国の交通技術者から高い評価を受けたことを実感した。

　一方で、海外の駐車対策で日本にはない側面で参考にすべき点に気がつくことがあった。シアトル市の路上駐車違反取り締まりでは、路上駐車の受け皿である駐車場がない建物群の路線でも厳しく対処していた。わが国では、交通管理者や商店街の意向で、捜査の協力が必要などを理由に、取り締まりが若干甘い傾向にあったのだが、この点をシアトル市の担当者に質問したところ、「（当該の建物に）車でのアクセスが必要であれば、駐車スペースを準備するのは建物側の責任である」とのことであった。

　加えて、駐車を許可している道路もたくさん存在した。たとえば、ビルの前面は幹線道路なので「駐車禁止」、ビルの裏面はアクセス路なので、有料ではあるが「駐車

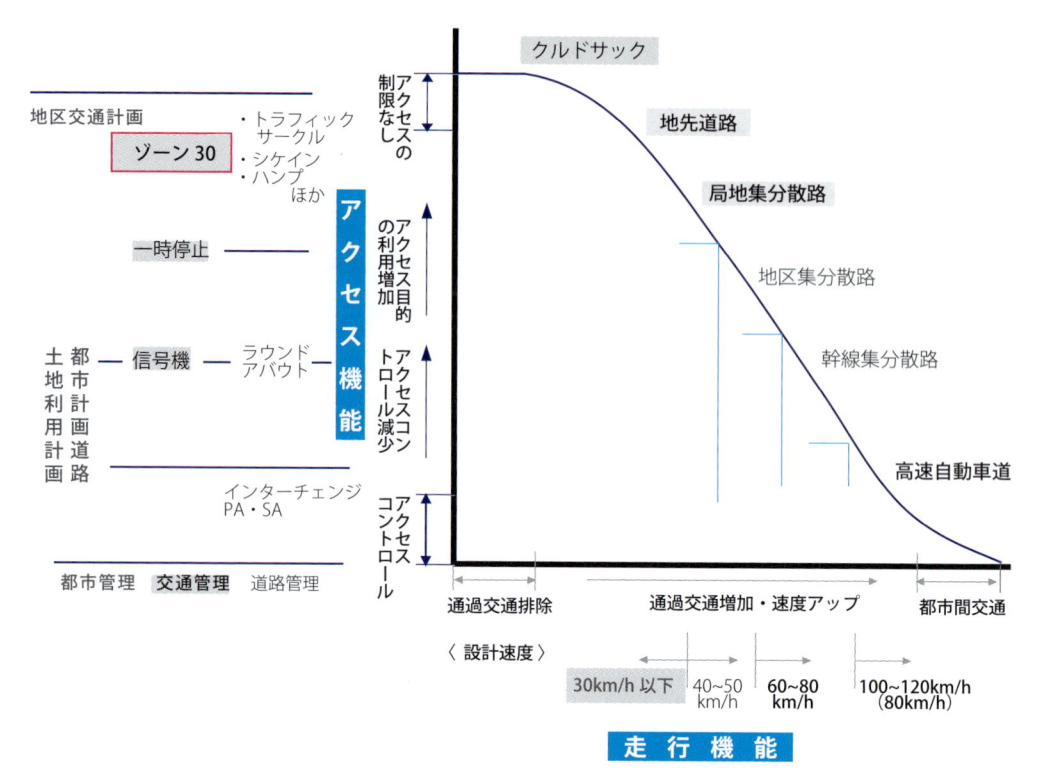

地区交通計画
ゾーン30
・トラフィックサークル
・シケイン
・ハンプ
ほか

一時停止

都市計画
土地利用計画 道路
信号機 — ラウンドアバウト

インターチェンジ
PA・SA

都市管理 交通管理 道路管理

アクセス機能

アクセスの制限なし
アクセス目的の利用増加
アクセスコントロール減少
アクセスコントロール

クルドサック
地先道路
局地集分散路
地区集分散路
幹線集分散路
高速自動車道

通過交通排除
通過交通増加・速度アップ
都市間交通

〈設計速度〉

30km/h 以下　40〜50 km/h　60〜80 km/h　100〜120km/h（80km/h）

走 行 機 能

図 1.2　道路機能の段階的構成

可」としているなどである。それは、**図 1.2** に示すように、道路の「走行機能」と「アクセス（停める）機能」とを段階的に分けて対処している、ということであった。幹線道路から非幹線道路までは、その連続性が求められている一方、幹線道路は走行車優先、地先道路や局地集散路の非幹線道路は、停車・駐車が優先となっている。したがって、住宅地、商業地、あるいは業務地を地区集分散路で、囲むように設計されている。

マドリードのパーキングメーター

　また、公共用地である道路の個人が使用する考え方の違いにも気づかされた。「公共用地は国民皆のものである」という点は万国共通である。しかし、その利用に関する考え方には、欧米の自動車先進国といわれている国々と日本の路上駐車では、大きな違いがあった。その欧米のパーキングメーターでは、特定個人が特定時間を占有するのであるから、その料金を支払うべきである。したがって、専有時間に合わせて駐車料金を支払うようになっている。ただ、1分単位の集金は効率が悪いので、場所の価値によって1コインで、5分、10分といったようになっている。一方、わが国では公共用地の使用は無料というコンセプトが強く、有料料金の収集のための手数料という考え方に立っている。したがって、

60分であろうが5分であろうが利用時間に関係なく同じ料金となっている。

　ヨーロッパは、馬車交通から発達した都市が多く、アメリカは大地に設計図を引いてつくった都市が多い。道路のヒエラルキーがかなり明確で、建設・整備優先で道路を管理している。加えて、「道路という公共空間は、国民皆のものであるので、特定個人が特定スペースを特定

地下駐車場の荷さばきスペース

時間占有するのであるから、その対価を支払うべきである」という考え方がある。この考え方は、住宅地のみならず、商業・業務地も同じである。そのため、パーキングメーターやレジデンシャル・パーミット（住宅地における路上駐車のための面的駐車管理）[8] など路上に駐車してもよいが対価を払う仕組みができている。したがって、需給の関係で、料金に違いがみられる場合や、貨物の積みおろし、救急車や障がい者の利用、タクシーの客待ちなど社会的に認められる対象については、特別に区画が示されて、無料扱いとなっている。

（2）わが国の道路でのアクセス機能

　欧米の自動車先進諸国における道路でのアクセス機能を述べてきたが、わが国の道路は、歴史的に船舶交通と徒歩交通が中心で発達してきたため、車時代に相応しくはなかった。昭和の初めごろから自動車交通は重視されてきたが、国民生活のなかに浸透してきたのは1960（昭和35）年ごろからで、基本的には、狭幅員道路の道路交通運用が強いられた。

　そのため、道路交通法では、例外規定として「貨物の積みおろし」「人の乗降」の5分間は除く条項をいれて、貨物の積みおろしと人の乗降を道路に依存した。しかし、5分間という時間の担保は難しく、また駐車違反の責任者がドライバー（欧米では、車の所有者）にあるため、運転手のいない駐車取り締まりは困難を極めた。このように、貨物の積みおろしと車寄せを道路に依存したため、地価の高いわが国では、慣習的に建物内に貨物の積みおろしと車寄せを準備することが少なくなったと考えられる。

（3）駐車政策の見直しで積み残された課題の模索

　以上述べた過程を受けて、1994（平成6）年1月には、標準駐車場条例が改正され、荷さばきのための駐車施設の附置が新設された。この荷さばき駐車施設の附置義務化は、**図1.3** の左下のような枠組みのなかで位置づけられる。また、同図の右下に示したよう附置義務駐車スペースの緩和が求められた。一方で、対象となる建物が、

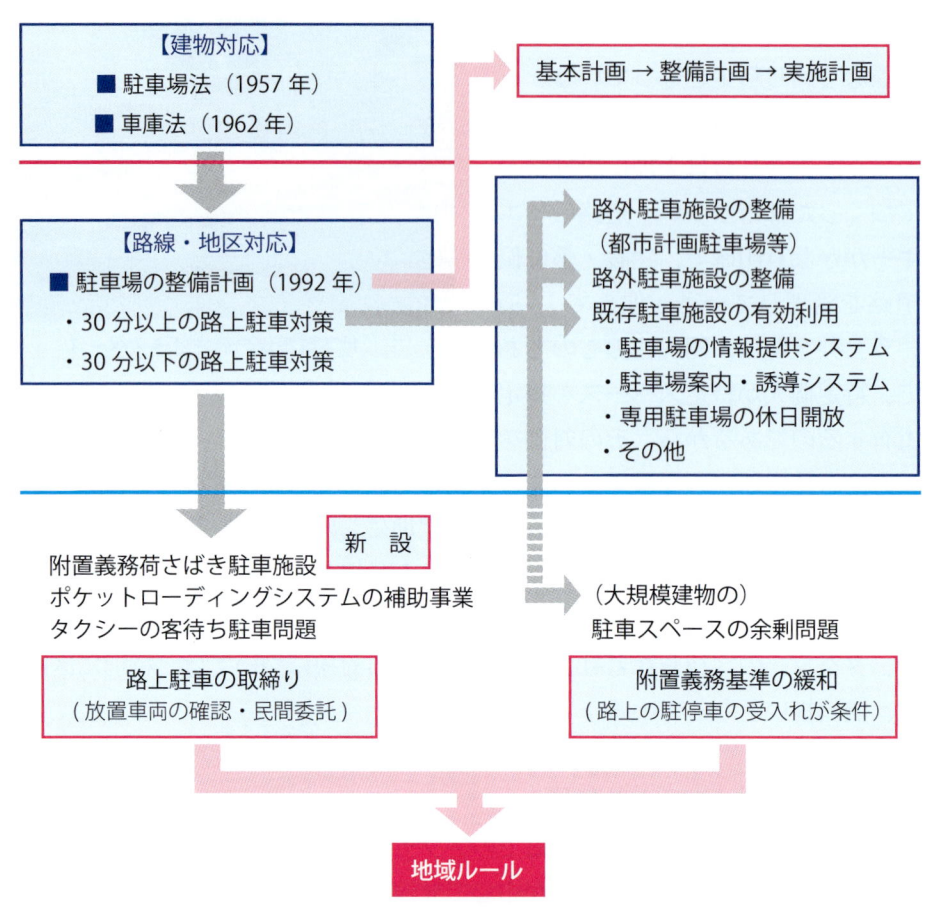

図 1.3　駐車政策の改正から地域ルール成立までのプロセス

　自治体の条例改正によって最小床面積を 3,000 ㎡から 1,500 ㎡まで減免することが可能となった。また、自治体によっては、500 ㎡以上の学生アパートにまで 1 室 1 台分の駐車区画を確保するような動きが出るなど、モータリゼーション化に合わせた。駐車は路外が徹底させられてきているが、一気に対応できるわけではなく、路側駐車を削減するために、2006（平成 18）年 6 月 1 日より放置車両確認事務の民間委託と使用者責任の拡充を柱とした違法駐車対策が施行されることになる。

　一方、地下鉄網の進んだ地域では、大規模建築物の附置義務による駐車スペースが過剰になるなどの現象が生まれ、この減免を求める声が大きくなった。この大規模建築物の附置義務駐車スペースの緩和問題と路上の駐車問題を一挙に解決する策として、地域、地域で最適解を求める策があってもよいのではと考えた。ただ、これまでの制度で駐車スペースを確保してきた建物と緩和をした建物が混在するので、これをどう解決するかの名案が必要とされた。ひとつは、恩恵を受けた建物が、地域あるいは社会に貢献する策を援助することでバランスをとり、地域ごとに事情が異なる場合は、それぞれの地域ルールのなかで決めればよい、という程度でスタートすることに

なった。その先兵として、東京都で事例的に見切り発車した。

（4）大規模建築物の附置義務駐車スペースの減免による社会貢献

　附置義務駐車スペースは、東京都の条例によって、床の用途別にその面積に従って一律に規定されてきた。附置義務駐車スペースは、本来最小値の基準として定められており、建物の用途を含めた経営方針によって、この値以上の駐車スペースを準備することが求められている。地域ルールには、改築以前の、あるいは類似の建物などデータに基づく原単位、入出庫時間のピーク特性など過去のデータ、周辺の公共交通機関の整備進度、あるいは駐車場の運営の仕方など総合的に判断して駐車需要を計画予測して決定する。また、附置義務駐車条例で準備した駐車場は、ビルの専用駐車場としての使用でも、一般有料として開放してもよい。

　このような制度であるので、本来は、乗用車需要と貨物車需要を予測し、その駐車スペースを準備するのが建築主の地域に対する責任であり、社会に対する義務であると考える。しかし、多くのビルは、車時代の到来を予測できなかったのか、車でのアクセスを過小評価したのか、建築費用をできるだけ抑制しようとしたのか、あるいは周辺の道路が受け持つべきと考えたのか、十分な駐車スペース、特に貨物の積みおろしスペースを建物内に準備してこなかった。

　管理瑕疵責任を求めるわが国の風土は、監督官庁（法制定時は建設省、現在は国土交通省）が附置義務駐車スペースの最小限確保という法律をつくらざるを得なかった。余談ではあるが、欧米にも附置義務駐車制度を持っている都市はあるが、指針レベルで、基本的には建築主が自己責任で決めるべきものとされている。あるいは、附置義務駐車スペースの上限と下限があって、建築主と行政の担当者の間で議論して附置義務駐車スペースを決めるケースもある。したがって、建物側が附置義務駐車スペースを持っていようとなかろうと、周辺の道路交通の状態で、駐車規制が必要であれば、駐車規制を実施し、取り締まりも実施していることは前述したとおりである。

　附置義務駐車スペースの確保は、こうした考え方に基づいているわけだが、周辺道路や土地利用用途の計画整備によって、建蔽率、容積制限、あるいは建物高さの制限があるなかでの数値である。したがって、鉄道の整備とは必ずしもリンクせず、特に東京の地下鉄網は繁華街と郊外を後付けで結んできた経緯がある。それゆえ、大丸有地区のように、過去に決定した最小限であるはずの附置義務駐車スペースの30パーセント程度、あるいはさらに下回る駐車台数しか確保できずに、附置義務駐車スペース緩和の陳情書

上野の地下に設けられた公共駐車場

が提出された。

　附置義務駐車台数の緩和制度を導入する際の考え方としては、「基準そのものを緩和する」ことが、一般的である。しかし、これには次のような問題がある。

① 床面積 30,000m^2 〜 50,000m^2 までの建築物は、従来の基準がおおむね整合している。

② 床面積 50,000 m^2 以上という区切りがつけられるかというと、これも難しい。床用途の違いによって駐車需要が異なるためである。

③ アクセス機能が、鉄道や地下鉄整備の度合いによって自動車利用が異なるので、地域ごとに需要予測をするほかによい対処法はないと考える。

　管理瑕疵責任の強いわが国の行政としては、基準値を設ける方法を選択しがちではあるが、建物の利用用途における駐車床の割合は、総床面積に相関する一方、時代によって変化するので、建物主の責任に依存すべきである。また、駐車料金やその運用によって変化するのである。一方、附置義務駐車制度は最小基準の制度であるから、実際に準備すべき駐車台数は、建物側が決定すべき事柄である。また、路上駐車の取り締まりは、駐車スペースの有無に関係なく、安全確保、道路空間の有効利用の観点から行うべきで、これまで建物主側は行政に依存しすぎたきらいがあった。

　要するに、床面積だけでは必要駐車台数は決められない。すなわち、地域の交通インフラの整備度、建築敷地と周辺の道路ネットワーク、床の用途と規模等によって、駐車必要スペースは異なってくるのである。

大丸有地区への駐車場地域ルール導入の経緯

（1）附置義務駐車場特例に関する地域ルール

　本章の前 2 節までに述べた駐車政策の改善に基づいて 1992（平成 4）年、東京都の駐車場条例が改正された。しかし、この改正は、大丸有地区など公共交通機関の整備進度やまちづくりの進展度により、23 区統一された規定とは地区の駐車実態にズレがあり、一般社団法人東京ビルヂング協会などによる陳情への対応であった。

　2001（平成 13）年から始まったまちづくりに対する規制緩和の流れに乗り、都市再生本部での議論を踏まえ、「地区の駐車実態の特性を重んじた駐車場規制の弾力化（2001（平成 13）年 12 月 4 日）」が内閣官房都市再生本部で決定された。国として、駐車場法の改定作業を開始するとともに、国の駐車場法の改定を待たずに、都道府県、市町村に対して、条例改正による駐車実態に合わせた駐車規制の弾力化を誘導する方針が示された。

　これを受けて 2001（平成 13）年 5 月 8 日から、この問題について、東京都駐車場附置義務基準検討委員会（座長：森下尚治東京都都市計画局建築指導部長）を設置し

てきた東京都は、丸の内、銀座、町田の3パターンを視野に入れた駐車場条例の改正（2002（平成14）年10月1日）に踏み切った。

ポイントは、「駐車場整備地区のうち駐車場整備計画が定められている区域において、知事が地区特性に応じた基準に基づき、必要な駐車施設の附置の確保が図られていると認める場合」に、駐車施

大手町の街並み

設の台数の軽減、駐車施設の集約設置等、地区特性に対応した駐車施設の整備基準（以下「地域ルール」という）による駐車施設の設置を可能にしたことである。

この細目は、「東京都駐車場条例に基づく地域ルールの策定指針（2003（平成15）年11月28日15都市建企第25号）」として「地域ルール」が誕生したのである。

（2）大丸有地区への適用条件の提示

「東京都で、附置義務駐車台数の緩和を先行事例として許可されるので、大手町地区にも導入したい。ついては、その方法等を指導していただきたい」と三菱地所の故・三武庸男氏より駐車場地域ルールの設置と運用の依頼を受けたのは、確か2002（平成14）年の夏であった。この三武氏の要請に対して、筆者は引き受けるにあたって、いくつかの条件を提示した。

① 千代田区の駐車場整備計画に地域ルールを読み込む改正手続きをすること
② 住民参加型がとれること
③ 新旧ルールが混在するので、
　・附置義務駐車スペースの減免審査を厳格にすること
　・緩和効果の一部を地域・社会に還元すること
　・建築後の附置義務駐車スペースの運用をチェックする組織をつくること
④ 地区内の路外および路上の駐車および関連事項の調査を継続的に実施すること
⑤ 路上駐車の排除＜トラック（桁高）・タクシー（車寄せ）＞に協力すること
等である。

この要求に対し、1週間後に検討した結果、すべて可能であるとの見込みが立ったので「引き受けてほしい」という回答を受け、当地区での導入計画が実質上スタートした[9]。

（3）千代田区駐車場整備計画の改訂

大丸有地区の地域ルールを公的に認めてもらうためには、1996（平成8）年に定められた千代田区駐車場整備計画（座長：髙田邦道日本大学教授）の見直しが必要で、

千代田区駐車場整備計画検討委員会（座長：髙田邦道日本大学教授）を設置し、2003（平成15）年2月に改訂された[10]。この検討の主たる内容は、

① 荷さばき施設の附置義務制度の新設
② 地区特性に応じた附置義務台数の設定（いわゆる地域ルール）
③ 建築基準法第86条および同条の2の認定を受けた複数の建築物に対する附置義務の特性を認める

であった。

この委員会の答申を受けて、「地域特性に応じた地域ルールを認める方針」が盛り込まれた駐車場整備計画の改定が、千代田区から2004（平成16）年2月に告示され、千代田区駐車場整備計画に係わる地域ルール策定にかかわる要綱が合わせて定められた。

（4）大丸有地区における住民参加型組織－大丸有地区再開発計画推進協議会－

大型建築物の附置義務緩和は、駐車スペースの最小限確保の基準であるから、その基準を大きく下回る需要しかない場合は、無駄な空間をつくることになる。一方、以前に建設された建物については、たとえば地下鉄鉄道網が未整備、また、TDM施策も実施されていない時代なので、最低基準以上に駐車スペースを床の用途に見合った需要に合わせて建設していたかというと、はなはだ疑問である。しかし、新築建築物が、たとえば地下3階あるいは4階の一層を建設しなくてよければ、建設費用の節約とはなる。

したがって、新築建築物に対する附置義務緩和は従来型に比べ費用的に優遇される。対象地域には、新旧制度による建築物が混在するので、附置義務減免で節約できた一部を地域貢献あるいは社会貢献に回していただくことで、地域のインフラ整備力が向上すれば、旧制度により建設した建物にも益が生じる。それゆえに住民参加型がとれる体制が必要と考えたのである。具体的には、新しいビルには、

① 誰でも利用できる一般有料駐車場を準備する
② 貨物車の駐車スペースは必要なだけ準備し、貨物の積みおろしはビル内で行う
③ タクシーなどの乗降もビル内で行える「車寄せ」をつくる
④ 自動二輪車や自転車の駐車場を準備する

ことが減免の条件となる。さらに減免数に従って供出された負担金で歩道や自転車道を整備するなどすれば、駐車施策の改善がよりよいまちづくりにつながってくる。幸いなことに、大丸有地区では、住民参加型といえる組織「大丸有地区再開発計画推進協議会」が存在し、警察などの行政体と新聞社の一部を除くほぼすべての建築主が参加しているので、この組織を活用することとした。同協議会の「まちづくり検討会」の委員長および副委員長の呼びかけで「大手町・丸の内・有楽町地区駐車環境対策協議会」（以下、大丸有駐車協議会という）の設立のための発起人会を2004（平成

16）年 11 月 2 日に開催し、11 月 8 日に大丸有地区駐車協議会（会長：福澤武大手町・丸の内・有楽町地区再開発計画推進協議会会長）が設立した。

　このような経緯から、大丸有地区における住民参加組織・大丸有地区再開発計画推進協議会の傘下として大丸有駐車協議会を発足させた。傘下の組織であり、設立当初の組織運営ということで、大丸有地区再開発計画推進協議会から年間 50 万円の援助を受けて活動を始めた。この支援は約 10 年続いた。現在では、大丸有駐車協議会は自立可能な収入を得ることができているが、住民参加型を強調する意味とその傘下であることを知らしめる意味もあって年間 10 万円の支援を継続して受けている。したがって、年 1 回総会を開催し、大丸有駐車協議会の当年度の活動と次年度の活動を見込んで報告し、大丸有地区住民に予算・決算の承諾をいただいている。加えて、資料編でまとめられている駐車調査の分析結果を報告することを義務としている。

駐車施策からまちづくりを考える大丸有駐車協議会

（1）組　　織

　前節での考え方に基づいて**図 1.4** に示すような組織を構成した。大丸有地区再開発計画推進協議会に支えられた大丸有駐車協議会に具体的な附置義務緩和量を検討する組織、「大丸有地区地域ルール運営委員会」を設けた。この委員会で練った原案を「大丸有地区地域ルール策定協議会」で決定し、千代田区に上げて、法的な附置義務台数を決定する構成とした。大丸有地区地域ルール策定協議会の業務は、次のとおりである。

① 　地域ルールに係わる検討（策定・変更・廃止）
② 　地域ルール適用に関する審査
③ 　地域ルール発効後の地域ルール運用状況の検証とルールの遵守状況の区長への報告

　このうち「地域ルール適用に関する審査」は、公正を期するため、第三者機関で学術的・交通工学観点からの審査を学術団体で別途審査することを希望したが、当局から受け入れられなかった。そこで、地域ルール策定協議会長の立場として、第三者の客観的評価がどうしても必要であるとし、地域ルール策定協議会長付きの専門委員の設置を承諾していただいた。地域ルール策定協議会長と専門委員および事務局とで専門委員会を開催し、

大丸有駐車協議会の入る大手町ビル

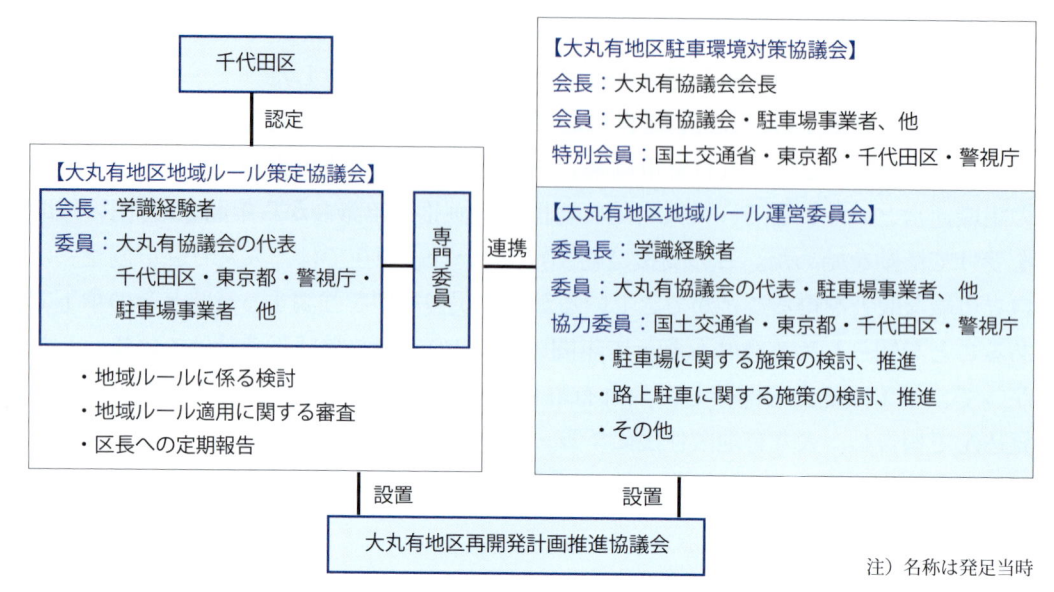

注）名称は発足当時

図 1.4　地域ルールに係わる大丸有駐車協議会の組織図

厳しい審査を実施している。

　専門委員には、駐車需要予測の専門家として原田昇東京大学教授、物流の専門家として苫瀬博仁東京海洋大学教授（当時、現在は流通経済大学教授）、駐車全般の行政制度などの専門家として對木揚氏（ついきコンサルタント社長）の 3 名を指名し、承諾をいただいた。その後、對木氏が亡くなったため宮本成雄氏（メッツ研究所技術顧問）に引き継いでいただいている。

（2）個別検討と正式判断

　地域ルールにおける建築物の附置義務緩和の施策は、新旧の基準の異なる建物が併存することになるので、次のような両者が存立するための仕組みを考えた。すなわち、恩恵を被る新築建築物側は、節約された費用の一部を提供して、地域の環境を向上させる仕組みが必要である。

　そのために、

① 　より正確な需要予測ができること
② 　建物内で貨物の積みおろしができること
③ 　車の動線を安全にすること
④ 　駐車場の出入りで周辺道路に迷惑をかけないこと
⑤ 　地区貢献ができること
⑥ 　当時問題になりはじめた二輪車駐車場を設置すること

などについて、専門家による客観的な審査をすることなどを条件に大規模建築物の駐車スペースを緩和することを基本とした。一方、個々の建物の工夫で、駐車スペースをできるだけ削減し、その余剰費用で地域や社会に貢献できる駐車施策に関する具体

的な策を建物自体が導入すること、地下通路ネットワークで歩行者や車の移動空間を創出し、グランドレベルの道路の運用や利用の仕方を改変するなど地域の新しい計画への参画ができる個別検討を指導する必要がある。各建築物は納得して地域に貢献する一方、建築物の附置義務緩和は法的なハードルもあるので、正式な判断が下せる組織体を準備し、利益誘導など断じて許してはならないとした。

（3）社会貢献・地域貢献

　附置義務駐車スペースの緩和という優遇措置が施される新規の建物と既存の建物とが同居する地域ルールでは、優遇された空間の一部や節約した費用の一部を地域や社会に貢献できる使い方を求め、減免に相応しいかの判断を第三者（大丸有地区では、専門委員会）にしていただくこととした。その社会貢献・地域貢献の具体的な内容は、特定するものではなく、それぞれの建築設計あるいは建築主の設計思想の下で提出された社会貢献・地域貢献を判断するものである[4]。

　これまで提出された大丸有地区の社会貢献・地域貢献のいくつかを拾い上げてみると次のとおりである。

1）自動二輪車の駐車スペース

　従来、自動二輪車は自動車と同様に扱われ、自動車と同じ空間を利用し、料金も同じケースがあった。また、自動二輪車は取り扱わない駐車場もあった。自動二輪車の駐車に必要な空間は、自動車の3分の1から4分の1であり、空間的にも、料金的にも課題があった。業務地区では、自動二輪車の使用は極めて少ない、ホワイトカラーの社員は自動二輪車による通勤はしない、という偏った考え方もあった。しかし高層ビルとなると、オフィスのほか、レストランなどの飲食業などで働く人も多く、帰宅が遅くなる人も多い。また、郊外からの通勤者は、渋滞の影響を受けにくい原付自転車など二輪車を使用している人も多くいて、都心部の業務地とはいえ二輪車駐車の需要は対象とするべき量は存在した。

2）自転車駐車場の附置

　自転車駐車場は、自転車法に基づいて整備される。このため、附置義務を

地下駐車場の自動二輪車用スペース

4　わが国では、管理瑕疵責任下で、条例などの制約の下での設計を求められていることに起因することもあって、新たな考えの下での駐車場設計に戸惑いがあった。そこで、設計マニュアルが求められ、作成せざるを得なくなった。このような経緯を経て、マニュアルを作成し、この内容を最低条件にした。しかし、提示したマニュアル止まりで、マニュアルを超える設計を示した事例が数少ないことは残念である。

課すのはいかがなものかと考えてい
た。しかし、路上駐車（輪）を排除す
る観点でも、また放置自転車は美観を
損なうなどの観点からも自転車駐車場
の附置も加えた。

3）路上の駐停車の排除

　道路交通法上、貨物車は乗用車に比
較して、道路上の駐車は優遇されてい
る。しかし、大丸有地区は地方都市と

ビルの敷地内のバスターミナルの例

比しても極めて人口集積度が高く、物流量も多い。物流は自動車（貨物車）に依存
せざるを得ず、この貨物車を受け入れる用意がなければ、路上での貨物の積みおろ
し行為の頻度が高くなる。また高層ビル群ではタテ持ち距離、すなわち上下の移動
が長いので駐車時間も長く、貨物車の建物内受け入れを必須とした。

　貨物車の受け入れも、物流の合理化などを考えれば、車両の大型化が必要になる
ので、その受け入れ口（入口）の理想は道路の建築限界（4.5m）と同じ桁高が望
ましい。しかし、建物の建設コストなど考慮して、桁高 3.2m を最小に、できれば
3.5m が望ましいとして指導している。また、引越や大型装置の納入などによる大
型トラックと視察や観光利用の大型バスの駐車スペースを兼用とするなど、グラン
ドレベルに広場や千代田区条例で義務化されている緑地面積の確保の中（植林の
間）に準備するなどの工夫をしてもよいと考えられるが、大型バスを敷地内で対応
できるようにしたのは、バスターミナルを当初から内包した建物を除くと 1 例に
過ぎない。

（4）データ収集

　地域ルールでは、個別の建築物の駐車需要を予測して、それに見合う施設や交通動
線が確保されているかを見極めなければならない。それには信頼性があるデータが必
要になる。

　まず、駐車需要予測である。その推定には各種モデルや国および大都市の各種大規
模交通調査結果が用いられるが、一建築物の駐車需要予測には、極めて困難である。
大丸有地区では「建て替え」が多く、床の半数近くは同種の業務が行われるので、建
て替え前のデータが有効である。したがって、これをベースに需要予測することが望
ましい。

　また後続の建物は、比較的新しい建物の実態を参考にすると、より現実的な予測値
が求められる。しかし、実際にはいずれの建築物も、現況を示すことが困難である。
多くの建築物では、駐車スペースを保有し、利用車両数を自動カウントできる装置を
もちながら、多くの場合がデータの垂れ流しで有効に活用されていない。また、デー

タを保存していても次なる建物のために利用しようという考えがない。附置義務駐車スペースの緩和という優遇措置が施されるのであるから、新規の建物と既存の建物を比較しながら最小値を求めていく工夫をすべきである。しかし、その準備ができていないので、原単位法を用いる。そのため、新たな調査を実施するなど極めて不効率になる。それでも、大丸有駐車協議会のデータ蓄積と指導によって、自らの建築物の実態調査や類似の建築物の実態調査から原単位を求めて予測する姿が見えてきた。

　また、この予測値とこれまでの一般的な予測方法での値、たとえば旧来の附置義務条例に示されている原単位による予測値などと比較する。そして、新たな建築物の床用途に伴う乗用車と貨物車のための駐車スペース数とそれぞれの場所までの車動線、そして降車後の歩行者や貨物移動の動線がチェックされて設計されるべきと事務局で指導してきた。しかし、駐車スペースの設計は、マスタープラン（基本設計）で十分練られていないので、なかなか変更が難しく、審査会で気がついてもマイナーな変更に終わってしまっているケースもある。附置義務の減免の審査だから、動線などは関係ないだろうという態度が多くみられるが、減免の考え方は、減免する代わりに、路上駐車をさせないで、建物内で駐車や車の乗降ができるように設計することを審査の重要な判断としている。

　しかし、建築物設計の世界では、駐車場はマイナーな対象であるらしく、なおざりな提示しかできていない。このなおざりさが、現在のモータリゼーションの普及や社会機能の変化を予測できずに建築物の生命を短くしている一因でもあると考えられる。最近のように超高層建築物になると、地方の小都市の人口をコンパクトな建築物に収容するようなものであるから、そう簡単にスクラップ・ビルドはできない。したがって、アクセス交通対策は重要であり、建築物内にスペースを必要とする駐車場の配置と運用は工夫が必要である。

　今後のことを考慮しても、駐車関連のデータ収集とその活用法の指導は重要である。地域ルールの対象地区の新旧問わずに駐車調査を実施し、地域ルールのよりよい運用を求めていくことが重要である。このような意味からも住民参加型が求められる。さらに、地域ルール対象地区の路上駐車の取り締まりや一定路線からの車の締め出しによる歩行者専用道の実現根拠を示すことができるのである。

（5）行政の基準

　以上述べたように附置義務駐車場という視点からは、大幅な改善が認められた。しかし、駐車場スペースの減免に見合う大規模建築物へのアクセス対策の改善を交通工学視点から捉えると、地域ルール運営委員会の委員長として、不満な点が多々あった。第一は、専用駐車スペースと一般有料駐車スペースの運用管理を統合すれば、まだまだ駐車スペースを削減できるはずである。その削減分を、

　①　車寄せをグランドフロワーに設ける

皇居周辺に設定されたバス駐車場

② 歩行者動線をグランドレベルの歩道に直接接続しない

ための必要空間を準備してほしい。現在の建物の大部分は、地下鉄駅からの歩行者動線がしっかりつくられている。しかしグランドレベルで人が四方八方から出入りできるため、タクシーの乗降や貨物の積みおろしが、路上駐停車に依存している。

たとえば、スーパーブロック、すなわち一建物の敷地や典型的な街区（道路で囲まれた区画）より大きな街区にして開発する場合、敷地内に自動車用の通路をつくって個々の建物へのアクセスをさせ、来客者の建物内への誘導をスムーズにする。また、建物内への車両流入口は、桁高 3.2m まで準備してくれるようになってきたが、より大型の車両に対応できるよう、できれば 3.5m、理想的には車道空間の建築限界の 4.5m が望ましい。あるいはグランドレベルにバスの駐車と兼用でもかまわないので、「物」の搬入のためのトラックヤードを設けることなどが望まれる。

さらに、川下物流[5] の強いわが国では、貨物の搬入に対するサービスが極めて悪い。今後この点の改善が進むことを考慮に入れて、集配送トラックの大型化、集配貨物のローディング時間のスピード化も前提にすべきではなかろうか。このような視点を持って、建物側から端末物流システムの合理化の発信をしてほしいと考えている。

また、わが国は観光立国としての政策に力を入れていることで、大丸有地区でも、直近の皇居への訪問者が増えている。ロンドンのシティやニューヨークのマンハッタンと双肩できる世界の業務地区三極のひとつといわれている大丸有地区にも業務地観光のための外国観光客が急増した。そのため、大型観光バスや空港と結ぶリムジンバスの乗り入れが要望されている。しかし、大型バスの駐車場や乗降場、リムジンバスのターミナルの整備は観光行政外のことで、まったく準備されていない。地区本来の目的とは若干はずれるが、国家方針による事業、観光立国の定着のためには行政と地域との一体的な整備が必要となる。

こうした課題は、本来は行政計画のなかで進められる場合が多い。地方の中小都市

---

5 商品が生産され消費者の手に渡るまでの流れを川の水の流れに例えて、生産者より卸業や小売業といった消費者に近づく物の流れをいう。

並みの人の集散を数える大規模建築物は、小さい面積に人が集中することを考えると、地方自治体で工夫する交通対策以上の対応を考える義務があると考える。

(6) 駐車施策を通してのまちづくり

　建築物内の「駐車」を考えると、「駐車スペース」は建物の所属物で、交通の視点からみると起終点となる。1日に何万の人も集めるような建物は、建物の何倍もする駐車スペースを準備しなければならない。欧米の郊外にある野球場やサッカー場を見ていただければ、容易に想像がつくと思われる。このようなスポーツ観戦は、家族や友人と連れ添うので、複数乗車をするケースも多く、渋滞も試合開始時と終了時で、駐車場の出入の設計を上手く設計しておけば、比較的短時間で解消する。しかし、これがオフィスビルになると、常時、人の出入があり、個々に目的が異なる。人の出入りには自動車以外にも鉄道や自転車など他の交通手段の力を借りる必要がある。しかし、鉄道が整備されると、車の利用者は極めて少なくなる。したがって、対象地区の車によるアクセスは、地区の性質とその勢力圏によって柔軟に対応する必要がある。

　大丸有地区のように、鉄道や地下鉄が9路線も入っていると、車による人のアクセスは極めて少なくなる。一方で、ビル内の店舗には、飲食、衣料をはじめとする出店も多くなり、当然物流量も相応に多くなるので、乗用車より貨物車が増加するので、鉄道だけでは対応できない。また、ビル群や店舗の集積が、観光客や買い物客を増加させることになる。このようにまちづくりの規模や質によって、来街者の数が変わるとともに、これまでのオフィス街では考えられない種類の交通が発生する。貨物車の増加に加え、観光バス、あるいは早朝深夜の出勤・帰宅を必要とする人たちの交通手段のひとつとして自転車や自動二輪車などである。このような変化に対応する駐車場や関係施設の整備が、より良いオフィス街を構築することになる。

　また、オフィスビルが林立してそれぞれ特長を発揮すると、複数のビルへの移動需要が発生する。この移動は、歩行か、タクシー・バス、自家用車、あるいは自転車となる。大丸有地区では、無料バスの循環運行と千代田区が運営するレンタサイクルステーション「ちよくる」が準備されている。歩行に関しては、地下鉄の通路を活用し各ビルからのアクセス通路を利用すると地下ネットワークがほぼ出来上がり、車の移動も駐車台数を減らした場合の保険として隣接ビルへの通路をつくってきた。車の地下ネットワークができたことで、グランドレベルの交通量が減衰するので、歩行者専用道路の整備を目指している。

　以上述べたことは、第2章で述べる欧州の都市の「都心再生計画」の日本版である。駐車施策の構築からまちづくりを展開できる仕組みを、欧州の場合で整理すると、**図1.5**のようになる。まちづくりには、官民の協力が必要不可欠であるが、どのような関係にあってそれぞれがどのような役割を果たすべきかを示したものである。欧州では、官・民の橋渡しを商工会議所が担っていた。行政側は、商工会議所を通じ

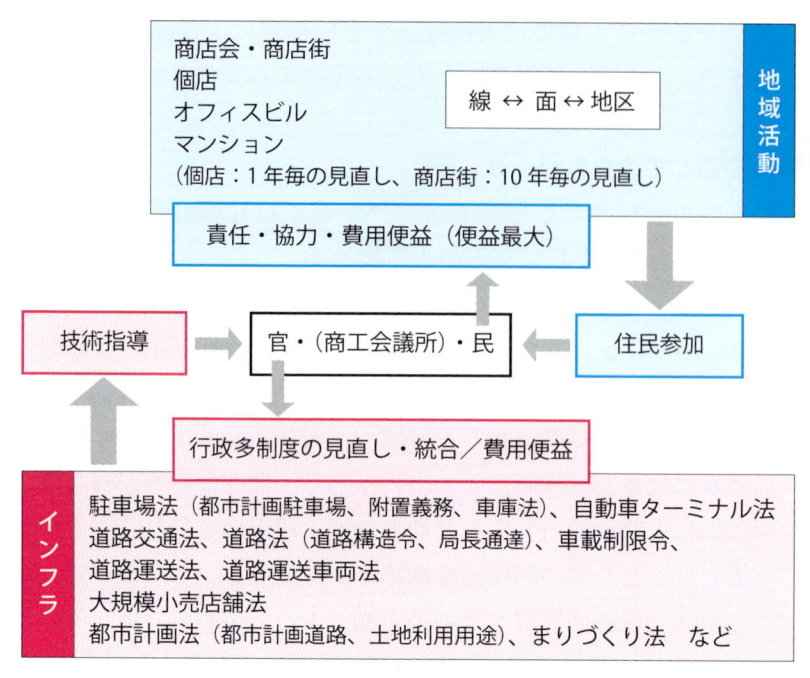

図 1.5　まちづくりの構図・官民の関係

て、技術指導をし、また行政の進めたい政策を商工会議所に理解してもらい、商工会議所の理解を個々の民間企業、あるいは同列の企業群に説得する仕組みがあった。一方、民間企業の諸々の要望を整理して、行政に要望書を出し、施策に反映させ、補助金を獲得するなどである。要するに、行政取引が取れる体制がある。

　わが国の場合は、この行政取引がなかったので、大丸有の場合どう考えればよいかが焦点であったが、大丸有駐車協議会を 16 頁の図 1.4 のような構成にすることで対応した。住民参加まで考えが及んだが、その先が不明確なまま本プロジェクトに突入したわけである。実際には、「行政多制度」が大きな壁となっている。駐車行政でいうと、附置義務駐車制度は国土交通省、同じような制度の大店法（大規模小売店舗における小売業の事業活動の調整に関する法律）は経済産業省である。2 つの法は、駐車スペースの確保という同一の課題に対する策で、附置義務制度は基本的には建物内、大店法は周辺を含めて駐車スペースを確保できればよいとなっている。

　しかし、附置義務駐車制度も隔地駐車場でスペースを確保することも可能になり、この両者の違いが紛らわしくなった。どう扱うかは、いまだ結論が出ていない。筆者の考え方は、附置義務駐車制度は、一建物の最低基準の確保であるから、これはこれで審査する。商業床の大きさで大店法の基準が上回るのであれば、必要の駐車台数を上乗せして建設するか、大店法の既定のなかで、周辺の駐車場を確保すればよい。しかし、地域ルール策定協議会も地域ルール運営委員会も行政が正式に加わるので、筆者のいう方法には反対が多かった。そこで、附置義務駐車制度の需要予測と大店法のそれを比較し、大きい方の値をとることにした。幸いなことに、大丸有地区では、大

店法の値が上回るケースがなかった。ただ、附置義務駐車制度の需要予測は厳格にチェックしているが、大店法の値については審査していないし、審査する権限もない。インフラ部分は、当然のことながら、行政の役割であり、全般を統合する必要がある。しかし、ここで述べたことは一例であるが、わが国では、管理瑕疵責任を求められるので、どうしても統一した基準を求められる。したがって、個々の建築物の駐車スペースを個々の審査結果で判断するようなケースは稀なことで、官民双方にいまだに十分理解されていない点がある。

人も交通も集中する大丸有地区

　一方、民側も住民参加の意を十分理解していない面もある。建築物とその用途と駐車スペースの決定について、建物ごとの建設思想が明確でなく、駐車計画についても事務局にマニュアルの作成を求め、マニュアルどおりの設計をし、それが従来型より減免できて、建設費用が低減していればよいという程度にしか見えない。本来は、建築物の規模とその利用用途で便益最大にするにはどうすればよいか、地域のなかでその建築物がどのような役割を果たし貢献すべきと考えるべきではなかろうか。そのためには、床用途の面積で駐車台数を求めるのではなく、建築物の計画のなかで建築物へのアクセス便益の最大を求め、路上駐車依存のない工夫が建築物設計に組み込まれるべきものと考えている。加えて、個々の建築物の工夫と地域における位置づけのなかで費用便益を捉え、個々の建築物が便益最大を求めていくなかで地域との調和を図る必要がある。附置義務駐車スペースの減免審査はその一部に過ぎないが、その審査さえ、自らの考え方が示されていないのが残念である。行政制度がそれぞれの立場から構築されており、それらを取り除き、最適値を求めることは容易なことではない。

　このようななか、大丸有の地域ルールは、大丸有駐車協議会事務局による駐車場運用などのチェックを含めて後述するような実績を積んできた。しかし、駐車場の運用方法が認められ、審査を通過した内容に基づく監視体制を含めて、建設ピークが過ぎた後においても地域ルールの下で運用が継続できるかの課題は、その解決策がいまだ見いだせていない。

参考文献

1）高田邦道：交通工学総論、成山堂書店、2011.3
2）高田邦道：駐車学、交通ブックス 125、成山堂書店、2015.6
3）高田邦道・小早川悟：駐車場（第 10 章）、新谷洋二・原田昇共編 "都市交通計画" 所収、技報堂、pp206-224、2017.9

4）高田邦道：物流管理を組み込んだ都市交通計画私論、運輸と経済、第 59 巻第 1 号、1999.1、pp.26-33

5）高田邦道：環境安全保障としての交通需要マネジメント－世界の思潮と日本での課題－、運輸と経済、第 61 巻第 3 号、2001.3、pp.43-49

6）高田邦道：環境安全保障としての交通需要マネジメント－日本型 TDM の提案－、運輸と経済、第 61 巻第 4 号、2001.4、pp.31-37

7）東京都：TDM（交通需要マネジメント）東京行動プラン、1999.11

8）高田邦道：住宅地における路上駐車のための面的駐車管理、駐車学、成山堂書店、2015.6、pp.106-109

9）三武庸男：「大手街・丸の内・有楽町地区」の附置義務駐車場特例に関する駐車場地域ルールについて、Parking 170 号、pp101-106

10）高田邦道：駐車場施設の調査研究、日本大学理工学部研究奨励寄付金（光進電機株式会社）、2004.3

24　第 1 章　駐車政策の変遷と大丸有地域ルールの誕生

第2章 駐車場計画から地区計画への展開

2-1 附置義務駐車スペースの緩和と地域ルール

　附置義務駐車制度の緩和をどう考えるのか。1992年に駐車政策を大幅に見直した際に、附置義務駐車制度は、全国的にはこれまでの基準でうまく機能していると考えられたことで、建設省都市局（現・国土交通省都市局）の意向で、緩和は今後の課題として見送られた。

　その後、建築技術が進歩し、特区等の規制緩和で高層建築が可能となり、その一方で地下鉄網が整備された地区では、附置義務駐車場条例で整備された駐車場が、ガラ空きとなった。このガラ空きとなっている駐車スペースを建設せずに済めば、たとえば駐車場が地下3階で100台分削減できたとすると、約25〜50億円の削減になる。これは、「都市づくり」のなかで考えるに値する額である。ではどうすればよいか。

　第一の視点は、大規模建築物の機能保障には、大量輸送システムが周辺に十分整備されていることが前提であろう。第二の視点は、新築の大規模建築物における大量の発生・集中交通量が、建物ひとつで地方の小都市の人口に匹敵することである。利用される交通機関は鉄道であろうが、自動車であろうが、最終的には「歩行」になるので、その空間を安全に作らなければならない。すなわち「一建物」ではなく、複数の建物が集まれば、中都市規模となり、特定地区の「まちづくり」として捉えなければ、交通の課題は解決しない。

　このように考えたときに、1970〜1980年代にかけて欧州の各都市が推進してきた、「都心部の再生計画」が、昨今の日本の都市が抱えている商業・業務地域の課題になっている。この解決策を、一建物で対応してきた駐車政策を地域の駐車政策のなかで位置づけすべきではなかろうかと考えた。すなわち「一建物の駐車計画も地域の駐車政策のなかで考える必要がある」ということである[1]。過去の話であるが、本書で述べる計画を進めるにあたっては、筆者が第1章で述べた大丸有地区地域ルール導入時にまとめた考え方の発想根拠となっている。

　一方、わが国の駐車政策は、欧州の各都市で都心部の再生計画の担当者、特に技術者から、「駐車は路外」という考え方に徹底していて素晴らしいと称賛されていた。このことの勘案も必要と考えた。両者の考え方を生かしながら「地区」という「面」

での計画をどうするのかが、大きな課題であった。

　このような考え方を具現化するには、附置義務駐車制度のこれまでの規定と地域ルールによる緩和が同じ地域のなかで混在することを、地域の構成者全体が理解する必要がある。また、各地区に合った「ルール」をつくり、それぞれの地区が自主的に運営できなければ、それぞれの建物間の損得勘定と従来からの地域の道路・交通管理の点から、さらに、駐車料金額の高低で大きく変動する駐車需要の点から、ひとつの建物だけではうまく対応できない、とも考えた。したがって、新旧の異なる附置義務駐車制度を同じ地区のなかで機能させるには、緩和により節約できた建設費用の一部を地区の貢献のために提供できる仕組みをつくり、一定地区のなかで同意を得ることが望ましい。だからこそ、地区ごとにその地区に合ったルールづくりをすることが重要と考えた[2]。

　さらに、わが国の駐車政策の評価が高いと先述したが、それは、わが国では「管理瑕疵責任」すなわち、不備があった際には、駐車場を管理する側の責任が問われるために、駐車政策の内容も齟齬がないように十分に練られ、一応に適用しているためである。ただこの場合は、平均的な適用になるので大規模建築物や学生アパートといった小規模の集合住宅などには、必ずしも最適な制度とは限らない面がある。したがって、地区の土地利用の実態や再開発の状況を加味して対応していくことが望まれる。

　以上のような考え方で、「地域ルール」は、東京都で試験的にスタートすることになったのである。

　余談ではあるが、交通計画学的には、「地域」より「地区」の方が用語としては正しいと考えた。「地域」は、都市単位、あるいは都県単位で使われることもあり、その場合、附置義務駐車制度のルールが標準化する恐れもある。緩和後の新ルールが固定化した場合、「地区」にどう貢献すればよいのか、また平均的な制度になると、大量交通機関の整備が遅れている地区ではどうなるのかなど、新旧の混在解消ができない可能性もある。一方、地区計画では、建築計画が存在しており、たとえば、その地区内では車両運行速度を時速 30 キロ以下で走行するルールを設定した「ゾーン 30」などは、わが国の定義では交通工学上十分な「面」計画となっていないこともあっ

道路に標示された「ゾーン 30」

て、この行政上のテストケースでは「地区ルール」ではなく「地域ルール」と呼称するようになった。

　話題にあげた、欧州の都心再生と駐車政策については次の 2-2 節に、また、都市における都心部の位置づけ、モータリゼーションと公共交通の共存を 2-3 節に、2-2 節で述べる欧州各都市の計画がわが国では、実施しにくい理由を 2-4 節

で、また本節で述べた考えを大丸有地区に導入する過程については、1-2 節で既述のとおりである。

1960 年ごろに始まったわが国の交通工学の研究分野は、「交通流」が中心であった。しかし、人の行動や道路の実態を調べると、駐車現象もまた重要であることに気づいた。1 日の車利用を平均的にみると、自家用車は 24 時間中、1 ～ 2 時間しか使用されておらず、後の大半の時間は駐車場に「駐車」されている。この「駐車のための」空間をどう考えるかに着目した。

筆者が、1970 年から 1990 年の半ばまで何度も足を運んだヨーロッパでは、「都心再生のための駐車政策」の導入が盛んであった。歴史的なまちづくりの延長線上で、モータリゼーションに合わせた時代の都心部に脱皮しようとする姿がそこにあった。

（1）大都市都心部の再生と駐車場

1）ロンドン・シティ

1970 年代初頭から 4 分の 1 世紀、欧州の主要都市の都心部の再生は、モータリゼーションへの対応とその活用によって大きく変化していった。考え方は単純で、車を積極的に受け入れる都心構造に変更してきたのである。すなわち、人工地盤上を歩行者の領域にして、グランドレベルを自動車の領域に分離したのだ。この考え方は、駐車対策の基本であるが、人工地盤の建設コスト、駐車場と人工地盤上の上下移動にエレベーターやエスカレーターの建設コストと運用コスト負担の問題を解決しなければならなかった。しかし、ロンドン・シティは、世界の金融の中心であり、費用面の心配以上に人工地盤上を体格の優れた銀行マンが闊歩する姿は、エリートサラリーマンの理想像を印象付け、効果が大きかったのではなかろうか。

2）パリ・デファンス

1970 年当時、パリ市内の路上は駐車車両であふれていた。パリは、都市計画規制により高さ制限が施され、再開発区域が限定されていたため、都心部の業務機能の拡張が困難であった。そのため、ロンドンとは異なる都心部機能の郊外部移転に着手した。都心部に拡大する機能のうち、業務部門をラ・デファンスに、市場や倉庫などの

パリの裏通りのローディングゾーン

流通機能をオルリー空港近くのラン
ジス地区を中心に大環状道路沿道に
拡張分散させた。いずれも、歴史的
都市の維持を前提に、モータリゼー
ションの進行を是認しつつ、拡張す
る都市機能への対応と都市景観の維
持が条件であった。

フランスのラ・デファンス地区

　郊外部に業務・流通の受け皿がで
きると、400 ～ 600 台の駐車場を経
営することを前提にして、都心部の道路下空間を入札制度によって 33 年を期限に
民間委託による駐車場計画を考えた。いわゆるコンソーシアム（共同事業体・公的
施設の民間委託）の始まりである。この駐車場計画は、パリ市内に 99 か所あった
が、整備された路線から幹線道路を駐停車禁止にして、バスレーンあるいは自転車
レーンを導入、幹線道路以外は路上駐車を有料化した。そして、10 台分のスペー
スの次は、貨物車の「ローディングゾーン」とし、駐車スペースの端数処理とし
て、自動二輪車の駐車スペースを設置した。

　このような都市計画的整備を短期間に成立せしめたのは、現地の大地主の存在が
あった。地主側もインフラが整備されると地価も上昇するので、公共インフラのた
めの買収あるいは貸与には容易に応じることができたのである。

（2）中都市都心部商業地の再生と駐車場

　ヨーロッパの主要都市は、長い歴史に培われ、都市そのものが観光地となってい
る。しかし、目まぐるしく変わる生活環境を維持し続けなければ長い歴史を形成して
いくことは難しい。モータリゼーションという波は大きく、ヨーロッパの歴史都市の
都心部は、軒並みその試練にさらされた。その克服は、それぞれの都市で工夫を凝ら
してきた。なかでも駐車対策に特徴がある都心再生を図った 4 都市について詳説す
る。

1）コベントリー（イギリス）[3]

　コベントリーは、ロンドンの北方約 150 キロに位置する人口約 31 万（当時）の
地方都市で、宇都宮市や高崎市と大都市東京からの距離や人口規模が類似してい
る。先の大戦によるダメージからの再建とモータリゼーションの波が同時にきたこ
とで衰退していった都心商業地の立て直しを図った。図 2.1 は、都心部周辺の道路
ネットワークと都心部商業地における駐車場の位置を示したものである。特徴的な
のは、旧道路のネットワークに自動車道路を被せて、外部からのアクセスをしやす
くし、平面交差することなく都心部にアクセスできるよう設計したことである。

　コベントリーの都心部における駐車対策は、歩行者専用区域を設ける一方、店舗

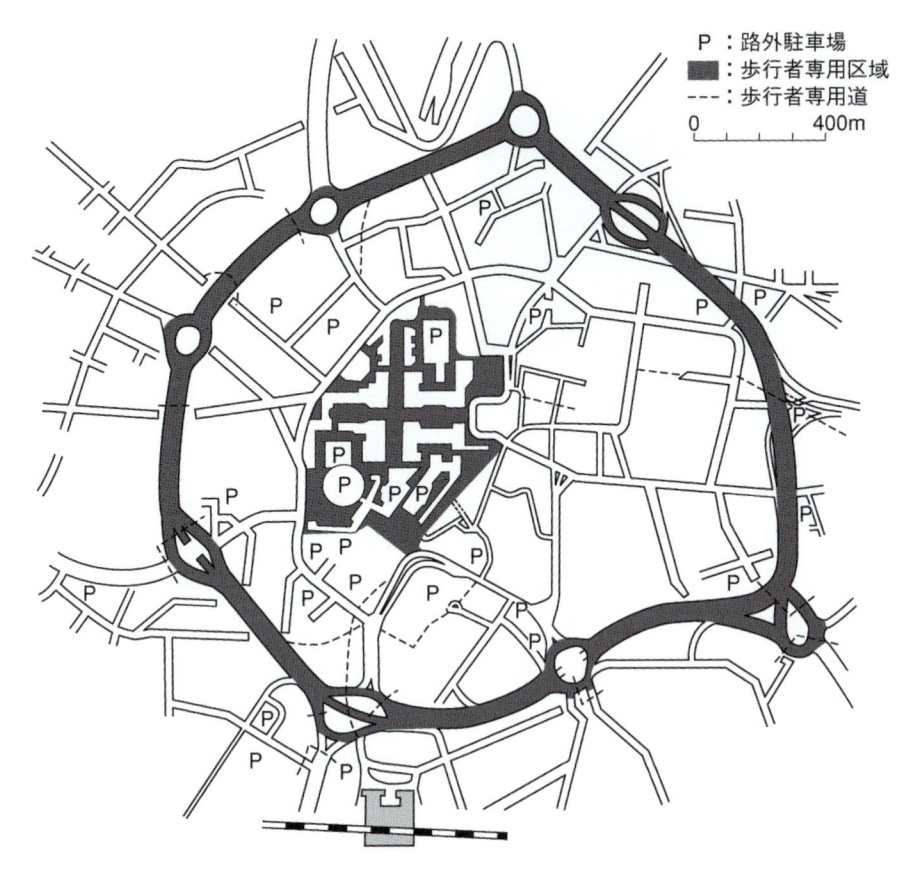

図 2.1　都心部通過交通の排除と買い物用歩行者専用地域（コベントリーの都心部）

P ：路外駐車場
■：歩行者専用区域
---：歩行者専用道
0　　　400m

と車との関係を重視して、**写真 2.1** に示すように店舗の屋上に駐車場を配置した。この店舗に近接した駐車場と、少し離れた駐車場、さらに離れた駐車場を準備し、店舗までの距離によって駐車料金に差をつけた。子供連れで、長時間滞在する利用者には離れた駐車場で安く利用できるなどのメリハリをつけた。屋上に駐車場を設置した理由は、地下駐車場は暗くて雰囲気が悪いことを住民が嫌ったことによる。ま

写真 2.1　コベントリー（イギリス）の商店街へのアクセスを考えて建設された商業施設の屋上駐車場

た、再開発以前は、都心部の治安が悪化していたので、スラムクリアランス上も地下より空中（屋上）が望ましいとの判断であったと聞いている。

2）ジュネーヴ（スイス）

　ジュネーヴのレマン湖岸にある商業地では、モータリゼーション時代に合わせて駐車場建設の必要性が迫られていた。商店会の会合では、「駐車場建設派」と「景

写真 2.2 レマン湖の湖底を駐車場にしたジュネーヴ（スイス）のモンブラン駐車場

観破壊防止派」の論争が長く続いた。そこに知恵者が現れて、湖底駐車場の建設を提案したのだが、どうすれば建設できるかを考えた末に到達したのが、「湖底の所有者は、市当局なので湖底からの固定資産税が入っていないはず。安いが固定資産税を支払うので使用させてほしい」という考えであった。この知恵者の考え方で行政取引に成功、建設費は商店の床面積で等分し、不足分は長期返済で借入、約 4,000 台の湖底駐車場を建設した。**写真 2.2** は、湖底駐車場からの車と歩行者の出入口および湖畔の風景を商店街から展望したものである。この湖底駐車場の建設により、景観は保たれ、遠方からの見学客も増え、客足が予想以上に伸びたとの説明を受けた。当時は、地下駐車場が珍しい時代でもあり、また、行政取引による民間からの積極的なまちづくり提案に強い印象を受けた。

3）エッセン（ドイツ）[4]

　エッセンは都心部商業地の維持のため、いくつかの試みに挑戦し続けていた。歩行者専用道の導入、業種構成への対応、モータリゼーションへの対応、徒歩圏での基礎需要の確保、地下鉄（S バーン）や郊外電車（U バーン）による客の確保のためのサービス、などである。

　エッセンでは、地主と店の経営者（店子）が異なっている。一時、家賃の高い業種に店子を変える安易な道を選んだため、オーダーメイドの洋服店や靴店が駆逐され、風俗店やゲームセンターが増加した。賑わいは維持できたが、歓楽街化して都心商業地としての風格が失われていった。この状態に危機感を持った次世代の地主と商店主、そして商工会議所は、じっくり検討を加え、これらの店舗を商業地のはずれに移転させた。以前の店舗は戻ってこなかったものの、新たなブティックやジュエリーショップなどの「おしゃれな」店舗が参入し、都心部商業地としての姿を回復した。この状態を支えるために、駅施設との結びつきにと連絡路やエスカレーターなどのバリアフリー施設をいち早く導入し、車客には、周辺の道路にパーキングメーターや貨物の積みおろし区画を確保、公園下に集約駐車場を建設した。自治体は公園下という空間を提供することで固定資産税を得、商店側は店舗面積に応じ建設費を出し合い、商業地区としての共同（集約）駐車場を建設した。さらに商業地周辺にあった工場移転跡地にインタウン・ニュータウンを建設、基礎需要の確保に成功した。**写真 2.3** は、駐車場の案内板と商店に囲まれた LRT の出入口の風景である。

　エッセンは、工業の町として栄えた都市で、工場と鉄道駅との間に商業地や住宅

写真 2.3　歩行者専用街路を設けた都心部の再生計画（ドイツのエッセン）

があった。そのため、車客への対応が疎かになった点に着目、車時代には商圏の拡大も必要と考えた。都市の破壊寸前で食い止めることができただけでなく、往時の中心都市として回復できていた。

4）フライブルグ（ドイツ）[5]

　フライブルグは、ドイツがスイスとフランスの間にくさび形に入り込んだ、付け根に位置する大学都市である。また、「黒い森」として有名な森林地帯へのレジャー拠点となる人口約20万人の都市である。避暑地でもあり、夏季シーズンには人口が倍に膨れ上がる。最近では、環境重視を宣言した都市としても有名である。

　周辺国の都市からの流入も多く、避暑地としても有名なため、1年をとおして人口流動が激しい。静かな住環境を保ちつつ観光客を賑やかにもてなすまちづくりを目指して努力を重ねている。そのため、自動車交通の受け入れと都心への過度な流入を防ぐといった、相反する交通政策をとってきた。その第一が、都心商業地のトランジットモール化であり、第二がLRTネットの構築である。そして、この両者を結ぶ第三の施策として、都心部の駐車料金を水準より高くして、LRTの郊外駅には無料のパーク・アンド・ライド用の駐車場を設けたことである。さらに、第四として、「環境を守るカード」を発行し、環境を守る行為については、交通機関の利用料などを割引する措置をとった。たとえば、カードの保有者には、バスや電車の年間定期券が10か月分の値段で購入できたり、そのうえ家族にはさらに割引する制度の導入である。

　このような都市政策の第一の考え方として、「自動車は人類が技術で得た最高傑作である」とうたいながら、一方で利用を誤ると大変な被害を受けることになるとして、その手立てに苦心を割いてきた。そのため、LRTや駐車場の建設などハードの政策と利用料金に関するソフトな政策、あるいは商

LRT が走るフライブルクの都心部

業地政策まで幅広く対応しているのが特徴で、以後多くの都市が『フライブルグモデル』と称してこの手法を参考に、欧州の多くの都市が交通政策を構築してきた。

2-3 モータリゼーションと公共交通の共存

　前節では、欧州の大都市および中核都市の都心部の再生と駐車場の関係の特徴的な点を事例で述べたが、いずれもモータリゼーションの受け入れを前提としている。そのうえで、エッセンやフライブルグでは、車での都心部への乗り入れによる混雑緩和や環境対策として地下鉄や LRT といった軌道系の交通機関の活用とともに、**図 2.2**に示すような地域公共交通システムの整備も実施している。

　しかし一方で、公共交通を低廉な運賃で、かつ混雑しないレベルで整備することは、ほとんどの都市で、当然採算に合わないことを承知のうえで、それを演出するための工夫が必要であった。両都市ともに共通する点は、自動車交通に保有税、あるいは利用税といった負荷をかけ、その資金で公共交通システムを構築したことである。公共交通利用は、運賃の低廉化の工夫と切符購入の便利さを求めて地域運輸連合システムを構築した。すなわち、ゾーン内の均一料金制、家族（場所によるがおおむね16 歳以下）が 1 枚の切符で移動できる制度、終バス以降の駅での乗り継ぎのために低廉なタクシー制度、などを設けた。

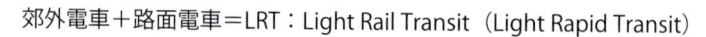

郊外電車＋路面電車＝LRT：Light Rail Transit（Light Rapid Transit）

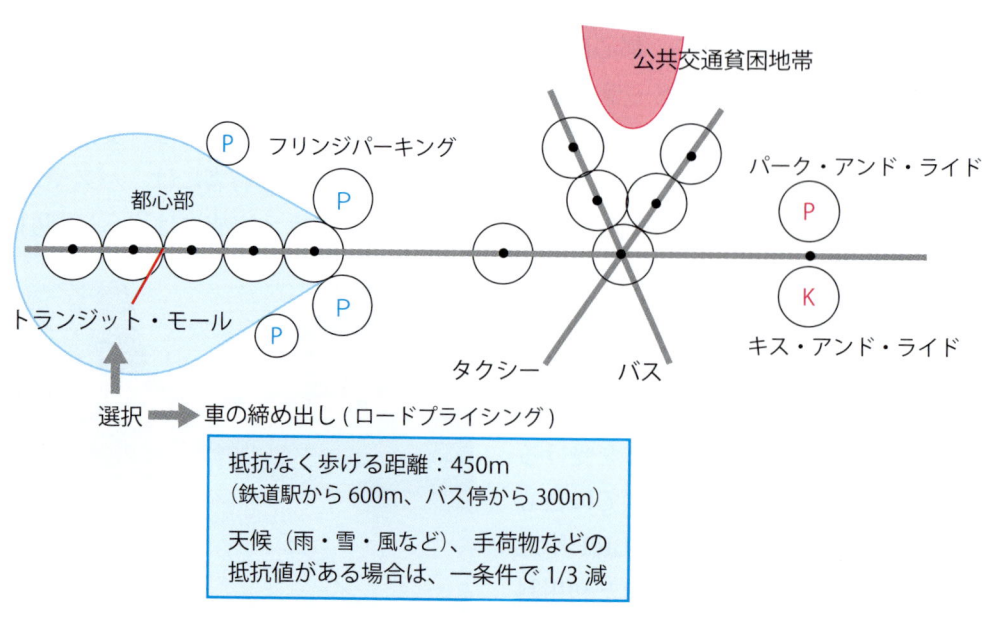

図 2.2　地域公共交通システム

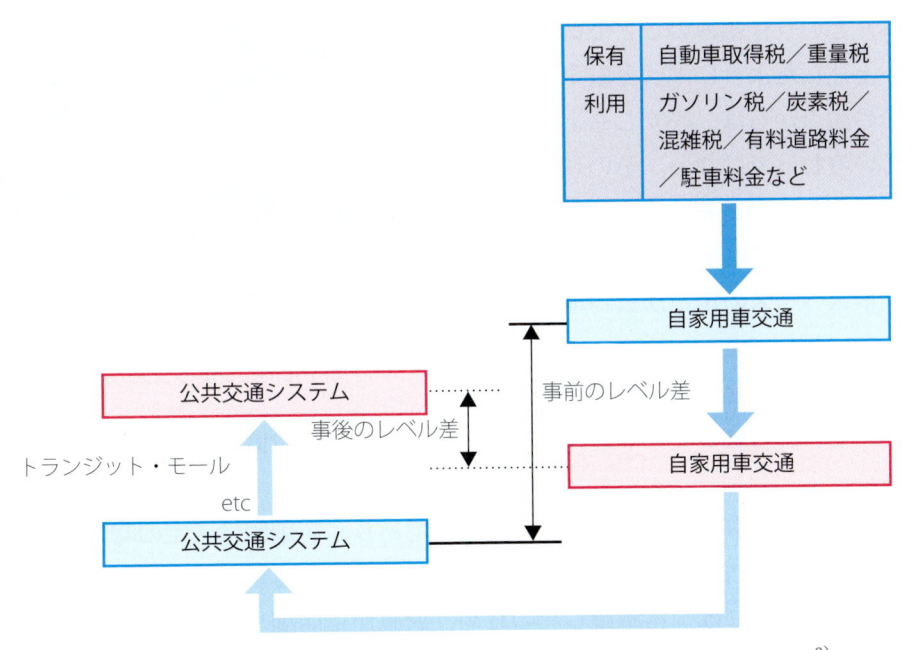

|保有|自動車取得税／重量税|
|利用|ガソリン税／炭素税／混雑税／有料道路料金／駐車料金など|

図 2.3　自動車への負荷と公共交通システムの整備水準向上の関係図 [6]

　一方で、郊外部では、車利用の利点が大きいことを踏まえ、郊外駅にパーク・アンド・ライド用の無料駐車場を準備し、またキス・アンド・ライド用の送迎車の駐車スペースと待合い場を設けるなどの施策を展開した。

　すなわち、自家用車には、自動車税などの保有税やガソリン税や混雑税・炭素税などの利用税、あるいは有料道路や駐車料金を課した。自家用車交通には経済的圧力をかけ、この負荷による金銭的負担を財源とし、公共交通利用の低廉性と利用しやすいシステムによって、バランスをとる都市交通施策を展開した。**図 2.3** は、この関係を図化したものである。駐車場も駐輪場も準備せず「来たものは運んでやる」といったわが国の軌道系システムとは異なり、都市あるいは地区単位で「駐車政策」を展開したことはモータリゼーションという新しい時代の波を受け入れつつ都市の持続性を求めた結果の対応であった。

2-4　日本で地区単位の駐車計画がたてにくい条件

　前節までに述べたように、モータリゼーション時代においては、駐車問題をクリアすることが必須である。それが、一建物として、あるいは地区として、さらには都市としてどうあるべきかを考えなければならない。欧米の交通技術者から称賛されたわが国の駐車政策は、一建物として駐車スペースを確保すること（附置義務駐車制度）と駐車スペースを確保しないと車を購入できない（いわゆる車庫法）といった、「車

は路外」という仕組みのことである。しかし、上述したように地区と駐車、都市と駐車の観点からは、必ずしも上手に機能しているわけではない。その理由を列挙してみると次のとおりである[7]。

ホテルのエントランスの車寄せ

① 附置義務に関する法で、準備する駐車スペースの規定が貨物車を除外していた。

② タクシーや運転手付き乗用車でのアクセスに対応していない（車寄せスペースの設置位置とスペースの大きさが貧弱）。

③ わが国の商取引の原則が「店頭渡し」であり、店舗側は予定の時刻までに商品が届けば、配送車がどこに駐車しようと無関係である。これに対して、欧米の都市は、基本的には「倉庫渡し」のため、倉庫から店舗までの移送は、最小コストの方法を選択する。したがって、トレーラーなどの大量集配送を必要とし、トレーラーの受け入れ可能な貨物用ヤードを準備している。ただ配送日は、たとえば月・水・金など週に2回から4回となるためストックヤードが必要になる。

④ 駐車場法では、バスと貨物車が除外されている。また、道路交通法でも、それに準じた対応をしてきた。すなわち、駐車禁止区間であっても「貨物の積みおろしの5分以内の駐車」は除外されており、さらに運転教本には「荷物の積卸ろし」と表記しているため、乗用車の手荷物の積みおろしにも適用されても致し方ない。さらに、運転手に責任があるため、運転者不在の駐車取り締まりは技術的に難しいうえに、上述した5分間という時間空間の担保性を確保するのは難しく、路上駐車取り締まりは極めて困難である[1]。

⑤ わが国は土地本位制の社会システムでありながら、自治体の土地保有量が極めて少ないので、道路改善や地区での集約駐車場の建設に多額の費用と長期の時間を必要とする。

⑥ わが国では、道路機能の段階的構成を明確にせずに道路整備を進めてきたので、都市域では、ほぼ全面「駐車禁止」の措置がとられている。建物の負担が大きすぎるので、建物と道路の良好な関係が見いだせていない。

⑦ ガス・上下水道・電気などの公共インフラ整備がまちまちで道路下に駐車場が建設しにくいうえ、市街化区域のみならず非市街化区域まで大型店が進出し、都

---

1 5分間という時間の担保のため、最初の見回りで、タイヤと路面に連続して白チョークで「線」を引き、2度目の見回りで同じ位置に白線があるかを確認した。現在では、路上駐車の監視を外部委託したため、駐車禁止区間において、「放置車両」という概念で車両関係者が誰もいない場合、駐車違反としている。

心部と郊外部での駐車政策のメリハリがつけにくい。

⑧ 緑地の保存や生産が、行政単位で十分確保できないうえに、複合利用への制限が大きい。

⑨ 行政取引ができないので、諸規制が大規模建物や地区づくりのネックとなっている。したがって新しい発想が根付かない。

⑩ 管理瑕疵責任が問われるので、それぞれの分野で、微に入り、細に入り禁止規制が多く存在している。

⑪ 地方自治体がもつ独自の財源が少ないので、特色ある「まちづくり」ができにくいうえに、都市計画と道路、道路と建物の関係が断絶している。したがって、国庫から個別の事業に対して補助金制度が主になる。公平な補助を担うため、地区独自の特性を出す「地域ルール」の運用が極めて困難である。

以上述べたような課題の克服を含めて大丸有地区の新たな駐車施策によるまちづくりを考察したのである。

参考文献

1） 高田邦道：大都市商業地における駐車問題とその解決策、国際交通安全学会誌、Vol.12 No2、pp16-23、1986.11

2） 高田邦道・小早川悟：駐車場（第 10 章）、新谷洋二・原田昇編 "都市交通計画" 所収、技報堂、pp206-224、2017.8

3） 高田邦道：欧州の都心部商業地にみる駐車対策（第 1 回）コベントリー、パーキングプレス、315 号、pp18-21、1988.1

4） 高田邦道：欧州の都心部商業地にみる駐車対策（第 2 回）エッセンパーキングプレス、316 号、pp9-13、1988.2

5） 高田邦道：欧州の都心部商業地にみる駐車対策（第 3 回）アーヘン・フライブルグ、パーキングプレス、317 号、pp6-11、1988.3

6） 高田邦道：交通工学総論、成山堂書店、2011.3

7） 高田邦道：駐車学、成山堂書店、2015.6

第3章 世界有数のオフィス街・大丸有地区

3-1 大丸有地区の成り立ち

　東京都千代田区の大手町1丁目と2丁目、丸の内1〜3丁目、有楽町1丁目と2丁目（一部）のエリア（**写真 3.1**）を、その頭文字を取って「大丸有地区」と称している。1894年にわが国初めての近代的オフィスビルである三菱第1号館[1]の建設以来、1960年代ごろの1度目の建替え時期を経て、日本を代表するビジネスセンターに成長した。2000年ごろより2度目の建替えの時期に入り、現在、超高層ビルのオフィス街が形成されつつある。

　大丸有地区の位置するエリアが歴史の表舞台に現れるのは、言わずもがな徳川家康の江戸開府（1603年）以降であり、江戸城築城以前の丸の内は、東京湾につながる日比谷の入江が、いまの日比谷から馬場先あたりまで入り込み、周囲には漁村の集落が立ち並ぶ、およそ想像を絶する辺鄙な土地であった。

　江戸開府以降は、江戸城を中心として掘割の整備や埋め立てを行い、武家屋敷、商人町、職人町などの整備が進められた。堀の揚土のほか神田山の切り崩し土によって、日比谷の入江も埋め立てられた。外堀の内側の大部分は大名家の屋敷が配され、本丸、西の丸に付随した吹上、北の丸、西の丸下（現在の皇居前広場一帯）は、紀伊、尾張、水戸の御三家をはじめとする親藩、譜代の多くの有力大名の屋敷に充てられた。また、次頁の**図 3.1**に示すように現在の大丸有地区に当たる部分のうち、北側

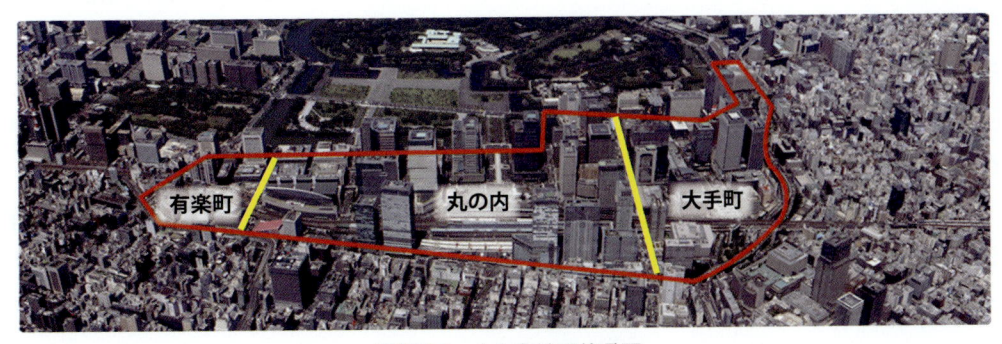

写真 3.1　大丸有地区俯瞰図

1　1918（大正7）年に東9号館に改称され、現在は三菱地所が復元し、同社が運営する企業博物館「三菱一号館美術館」。

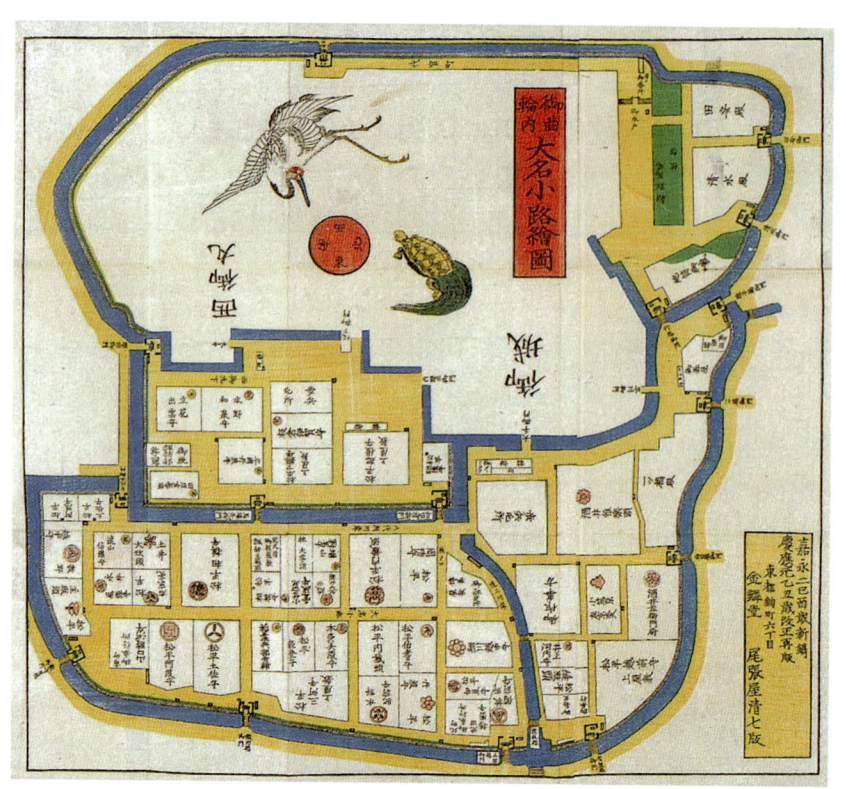

出典：丸の内百年のあゆみ　三菱地所社史上巻

図 3.1　1865 年（慶応元年）の丸の内

（大手町側）は老中などの屋敷のほか評定所や伝奏屋敷という官庁的な屋敷街、南側（丸の内、有楽町側）は外様大名の屋敷が並んでいた。

　明治に入ると、現在の丸の内界隈の大名屋敷は新政府により官庁、兵営への転用が進められた。1871（明治 4）年に日比谷練兵場が開場し、翌年には初の陸軍観兵式が開催されている。ところが 1887（明治 20）年前後から、今度は丸の内一帯に置かれた兵営施設の移転が始まった。これは国内の混乱がようやく収まり、皇居周辺に兵営を置く必要がなくなったことと、丸の内が繁華街に近く風紀取り締まりが難しいという理由による。政府は兵営移転後の土地の払下げ先として、民間の有力な財閥に打診したが、当時の相場よりはるかに高額な価格になかなか引き取り先は決まらず、最終的には、1890（明治 23）年に三菱社 [2] がこれを引き受けることとなった。

　その後、三菱社は取得した丸の内の土地にロンドンをモデルとしたビジネス街を創る計画を打ち立て、同年 9 月には三菱社内にジョサイア・コンドルを顧問とする丸ノ内建築所を設置し、準備を開始した。1894（明治 27）年には、この地区で初めて

2　三菱社：1886（明治 19）年に岩崎彌之助が設立し、石炭、金属鉱山、造船、銀行業を中心とした事業をした。後の 1893（明治 26）年に三菱合資会社となる。

写真 3.2　「一丁倫敦」と呼ばれた馬場先通り周辺

写真 3.3　「一丁紐育」と呼ばれた行幸通り周辺

の赤煉瓦建築のオフィスである三菱第 1 号館が竣工、その後は、1911（明治 44）年竣工の第 13 号館まで建設が続き、馬場先通りの両側を中心に赤煉瓦スレート葺き屋根の建物が立ち並んだ。当時の人びとは、**写真 3.2** に示すこの景観にイギリスのロンドン市街の光景を重ね合わせ「一丁倫敦」と呼んだ。

　また、1914（大正 3）年には東京駅が開業し、これ以降、建物の建設が馬場先通りから行幸通りに向かって伸びている。1918（大正 7）年に東京海上ビルディング、1923（大正 12）年に郵船ビル、丸ノ内ビルヂングなど、それ以前のスレート葺きの勾配屋根から陸屋根に変わり、床面積も巨大化した。**写真 3.3** に示すアメリカ式高層オフィスビルの建ち並ぶ行幸通り一帯は、当時、「一丁紐育」と呼ばれた。

　昭和 30 年代になり高度経済成長の兆しが現れるとオフィス需要も高まり、40 年代初頭までの 10 年間に、それまで赤煉瓦街を形成していた 19 棟の建物が順次取り壊さ

写真 3.4　軒高ラインの揃う丸の内仲通り（左：昭和 42 年ごろ、右：現在）

れ、鉄筋コンクリート造の近代的高層ビルに建て替わっていった。新たに建てられたビルは、1919（大正8）年に制定された市街地建築物法による百尺規制があったが、1931年以降はメートル法により切り上げて31mの高さ規制で軒高が揃い、**写真3.4**の左に示すような軒高ラインの揃う整然とした「丸の内のオフィス街」を形作っていった。ちなみに現在は、本地域ルールが進むなかで、写真3.4の右のような路線風景に変化してきている。

この「百尺規制」は、1970（昭和45）年の建築基準法改正で容積制が全面導入されるまでの約50年間運用が続いた。また、1966（昭和41）年には、丸の内で東京海上ビル本館の超高層への建替え計画を巡るいわゆる「美観論争」が起こっており、127mの計画に対し、「美観を損なう」「皇居を見下ろすのは畏れ多い」などの反対意見が巻き起こった。東京都の判断も二転三転した結果、東京海上側が折れて99.7mで落着した。

その後、1980年代中ごろから、東京都心部でのさらなるオフィス需要の高まりやビル自体の機能面の老朽化等により、次なる再開発の動きが始まったが、高さに関し

■ 1890〜1920年代　第一次開発（前半）
赤レンガ「一丁倫敦」時代
日本の近代産業化を支える
初めての「賃貸オフィス」街

■ 1920〜1940年代　第一次開発（後半）
鉄筋コンクリート造
「一丁紐育」時代
米国式建築技術による大型ビル

■ 1950〜1970年代　第二次開発
容積率制導入と敷地統合で
ビルのさらなる大型化
「丸の内仲通り」を中心に
整然としたオフィス街

■ 2000〜2010年代　第三次開発
国際競争力を持った
ビジネス拠点の形成
超高層のオフィス街

図 3.2　大丸有地区の開発の変遷

ては、大手町・丸の内・有楽町地区まちづくり懇談会[3]（大丸有懇談会）の大手町・丸の内・有楽町地区まちづくりガイドライン（まちづくりガイドライン）にルールが定められ、現在までにこの地区の約3割のビルが、高さ100mから200mの超高層ビルに建て替えられている。

　現在の大丸有地区には、全体で約120haのエリアに、約100棟の建物が建ち、約800haの総延べ床面積に約4,300の事業所が立地し、約28万人の人が働く、日本を代表するビジネスセンターを形成している。

　以上述べた1890年代より現在に至るまでの大丸有地区の開発の変遷は、**図3.2**のように整理できる。

3-2　大丸有地区の駐車場整備の歴史

　大丸有地区の駐車場整備の歴史は、1929（昭和4）年6月開業の「丸ノ内ガラーヂ」に始まる。当時、まだ東京に1,500台程度の車しかない時代に、250台収容の鉄筋コンクリート6階建ての自走式立体駐車場という相当に時代を先取りしたものが建てられている。これは進取の気性に富み、明治時代末期にフランスからルノーを取り寄せ販売をしていたという水嶋峻一郎が建てたもので、「水嶋式自動車庫」として実用新案特許も取得している。その当時は、路上駐車があたりまえであり、月極め35円（現在の価格に換算すると約20万円）を払って借りる客は少なく、当初の経営は厳しかったという。

　この駐車場専用ビルは、戦時中B29の焼夷弾にも耐え、1966（昭和41）年に解体されるまで37年間使用されたが、このようなビル内駐車場が本格的に現れるのは、昭和20年代後半になってからである。

出典：全日本駐車協会創立60周年記念誌／左、丸の内百のあゆみ　三菱地所社史上巻／右

丸ノ内ガラーヂ出入り口（左）と内部（右）

---

[3]　大丸有地区まちづくり懇談会：東京都、千代田区、東日本旅客鉄道、大丸有地区まちづくり協議会により構成する組織

出典：「復刻版岩波写真文庫 68 東京案内」／左、全日本駐車協会創立 60 周年記念誌／右

昭和 30 年代初頭の行幸通り（左）と丸ノ内駐車場（右）

　また、昭和 20 年代の終戦後しばらくの期間は、**GHQ** 連合軍総司令部が第一生命館に置かれたことから、この地区の焼け跡の空地の多くが、進駐軍関係の車両置き場として接収または借り上げられた。これを米軍関係者は「モータープール」と呼び、現在でも全国で駐車場名称に使用されている。

　その後、昭和 20 年代に入るとわが国の自動車台数も増えていった。20 年代後半になると、丸の内の駐車場不足が深刻化したことから、新たに建設されるビルには、地下 1 層か 2 層の駐車場が整備されるようになった。それでも駐車場不足の傾向は続き、東京駅前の行幸通りにも駐車車両があふれるなどの状況が見られるようになった。そのため、丸の内のビジネスセンター近代化の見地から、わが国初の公共地下駐車場である「丸ノ内駐車場」（地下 2 層、520 台）が、民間企業の出資による「丸ノ内駐車場株式会社」の特許事業 [1] によって整備され、1960（昭和 35）年に開業している。

　また、昭和 30 年代には相次いで駐車場に係る法的整備が進められた。1958（昭和 33）年 2 月に駐車場法および同施行令の施行、1958（昭和 33）年 10 月には東京都駐車場条例が公布され、11 月には東京都心部で駐車場整備地区が指定され、大丸有地区もその対象となった。

　その後は、ビルの建て替えに合わせて、附置義務駐車スペースを確保した結果、昭和末期には、大丸有地区全体の駐車場の駐車区画総数が約 12,000 台分を超えた。一方で、地下鉄の路線網の整備が進んだことで、車利用者は減少していくこととなり、今度は、駐車場が過剰な状況となって、附置義務駐車場の減免を求めていくこととなった。

1　都市計画法第 59 条第 4 項の規定により、民間事業者が都道府県知事の認可を受けて施行する都市計画施設の整備事業。

（1）大丸有地区の交通特性の概要

　大丸有地区は、その中心に東京駅が位置している。東京駅は日本の首都東京の玄関口であり、言うまでもなくわが国最大級のターミナル駅である。日本各地へ伸びる新幹線の起点駅であるとともに、首都圏の通勤の大動脈である東海道線、横須賀線、中央線、総武線等の発着駅でもある。地区内には、この他に地下鉄7路線が乗り入れ、鉄道網が極めて発達していることが、この地区の交通上の大きな特性と言える。

　バスに関しては、路線バス、長距離バス、観光バス、空港リムジンバスのほか、エリア内を循環する無料のシャトルバスが2003（平成15）年から運行され、年間60万人以上の利用がある。この他、千代田区のコミュニティサイクル「ちよくる」を中央区、港区、新宿区、文京区、江東区、品川区、目黒区、大田区および渋谷区と10区共同で運営している。このようにエリアへのアクセスやエリア内の移動については多様な手段が用意されている。

　実際にエリアで人の移動に使われている交通手段の割合は、1998（平成10）年お

表3.1　大丸有地区への来訪者の交通手段（パーソントリップ調査）

	1998（平成10）年		2008（平成20）年	
	トリップエンド数 （百トリップエンド / 日）	割合（%）	トリップエンド数 （百トリップエンド / 日）	割合（%）
鉄　　道	3,503	79.7	4,532	79.3
路線バス	28	0.6	59	1.0
自 動 車	363	8.2	285	5.0
バ イ ク	13	0.3	5	0.1
自 転 車	18	0.4	41	0.7
徒　　歩	473	10.7	791	13.8
合　　計	4,398	100.0	5,713	100.0

表3.2　大丸有地区への来訪者の交通目的（パーソントリップ調査）

	1998（平成10）年		2008（平成20）年	
	トリップ数 （百トリップ / 日）	割　合（%）	トリップ数 （百トリップ / 日）	割　合（%）
通　　勤	2,406	54.7	3,068	54.1
通　　学	2	0.0	2	0.0
自宅→業務	165	3.8	175	3.1
自宅→私事	228	5.2	301	5.3
帰　　宅	1	0.0	2	0.0
勤務・業務	925	21.0	968	17.1
その他私事	671	15.3	1,160	20.4
合　　計	4,398	100.0	5,676	100.0

および 2008（平成 20）年のパーソントリップ調査によると**表 3.1** のとおりである。これをみると、やはり大丸有地区は、鉄道で人が来る街であることがわかる。ちなみに自動車の分担率は、1978（昭和 53）年パーソントリップでは 14.3％、1988（昭和 63）年は 10.1％、1998（平成 10）年は 8.2％、そして 2008（平成 20）年は 5.0％と次第に低下している。

　次に、移動の目的については、**表 3.2** のとおりである。このなかで、1998 年から 2008 年にかけて目立って変化しているものは、「その他私事」であり、1998 年の 15.3％から 20.4％に増えている。これは、新たな再開発のなかで、レストランや物販店舗などの商業施設や美術館などの文化施設が増えており、主婦層、家族連れなどの来街者が増えていることによるものと考えられる。実際にパーソントリップ調査の結果を見ても、1998 年には「その他私事」による来街者のなかで男性が女性より多かったのに対し、2008 年では逆転し、女性が男性を上まわっている。

（2）鉄道路線整備の始まり　東京駅の開業

　日本で最初の鉄道が新橋・横浜間で開業したのは、1872（明治 5）年であるが、現在の東京駅である中央停車場の建設が国の事業として決定されたのは、1896（明治 29）年のことである。そして、ルートの選定、工事計画の検討を経て 1900（明治 33）年に高架路線部の工事に着手している。また、中央停車場駅舎についても入念な検討が行われ、最終的に東京帝国大学工科大学長を務めた辰野金吾の設計で、1908（明治 41）年に工事着手し、1914（大正 3）年に開業している。

　その時点で、東京駅から運行していたのは、山手線（東京－品川－新宿－池袋－田端－上野間）、京浜線（東京－高島町間）、東海道線であり、翌年には、東京－神田－秋葉原－上野間が開通して山手線が全通し、中央線も東京－神田－万世橋間が開通し、全通した。

　その後、東京駅からは、千葉、埼玉、多摩、神奈川の各方面への通勤路線が順次整備され、現在、JR の東京駅の 1 日の乗降客数は約 90 万人に上っている。

出典：丸の内百年のあゆみ　三菱地所社史下巻
竣工後の東京駅丸の内側

（3）地下鉄路線の整備

　大丸有地区における最初の地下鉄駅の開業は、丸ノ内線の東京駅である。丸ノ内線は、東京で銀座線に次ぐ地下鉄として、1942（昭和 17）年に計画立案され工事に着手していたが、太平洋戦争の激化により工事を中止し、戦後の 1951（昭和 26）年に「東京復興都市計画高速鉄道網」第 4 号線として再び工事を始め、東京駅は 1956（昭

和 31）年 7 月に開業している。その後は、**表 3.3** のとおり順次地下鉄路線が開業している。

　現在、大丸有地区には 7 つの地下鉄路線が、大手町、東京、二重橋前、有楽町、日比谷の 5 つの駅に乗り入れており、都心部他地点との短距離移動や乗換え、私鉄路線との相互乗り入れによる郊外部からの通勤等の媒体として、大きな役割を担っている。そして、**図 3.3** に示

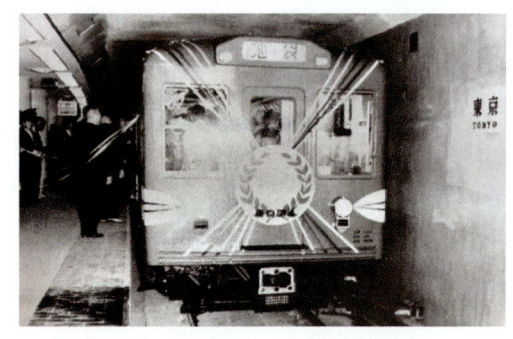

出典：丸の内百年のあゆみ　三菱地所社史下巻
開業初日の丸ノ内線東京駅

す大丸有地区内の地下鉄駅の乗降客数の総数は、1 日当たり約 105 万人に上っている。

表 3.3　大丸有地区の地下鉄路線の一覧

路　線　名	開業時期	駅　　名
丸ノ内線	1956 年（昭和 31 年）7 月	東京駅・大手町駅
日比谷線	1964 年（昭和 39 年）8 月	日比谷駅
東　西　線	1966 年（昭和 41 年）10 月	大手町駅
千代田線	1969 年（昭和 44 年）12 月	大手町駅
	1971 年（昭和 46 年）3 月	二重橋前駅
都営三田線	1972 年（昭和 47 年）6 月	大手町駅・日比谷駅
有楽町線	1974 年（昭和 49 年）10 月	有楽町駅
半蔵門線	1989 年（平成元年）1 月	大手町駅

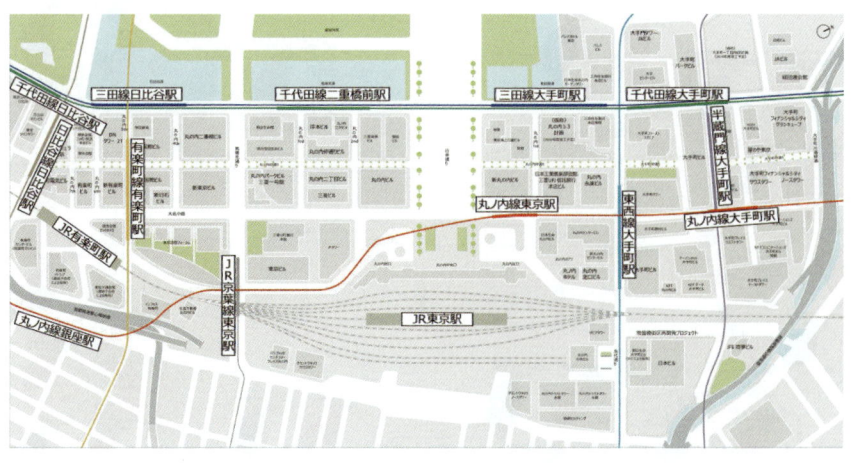

図 3.3　大丸有地区の道路地図

（4）大丸有地区の自動車交通

　図 3.4 は、大丸有地区周辺の道路地図である。これを見ると、大丸有地区には、複数の幹線道路が貫通するとともに、周辺には首都高速道路の出入口も複数存在し、自動車のアクセス性が極めて高い地区である。大丸有地区の主要な道路としては、南北

図 3.4　大丸有地区周辺の道路

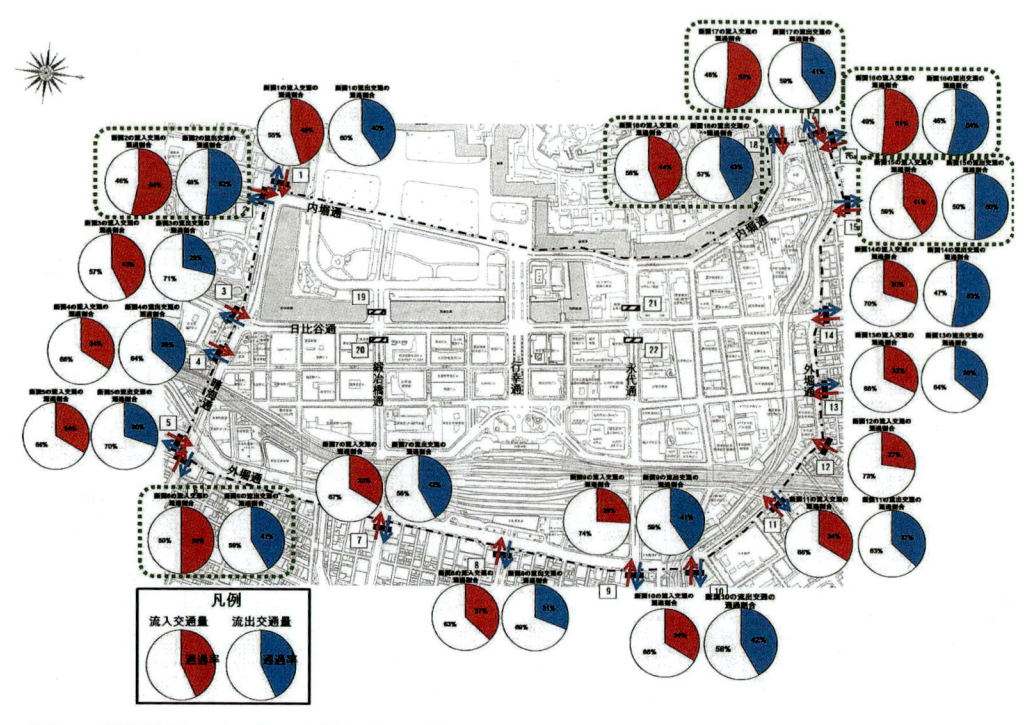

出典：三菱地所㈱ナンバープレート調査（2010 年）

図 3.5　主要断面における自動車通過交通の割合（午前：10 時〜 12 時）

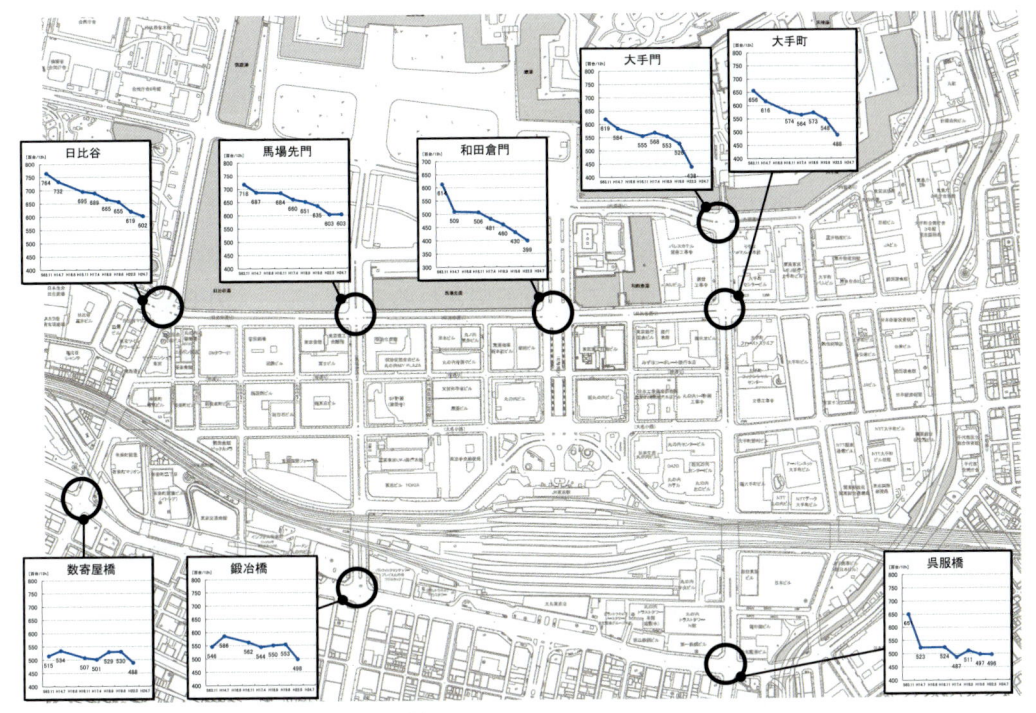

出典：三菱地所㈱交差点交通量調査（2010 年）

図 3.6　主要交差点における自動車交通量の経年変化（昼間 12 時間）

方向に内堀通り、日比谷通り、東西方向に永代通り、馬場先通り、晴海通りが通っている。また、周辺には「一ツ橋」「神田橋」「呉服橋」「常盤橋」「八重洲」「丸の内」などの首都高速道路出入口がある。

　大丸有地区を走る自動車のうち、この地区を目的地とするのでなく、単に通過する自動車も多い。**図 3.5** は 2010 年の調査で、エリア外周部の主要断面における自動車の通過交通の割合は円グラフの着色された部分であり、全体の 4 割前後となっている。

　また、大丸有地区では、2000 年以降、多くの再開発ビルが竣工しているが、主要交差点における自動車交通量は、**図 3.6** に示すとおり横ばいないし減少の傾向が見られる。これは、広域の幹線道路整備の効果と鉄道整備による輸送力増強などの結果、鉄道利用への転換が進んでいることによるものと考えられる。

　このように大丸有地区は多くの企業が立地し、多くの人が発着するエリアであるが、JR や地下鉄などの公共交通が極めて発達しているため自動車交通の利用は相対的に低く、自動車交通の総量も徐々に減りつつあるエリアである。

（1）地域ルール導入前の駐車場の利用状況

　大丸有地区では 1990 年代ごろより駐車場の慢性的な空き状況が目立つようになっていた。そして、その後も引き続きビル建て替えが進み附置義務駐車場が整備されると、さらに空きスペースが増大することが予想されることから、大丸有駐車協議会において、それに対する方策について調査検討を始めることとした。そして、大丸有駐車協議会のなかの都市基盤等について検討する部会「まちづくり検討会」において、1998（平成 10）年から地区内の駐車場に関する調査が実施され、次のような地域の状況が確認された。

1）整備台数

　表 3.4 は、2001（平成 13）年に実施したアンケートに基づく大丸有地区の路外駐車場の台数であり、**表 3.5** は地区内 3 か所の都市計画駐車場の内容である。

表 3.4　大丸有地区の駐車場台数

附置義務駐車場	10,507 台
都市計画駐車場	1,630 台
合　　計	12,137 台

注）2001 年大丸有協議会アンケート調査より

表 3.5　大丸有地区内の都市計画駐車場（2001 年当時）

	名　称	供用開始	構　造	計画決定台数	整備台数
1	丸の内第 1	1960 年 2 月	地下 2 層、自走式	450 台	520 台
2	八重洲	1968 年 12 月	地下 1 層、自走式	290 台	290 台
3	常盤橋	1971 年 8 月	地下 2 層、自走式	820 台	820 台
計				1,560 台	1,630 台

2）駐車場の利用状況

　1998（平成 10）年に大丸有地区内の駐車場所有者に対してアンケート調査を実施、**表 3.6** は調査日（平日）のピーク時の駐車場の利用状況を示している。このデータは、地区内に 96 棟あるビルのうち回答が得られた 52 棟それぞれのピーク値の合計である。

表 3.6　駐車場需給バランス

駐車スペース	ピーク時駐車台数	ピーク時駐車台数／駐車スペース
7,452 台	3,479 台	0.467

注）1998 年大丸有協議会アンケート調査より

　また、大丸有地区を 15 のブロックに分割し、ブロックごとに駐車場スペースとその利用状況を示すと**表 3.7** のとおりである。

　この調査結果から、地区全体の駐車場利用率は平日のピーク時においても 50％に満たず、恒常的に空きの多い状況であり、また、分割したブロック別に見ても、駐車

表 3.7　ブロック別駐車場利用状況

ブロック	駐車場台数（A）	最大駐車台数（平日のピーク値）（B）	駐車場利用率（B／A）	算定対象ビル数／全ビル数
①	1,746	819	0.469	12／16
②	1,605	508	0.317	10／14
③	372	224	0.602	2／3
④	0	0	—	0／3
⑤	90	75	0.833	1／3
⑥	0	0	—	0／1
⑦	609	336	0.552	4／12
⑧	87	41	0.471	2／4
⑨	308	151	0.490	3／3
⑩	339	183	0.540	4／6
⑪	1,171	583	0.498	5／13
⑫	694	323	0.465	4／8
⑬	276	160	0.580	2／5
⑭	92	42	0.457	2／3
⑮	63	34	0.540	1／2
合　計	7,452	3,479	0.467	52／96

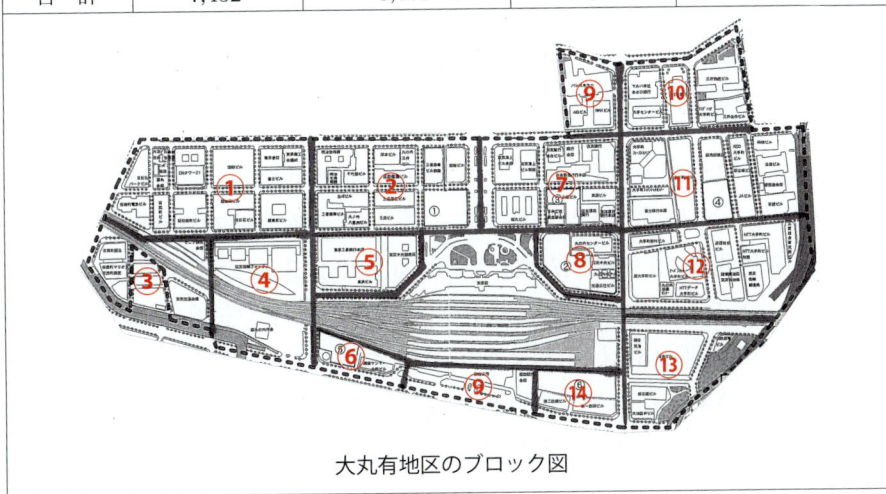

大丸有地区のブロック図

注）1998 年大丸有協議会アンケート調査

スペースを超えるような利用の状況は見られなかった。なお、この調査では、実際の貨物の動きを捉え、貨物の積みおろしのあった車両を物流系車両としている。

（2）地域ルール導入前の路上駐停車の状況

　大丸有地区の路上駐停車については、大丸有駐車協議会が 1991（平成 3）年に実施した実態調査により、**表 3.8**、**表 3.9**、**表 3.10** のような状況が確認されている。

表 3.8　駐車場および路上の総駐車台数（平日 1 日）

	総駐車台数	そのうちの物流系車両	
		台　数	割　合
駐車場入庫台数	29,538 （ 39.6%）	794	2.7%
路上駐停車台数	44,975 （ 60.4%）	9,589	21.3%
計	74,513 （100.0%）	10,383	13.9%

注）1991 年大丸有協議会実態調査

表 3.9　路上駐停車の駐車時間分布

駐停車時間	路上駐停車	
	全車両	物流系車両
15 分未満	33,647 （ 74.8%）	6,255 （ 65.2%）
15 〜 30 分	5,723 （ 12.7%）	1,898 （ 19.8%）
30 〜 60 分	3,433 （ 7.6%）	896 （ 9.3%）
60 分以上	2,172 （ 4.8%）	540 （ 5.6%）
合　　計	44,975 （100.0%）	9,589 （100.0%）
平　　均	14.1 分	19.2 分

注）1991 年大丸有協議会実態調査

表 3.10　路上駐停車 15 分未満の車種別構成

	軽自動車	自家用乗用	営業乗用	貨 物 車	貨 客 車	合　　計
台数	2,251	5,586	15,247	4,574	5,989	33,647
割合	6.7%	16.6%	45.3%	13.6%	17.8%	100.0%

注）1991 年大丸有協議会実態調査

　これらの調査結果から大丸有地区では、路上駐停車が多く、地区アクセス交通の約 6 割が路上を利用しており、そのうちの約 21％が物流系車両であることがわかった。

　路上駐停車の時間は 15 分未満が 75％を占め、30 分未満では 87％に上る。全体の平均では 14.1 分となり、物流系車両の平均は 19.2 分とやや長くなる。また、路上駐停車 15 分未満の車両の 45％は、営業乗用のタクシー、ハイヤーが占めていた。

　このような調査結果に基づき、大丸有地区としては地区の特性に合わせたかたちの地域ルール導入の必要性が高いとの判断し、行政等への働きかけを行い、その後の行政側での各種の法制度の改正等を経て、わが国で初めての台数削減を可能とする駐車場地域ルールを策定することができた。

参考文献

1）丸の内百年のあゆみ　三菱地所社史　上・下巻、1993.3

2）「丸の内」の歴史、岡本哲志、ランダムハウス講談社、2009.9

3）THE 丸の内　100 年の歴史とガイド、三菱地所㈱、1991.3

4）創立 60 周年記念誌　〜駐車場整備の変遷〜、（一社）全日本駐車協会、2017.7

第4章 大丸有駐車協議会

4-1 大丸有地区のまちづくり

（1）大丸有協議会による一体的なまちづくり

　大丸有地区では、地区内のほぼすべての地権者が参加し、都市空間の適切かつ効率的な開発、利活用等を通じたまちづくりを展開することにより、当地区の付加価値を高め、東京の都心としての持続的な発展に寄与することを目的として「一般社団法人大手町・丸の内・有楽町地区まちづくり協議会」（以下、「大丸有協議会」という。）の活動が続けられている。

　そもそもこの組織は、大丸有地区で 1980 年代後半、時代の急激な変化に対応するため、新たなオフィスビルの再開発が急務となってきた時期に、さまざまな議論、検討を経て設立されたものである。

　1985（昭和 60）年のプラザ合意による変動為替レートの導入により、日本にも国際化の波が押し寄せ、オフィスの供給が量的に対応しきれなくなっていたことに加え、事務所空間の質的改善も求められていた。すなわち、**写真 4.1** に見られるような百尺（31m）の高さ規制のなかで作られたビル群は、そのなかで 9 ないし 10 階のフロアを納めていて天井高さも低く、また設備グレードもインテリジェント化の対応に追いついていなかった。また、レストランなどサービス施設も不足し、外国からのビジネスマンとの商談の場にも事欠く有様であった。

　当時、東京都の都心政策は、新宿や臨海部などの副都心を育成するため都心部を抑制するという基本方針であった。しかし、一方で国際化、情報化に対応できる国際業務センターを整備することも必要であり、1986（昭和 61）年に出された東京都の都市再開発方針において、大丸有地区は再開発誘導地区に指定された。

　当時の大丸有地区に関する議論のなかでは、単なる個別建物の建て替えを進めるのではなく、エリアで面的なま

写真 4.1　1980 年代末ごろの丸の内

ちづくりとして進めることが重要であるという声が高まっており、そのためには、まず地元地権者がひとつにまとまることが必要とされた。その結果、千代田区のまちづくり方針にも基づいたかたちで、「大手町・丸の内・有楽町地区再開発計画推進協議会」が 1988（昭和 63）年 7 月 20 日 に 設 立 さ れ た。**写真 4.2** は、設立総会の模様である。

写真 4.2　大手町・丸の内・有楽町地区再開発計画推進協議会の設立総会（1988 年 7 月）

　また、設立から 24 年目を迎えた 2012（平成 24）年 3 月には、いくつかのビルの再開発も進み、組織を一般社団法人とするとともに組織名称も「一般社団法人大手町・丸の内・有楽町地区まちづくり協議会」に改められた。そして、2018（平成 30）年には、設立 30 周年の節目を迎えるに至っている。

　現在の大丸有地区には、全体で約 120ha のエリアに、約 100 棟の建物が建ち、約 800ha の総延べ床面積に約 4,300 の事業所が立地し、約 28 万人の人が働く、日本を代表するビジネスセンターを形成している。54 頁の**図 4.1** は、2018 年時点の地区の開発動向を示している。

　また、この地区のまちづくりの方向として、国際ビジネス拠点であることに加え、人びとが集まって賑わいや交流、文化や観光を楽しむ街を目指しており、そのためにホテル、美術館、博物館、劇場、ギャラリー、映画館、ホール、会議施設など多様な施設が作られるようになってきた。56 頁の**図 4.2** は、この地区の景観・風格、文化・交流項目関連施設の配置を示したものである。さらに、就業者を支援するための医療施設や託児所などの数も増加してきている。

（2）公民協調（P.P.P）のまちづくり

　大丸有協議会は、1988 年の設立以降、まず規約づくりから始まり、会員の募集、組織づくり、活動目標の設定等、まちづくりの実現に向けて準備を整えていった。総会、理事会、幹事会のほかに、いくつかの部会も置き、さまざまな課題にも取り組んだ。

　また、協議会の内部検討に加え、さらに幅広く客観的な調査を行うため外部への委託調査も行った。1991 年から 5 か年に亘り実施した都市計画学会委託調査「大手町・丸の内・有楽町地区街づくり検討調査」もそのひとつである。この調査では、それまで培ってきた価値観を再評価しながらも、丸の内を欧米都市への追随ではなく真に世界に通用するわが国の都心としてよみがえらせるという意味をこめて「丸の内の新生」（1996 年）と名付けた提言を行っている。

　このなかで打ち出されたいくつかの方針のひとつとして、公民協調を基軸にしたパ

ブリック・プライベート・パートナーシップ（P.P.P）がある。これは、地権者が一方的な要望を打ち出すのではなく、民間と行政が協調関係を構築し、それぞれが役割と責任をはたし、総合的に望ましいかたちでまちづくりを進めていくことを目指したものである。

そして、実際に公民協調（P.P.P）のまちづくりを推進するための組織として、東京都、千代田区、東日本旅客鉄道株式会社、大丸有協議会によって大丸有懇談会が1996年9月に設立された。56頁の**図4.3**は大丸有懇談会の構成を示したものである。ここでは、参加する4者の各々の立場での考え方を総合化して、都市の将来像として共有するとともに、実現方策をそれぞれの役割分担を考慮しながら具体化することを目指している。

（3）大丸有地区の目指す将来像

この大丸有懇談会のなかでは、まず、本地区における公共と民間の協力、協調によるまちづくりのあり方に関する事項、そしてわが国の活力を担っていく場としての本地区の整備のあり方に関する事項が議論され、1998（平成10）年2月にその成果が、「ゆるやかなガイドライン」としてまとめられた。さらに、その後も議論が深められ、2000年3月に、正式に「大手町・丸の内・有楽町地区まちづくりガイドライン」（以下、「まちづくりガイドライン」という。）が策定された。

このまちづくりガイドラインは、進化するガイドラインを基本理念として、その後も、大丸有懇談会における議論に基づきその時々の社会のニーズを取り込み、2005年、2008年、2012年、2014年に更新を行っている。

まちづくりガイドラインは、「大手町・丸の内・有楽町地区に相応しい経済、社会、環境、文化の分野でバランスのとれた魅力あるまちづくりを進めることを目的として、速やかな機能更新への対応を図るため「将来像」「ルール」「整備手法」を指針として示す」こととしている。

また、地区が目指す将来像に向けて、「P.P.P.によるエリアマネジメント体制の中で、合意形成に基づく面的なまちづくりを進めるとともに、長期に亘り構築された街並みや交通インフラ等の良質なストックをベースとし、周辺地区を含めた他地域との連携を図りつつ、経済、環境、社会、文化のバランスのとれたサスティナブル・ディベロップメントに取り組んでいく」こととしている。

そして、この将来像を実現するために次の8つの目標を設定している。

① 時代をリードする国際的なビジネスのまち
② 人びとが集まり賑わいと文化のあるまち
③ 情報化時代に対応した情報交流・発信のまち
④ 風格と活力が調和するまち
⑤ 便利で快適に歩けるまち

図 4.1　大丸有地区の開発動向

13 ザ・ペニンシュラ東京

敷地面積：約4,300㎡
制　　度：総合設計、用途入替
最高高さ：約112m(B4F〜24F)
延床面積：約58,600㎡
竣　　工：2007年5月

14 有楽町イトシア
（有楽町駅前第1地区第一種市街地再開発事業）

敷地面積：約6,800㎡
制　　度：高度利用地区
最高高さ：約110m
延床面積：約75,900㎡
竣　　工：2007年10月

15 丸の内トラストタワー（本館・N館）

敷地面積：約12,000㎡
制　　度：都市再生特別地区
最高高さ：約178m
延床面積：約181,000㎡
　　　　　（うちN館約65,200㎡）
竣　　工：N館:2003年9月
　　　　　本館:2008年11月

16 日経ビル・JAビル・経団連会館
（大手町一丁目第1地区第一種市街地再開発事業）

敷地面積：約13,400㎡
制　　度：都市再生特別地区
最高高さ：約180m(B4F〜37F)
延床面積：約236,000㎡
竣　　工：2009年4月

17 丸の内パークビルディング・三菱一号館

敷地面積：約11,900㎡
制　　度：都市再生特別地区、
　　　　　特例容積率適用地区
最高高さ：約157m(B4F〜34F)
延床面積：約205,000㎡(高層棟・
　　　　　三菱一号館の計)
竣　　工：2009年4月

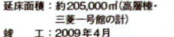

18 三井住友銀行本店ビル

敷地面積：約5,430㎡
制　　度：一般設計
最高高さ：約120m(B4F〜23F)
延床面積：約80,000㎡
竣　　工：2010年7月

19 丸の内永楽ビルディング・三井住友信託銀行本店ビル・三菱UFJ銀行丸の内1丁目ビル

敷地面積：約8,000㎡
制　　度：特定街区
　　　　　特例容積率適用地区
最高高さ：約150m(B4F〜27F)
延床面積：約139,000㎡
竣　　工：2012年1月

20 パレスホテル東京・パレスビル

敷地面積：約10,430㎡
制　　度：一般設計
　　　　　特例容積率
　　　　　適用地区
最高高さ：約115m
延床面積：約135,000㎡
竣　　工：2012年3月

21 JPタワー

敷地面積：約11,600㎡
制　　度：都市再生特別地区、
　　　　　特例容積率適用地区
最高高さ：約200m
延床面積：約212,000㎡
竣　　工：2012年5月

22 グラントウキョウノースタワー・サウスタワー

①グラントウキョウノースタワーⅠ・Ⅱ期
敷地面積：約14,400㎡
制　　度：総合設計、特例容積率適用地区
最高高さ：約205m(B4F〜43F)
延床面積：約212,000㎡(Ⅰ・Ⅱ・グランルーフ部分含)
竣　　工：2007年10月(Ⅰ期)・2012年8月(Ⅱ期)
※グランルーフ竣工:2013年9月

②グラントウキョウサウスタワー
敷地面積：約5,200㎡
制　　度：総合設計、
　　　　　特例容積率適用地区
最高高さ：約205m(B4F〜42F)
延床面積：約140,000㎡
竣　　工：2007年10月

23 大手町フィナンシャルシティ
（大手町一丁目第2地区第一種市街地再開発事業）

敷地面積：約14,100㎡
制　　度：都市再生特別地区
最高高さ：ノースタワー　約154m
　　　　　サウスタワー　約177m
延床面積：約242,700㎡
竣　　工：2012年10月

24 読売新聞ビル

敷地面積：約6,142㎡
制　　度：一般設計
最高高さ：約200m(B3F〜33F)
延床面積：約89,650㎡
竣　　工：2013年11月

25 大手町川端緑道

供用開始：2014年4月

26 大手町タワー

敷地面積：約11,000㎡
制　　度：都市再生特別地区
最高高さ：約200m
延床面積：約198,000㎡
竣　　工：2014年4月

27 日本生命丸の内ガーデンタワー

敷地面積：3,988㎡
制　　度：一般設計
最高高さ：115m
延床面積：56,120㎡
竣　　工：2014年11月

28 三井住友銀行東館

敷地面積：5,960㎡
制　　度：一般設計
最高高さ：150m
延床面積：89,115㎡
竣　　工：2015年2月

29 鉄鋼ビル

敷地面積：約7,400㎡
制　　度：都市再生特別地区
最高高さ：約200m
延床面積：約117,000㎡
竣　　工：2015年10月

30 大手町フィナンシャルシティ（大手町一丁目第3地区第一種市街地再開発事業）

敷地面積：約11,200㎡
制　　度：都市再生特別地区
竣　　工：2016年4月

①グランキューブ
最高高さ：約170m
延床面積：193,600㎡

②星のや 東京
最高高さ：約90m
延床面積：13,900㎡

31 大手町ホトリア

①大手門タワー・JXビル
敷地面積：約6,900㎡
制　　度：都市再生特別地区
最高高さ：約100m
延床面積：約108,000㎡
竣　　工：2015年11月

②大手町パークビルディング
敷地面積：約9,300㎡
制　　度：都市再生特別地区
最高高さ：約150m
延床面積：約151,700㎡
竣　　工：2017年1月

32 東京駅丸の内駅舎・駅前広場・行幸通り

完成：
東京駅丸の内駅舎／
2012年10月
東京駅丸の内駅前広場／
2017年12月
行幸通り／
2010年3月

33 大手町プレイス

敷地面積：約19,900㎡
制　　度：都市再生特別地区
最高高さ：A棟 約178m・B棟 約163m
延床面積：A棟 約202,000㎡
　　　　　B棟 約152,000㎡
竣　　工：2018年8月

34 丸の内二重橋ビル

敷地面積：約9,900㎡
制　　度：都市再生特別地区
最高高さ：150m
延床面積：約173,000㎡
竣　　工：2018年10月

1 （仮称）OH-1計画

敷地面積：約20,900㎡
制　　度：都市再生特別地区
最高高さ：A棟約160m・B棟 約200m
延床面積：約358,000㎡
竣　　工：2020年2月

2 （仮称）丸の内警察署

敷地面積：約745㎡　　竣工：2020年度予定

3 （仮称）丸の内1-3計画

敷地面積：約11,237㎡　　竣工：2020年9月予定

4 （仮称）大手町1-4-2計画

敷地面積：約6,100㎡　　竣工：2020年度予定

5 常盤橋街区再開発プロジェクト

敷地面積：約31,400㎡
総延床面積：約680,000㎡
最高高さ：約390m
竣　　工：2027年度予定

出典：大手町・丸の内・有楽町地区まちづくり協議会パンフレット2018年度版

出典：大手町・丸の内・有楽町地区まちづくり協議会パンフレット 2018 年度版

図 4.2　大丸有地区の文化、交流関連施設

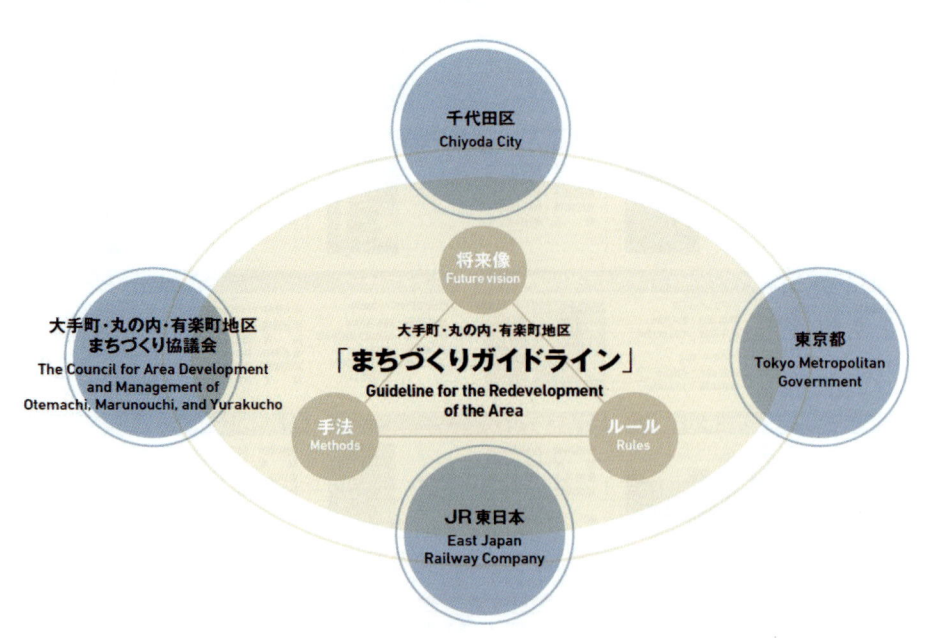

出典：大手町・丸の内・有楽町地区まちづくり協議会パンフレット 2018 年度版

図 4.3　大丸有地区まちづくり懇談会の構成

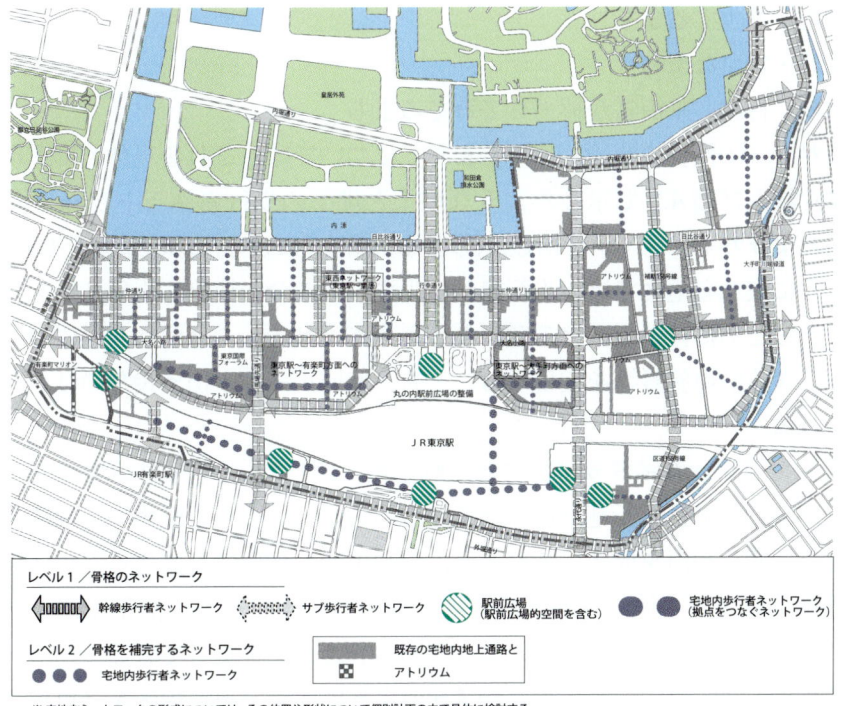

出典：大丸有地区まちづくりガイドライン2014

図4.4 歩行者ネットワーク将来イメージ図（地上）

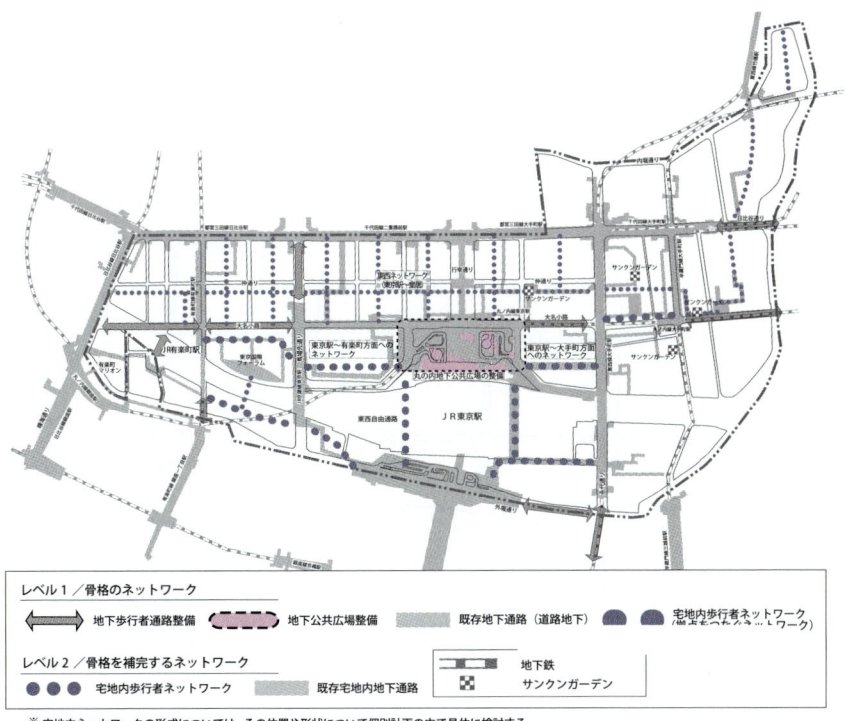

出典：大丸有地区まちづくりガイドライン2014

図4.5 歩行者ネットワーク将来イメージ図（地下）

⑥　環境と共生するまち

⑦　安心・安全なまち

⑧　地域、行政、来街者が協力して育てるまち

このなかで「⑤便利で快適に歩けるまち」については、これを具体的に実現するため、図4.4および図4.5で示したような地上と地下の歩行者ネットワークの将来イメージ図およびガイドラインを示し、民地内の再開発に合せて順次整備を進めている。

このように大丸有地区では、歩行者が優先されて安全、快適に歩ける街を目指しているが、そのために自動車による発着をできるだけ減らし、必要な発着については安全に処理できる駐車施設等を実現することも、地域ルールが担う役割のひとつであると考えられる。

また、まちづくりガイドラインでは、駐車場に関して、「地下駐車場のネットワーク化や、地下駐車場とあわせた荷さばき施設の整備等により、駐車場・物流施設の効率的かつ合理的な利用を促進するとともに、利用者の利便性を高めるために地区全域の駐車場関係サインの統一性を高め、地上部の自動車交通の円滑化や路上駐車の抑制、車や歩行者の安全性、快適性の向上を図る」ことを推奨している。

駐車場ネットワークに関しては、図4.6のように従来の複数街区をブロックとした単位でネットワーク化を図る整備方針図を示し、誘導している。

大丸有地区では、1996年の大丸有懇談会の設立以降も、図4.7に示すようにまちづくりの各段階で必要に応じて順次まちづくり組織の整備が進み、大丸有駐車協議会

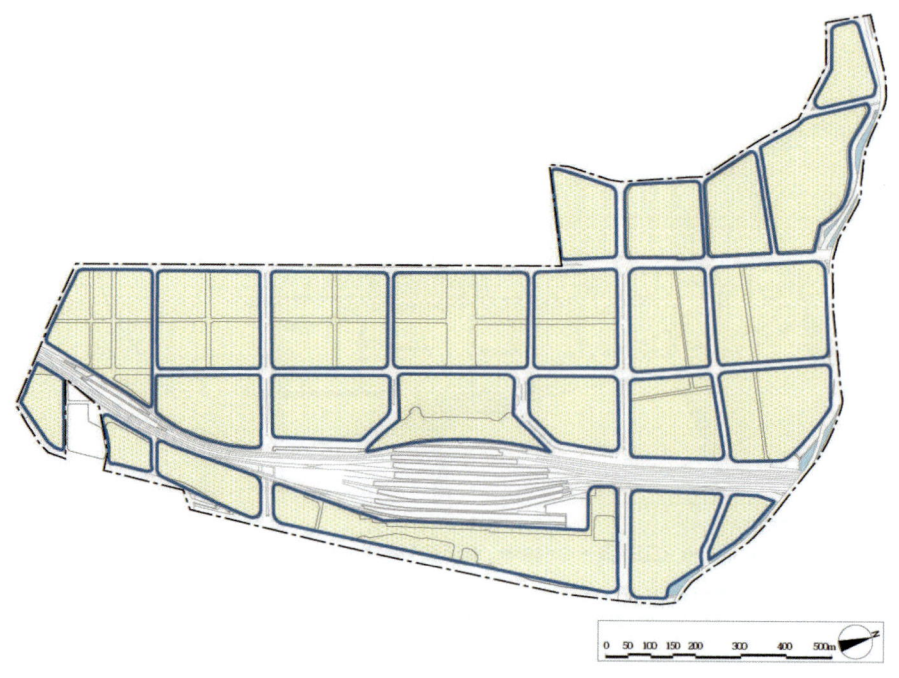

出典：大丸有地区まちづくりガイドライン 2014

図 4.6　駐車場ネットワーク整備方針図

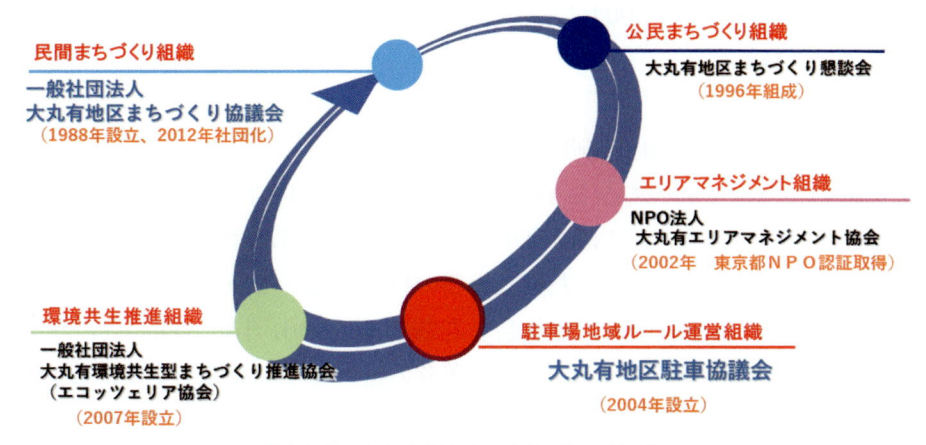

図 4.7　大丸有地区のまちづくり組織

の設立の 2004 年ごろから具体的なビル開発が本格化してきた。図 4.7 はその経緯を表わしたものである。

4-2　駐車場地域ルールの策定と大丸有駐車協議会の誕生

（1）駐車場削減に向けた地元の活動と国の規制緩和の動き

　3-4 節において大丸有地区の空き駐車スペースの具体的なデータを示しているが、1990 年代ごろには、恒常的に駐車場の半分以上が空きスペースという状況が見られていた。大丸有協議会においても、この問題を重要課題のひとつに掲げ、調査検討を進めた結果、大丸有地区全体での駐車場台数、12,137 台（2001 年時点）が、将来、すべての街区で再開発が終了すると、18,500 台程度にまで増加するとの推計が出された。

　このような状況から、現行の東京都駐車場条例の定める附置義務基準は大丸有地区にとっては過大であり、地区の状況に相応しいレベルでの整備を可能とする規制緩和の要望を社団法人東京ビルヂング協会を通じて行政側に伝えていた。

　また一方、国レベルでも内閣主導で構造改革、経済活性化を推進するため、閣議決定により 2001（平成 13）年 4 月に内閣総理大臣を本部長とする都市再生本部が設置された。同年 12 月には民間を主体とした都市再生を進めるため、「都市再生のための緊急に取り組むべき制度改革の方向」を決定し、そのなかで「駐車場附置義務条例に基づく駐車場設置台数等の規制について地区の交通状況等地区の実態を踏まえ適正化」という内容が、規制緩和施策のひとつとして打ち出された。

　この後、国土交通省内に学識経験者、国土交通省、警視庁、東京都、大阪府のメンバーからなる「駐車場施策にかかる検討委員会」が設置され、2002 年度から 2003

年度にかけて検討を行い、2004（平成16）年に駐車場法施行令の改正、標準駐車場条例の改正が行われた。

（2）東京都、千代田区における制度改定

　東京都においては、国の方から1994（平成6）年に出されていた通達において提起されていた貨物自動車の荷さばき駐車需要に対応する荷さばき駐車場の附置義務化と併せて、地域の特性等を考慮した附置義務の特例化などについて検討するために、「東京都駐車場附置義務基準検討委員会」を設置し、2001年に3回の会合を開催している。そして、この委員会のなかで附置義務の特例を検討するモデルとして、大丸有地区、銀座地区、町田駅周辺地区の3つを取り上げて検討を行っている。

　大丸有地区は、大規模な事務所ビルの集積する典型的なオフィス街であり、鉄道網が整備され相対的に自動車利用が少なく、駐車場に大きな余剰が出ているという課題があり、整備台数削減の方向性が検討された。

　銀座地区は、日本有数の商業地区であるが、各敷地が小規模であるため、駐車場の設置が建築物の1階部分を圧迫したり、道路における駐車場出入り口の連続が歩行者の安全性や街路の景観を損なうなどの課題があり、それに対し駐車場の隔地化や集約化による解決法が検討された。

　町田駅周辺地区は、2つの駅をとりまく人の流れの多い賑わいあふれる中心市街地でありながら、駐車場待ちの自動車で道路が混雑している実態があり、これに対し、駐車場を中心部の歩行者優先とすべきエリアの周辺に計画的に集約して整備するなどの方策が検討された。

　このような検討を経て、東京都の駐車場条例は2002（平成14）年3月に改正され、同年10月に施行された。この改正された条例には、第17条（建築物を新築する場合の駐車施設の附置）の除外条項に「駐車場整備地区のうち駐車場整備計画が定められている区域において、知事が地区特性に応じた基準に基づき、必要な駐車施設の附置の確保が図られていると認める場合」と記載され、これにより東京都において地域ルールの策定が可能となった。

　表4.1は、東京都都市計画局が2003（平成15）年3月に発行した告知資料に揚げられた地域ルールのパターン例である。「都心公共交通型」が大丸有地区、「街並み形成型」が銀座地区、「集約立地型」が町田駅周辺地区をモデルとして設定したものと考えられる。

　東京都の駐車場条例の改正を受けて、次に千代田区における駐車場整備計画改定の検討が進められた。検討体制としては学識経験者を座長として、町会、商店会、東京ビルヂング協会、東京駐車協会、国土交通省、警視庁、東京都、千代田区からなる「千代田区駐車場整備計画検討委員会」が、2003年2月に設置された。

　千代田区では、1996年に初めて駐車場整備計画が策定されて以来の改定検討と

表 4.1　地域ルールのパターン

	一般型	公共交通が発達した地区	街並みの形成に重点をおく地区	
		都心公共交通型	街並み形成型	集約立地型
地区のイメージ	地域 （1、1、1）	地域 （0.8、0.8、0.8）	地域 （0、3、0）	地域 （0、0、3） 共同駐車施設
地区のイメージ	一般地区 設置台数 ＝附置台数×1	駐車施設過剰 ・公共交通充足 ・自動車分担率（少） 設置台数 ＝附置台数×0.8 等（緩和できる）	駐車施設設置困難 ・高容積率 ・小規模敷地 ・都心商店街 設置台数 ＝附置台数±α （大型建築物に集約）	駐車施設設置不可 ・モール商店街等 設置台数 ＝附置台数×1
附置列の概要	・一般の附置義務基準	・駐車施設の需要調査等に基づき、附置義務基準を緩和 ・共同化等も可能	・敷地面積 500 ㎡ 以上の建築物に集約整備 ・一方、500 ㎡ 未満の建築物は附置義務免除 ・ただし、負担金あり	・附置義務を免除し、地区全体の附置義務台数を共同駐車施設で整備 ・ただし、負担金あり
効果	・対象建築物に駐車施設が整備	・地域全体に対応する駐車施設の整備が可能	・地域全体に対応する駐車施設の整備が可能 ・駐車施設の出入口の集約化	・地域全体に対応する駐車施設の整備が可能 ・歩行者専用道路の整備による、荷さばき駐車施設等の集約化

出典：東京都都市計画局「駐車場の附置義務」

表 4.2　千代田区各地域の整備目標量

地　域	平成 8 年時点での整備目標	平成 14 年までの駐車場整備台数	今後の整備目標量
飯田橋・神保町・神田公園	1,600 台	115 台	1,500 台
万世橋・和泉町	2,200 台	358 台	1,900 台
大手町・丸の内・有楽町・永田町	200 台	803 台	0 台
合　　計	4,000 台	1,324 台	3,400 台

出典：千代田区駐車場整備計画（平成 15 年度改定版）

なったが、その間の各地域での駐車場整備の進捗状況等を検証し、整備計画の更新を行うとともに、都条例で新たに出された荷さばき駐車場整備と地域ルールの内容をどのように盛り込むかに関して検討がなされた。

　この委員会は、2003年5月、7月、9月に3回開催され、整備計画は2004年2月に改定の運びとなった。新たな整備計画では、各地域の整備目標が**表 4.2** のとおり改定され、大丸有地区は1996年時点の整備目標が達成されたものとされた。

　また、千代田区駐車場整備計画のなかで、地域ルールに関しては「改正された東京都駐車場条例から、地域の特性に応じた駐車場の整備、いわゆる地域ルールにより、効率的な駐車施設および荷さばき駐車施設の確保を図るとともに、既存の駐車施設の有効利用などを検討し、路上違法駐車や交通渋滞を解消し、安全で快適な街路環境の形成を図る」という内容が記載された。

（3）地域ルール策定協議会の設立とルールの検討

　千代田区駐車場整備計画検討委員会の結論を受けて、大丸有協議会では地域ルール策定協議会設立の準備にとりかかった。2003（平成15）年12月より策定協議会を想定した体制で、「千代田区大手町・丸の内・有楽町地域ルール策定協議会・準備会」を立ち上げ、地域ルールのあり方にについて前倒しの議論を開始した。この準備会は、月1回のペースで3回開催され、2004年2月16日に千代田区駐車場整備計画が改定されると、ただちに「地域ルール策定協議会設立申請書」を提出した。2月23日に認定が下り、正式に「大手町・丸の内・有楽町地区地域ルール策定協議会」（地域ルール策定協議会）が設立されることとなった。

　地域ルール策定協議会が設立された後は、2004年の2月から7月までの半年の期間に、10回の協議会を開催し、ルールの中身を固めていった。はじめは地域ルールの目的、適用範囲から検討を始め、審査の方法、手順、駐車場整備の考え方、さらには、基準、ルールを運営する組織の枠組み、規約や運営費用などについて議論を重ね

表 4.3　地域ルール策定協議会（2004 年）の開催日程と検討内容

検討内容＼開催日	第1回 2.18	第2回 3.10	第3回 3.24	第4回 4.14	第5回 4.28	第6回 5.19	第7回 6.2	第8回 6.16	第9回 7.7	第10回 7.21
地域ルールの内容	■	■	■	■	■	■	■	■	■	■
審査要綱・審査手順書			■	■	■	■	■	■	■	■
駐車場整備ガイドライン				■	■	■	■	■	■	■
運営組織の枠組み・規約				■	■	■	■	■	■	■

ていった。行きつ戻りつの議論を重ねながら、7月に行われた第10回目には最終形をとりまとめることができた。地域ルール策定協議会の開催日程と主な検討内容は、**表4.3** のとおりである。

10回の協議会では、議論のポイントが何点かあったが、そのなかで特に重要と思われる内容は次のとおりである。

① 駐車場の削減は、ビル単体で考えるだけでなく、隣接建物間、ブロックまたは対象地区全体でも対応する考え方が重要。

② 緩和の審査については、駐車場の需給のみではなく、駐車場の計画と併せて、物流・荷さばき対応、短時間駐車対策、休日・時間外開放などの運用が重要。

③ 利用しやすい駐車場を地区に増やすことにより路上駐停車削減を目指すことが必要。

④ 緩和の妥当性については、客観的なデータに基づいた、専門家によるチェックが必要。

⑤ 地域ルールを担保するために定期的に状況を検証することが必要。

このように10回の協議会を経てまとまった地域ルールを地域ルール策定協議会より千代田区に建議し、2004（平成16）年9月22日に千代田区から正式に地域ルールが告示された。

（4）大丸有駐車協議会の誕生

これを受け地元の大丸有協議会としては、この地域ルールを運営する組織である「大手町・丸の内・有楽町地区駐車環境対策協議会」（大丸有駐車協議会）の設立準備を始め、2004（平成16）年11月8日に設立総会を開催した。これによって、晴れて地域ルールの運用が開始されることとなった。**写真4.3** および **写真4.4** は、設立総会の模様である。

写真4.3　設立総会の様子

写真4.4　策定協議会高田会長挨拶

（1）運営組織の構成

地域ルールの運営組織については、前節で述べたように地域ルール策定のための組織として地域ルール策定協議会が、2004（平成16）年2月23日に千代田区の認定により設立された。

その後、地域ルール策定協議会において、ルール案を作成し千代田区に建議した結果、2004（平成16）年9月22日に千代田区より正式に大丸有地区の地域ルールの許可が告示された。そして、この地域ルールの運営を行う組織として、「大手町・丸の内・有楽町地区駐車環境対策協議会」（大丸有駐車協議会）が、2004（平成16）年11月8日の第1回総会をもって設立され、以後、地域ルールの運用が開始された。**図4.8**は、両協議会の構成と関係を示すもので、いずれの組織も地元のまちづくり組織である大丸有協議会を基盤として設立されたものである。

大丸有の地域ルールには、「①地域の特性を踏まえ、適切な駐車場整備を行う、②地域の交通円滑化と安全性の確保を図る」という二大目的があるが、次の2つの組織がそれぞれの目的を担っている。

① 地域ルール策定協議会：附置義務駐車場の整備台数決定などの審査を行い、地域特性を踏まえた適切な駐車場整備を行う。

② 大丸有駐車協議会：地域ルールの運用を通じて、地域の交通円滑化と安全性の確保を図る。

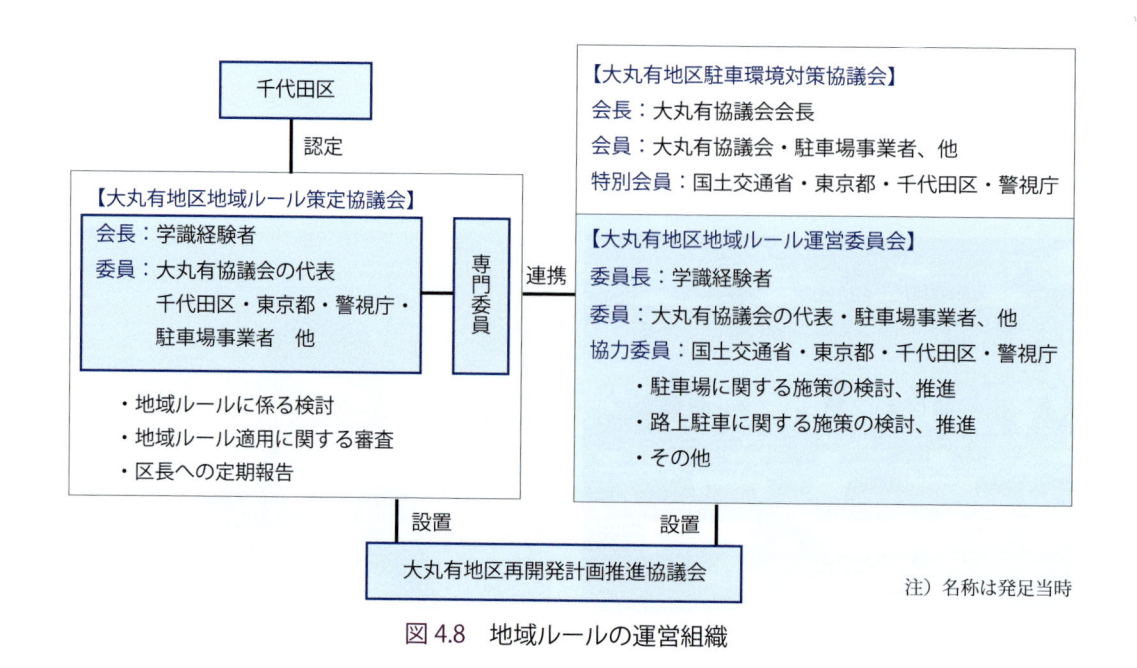

図4.8　地域ルールの運営組織

（2）地域ルール策定協議会

　附置義務に関わる事項は、行政審査を必要とするので、地域ルール策定協議会は、「千代田区駐車場整備計画に係る地域ルール策定に関する要綱」に基づいて、千代田区長の認定により設置された組織（任意団体）とし、現在の委員構成は**表 4.4** のとおりである。

　地域ルール策定協議会の主な業務は、次のとおりである。

①　地域ルールの策定、変更、廃止に関する検討

②　地域ルールの適用にあたっての申請内容の審査

③　地域ルールの運用状況について検証し、千代田区へ報告

　会議の開催は、申請案件やその他議題の状況に応じた不定期の開催であり、2004年の設立以降、これまでの 14 年間に計 39 回開催している。また、地域ルール策定協議会の運営費用は、審査の申請手数料（1 件につき 180 万円）で賄い、事務局業務は大丸有駐車協議会の事務局員が併せて担っている。

　また、地域ルール策定協議会は、上記業務のうち②の、申請内容の審査を行うために「専門委員会」を置いている。

（3）専門委員会

　専門委員会は、申請者から出された申請書における駐車場の整備台数や整備計画の内容を吟味し、評価書としてとりまとめ、地域ルール策定協議会に答申をしている。

　この地域ルールが、東京都の条例で定めた附置義務台数を削減する内容であるため、その駐車場計画が、量的にも質的にも問題がないかを厳正に評価する必要がある。そのため、交通や物流の専門家による専門性の高いチェックを行っている。この評価の要点や進め方など詳細については、第 5 章および第 6 章のなかで詳述する。

　専門委員会は大学教授や交通関連コンサルタント専門研究員など学識経験者 3 名

表 4.4　地域ルール策定協議会の委員構成

区　　　分	所　　　属	人数
学識経験者（会長）	日本大学	1 名
地元組織の構成員の代表	大丸有協議会都市整備・運営部会 事務局長	3 名 1 名
千代田区の職員	環境まちづくり部景観・都市計画課長 環境まちづくり部建築指導課長	1 名 1 名
東京都の職員	都市整備局都市基盤部物流調査担当課長 都市整備局市街地建築部建築企画課長 建設局第一建設事務所管理課長	1 名 1 名 1 名
警視庁、所轄警察署職員	警視庁交通部交通規制課管理官 丸の内警察署交通課長	1 名 1 名
その他地域ルールの策定に資する者	（一社）東京駐車協会 駐車場管理事業者	1 名 1 名
	計	14 名

で構成されており、2019年現在の専門委員は苫瀬博仁（流通経済大学流通情報学部教授）、原田昇（東京大学教授・産学連携本部長）、宮本成雄（メッツ研究所　技術顧問）の3名である。

（4）大丸有駐車協議会

　大丸有駐車協議会は、地域ルールが告示された後に、このルールを地元で運営するために、大丸有協議会がその他の発起人とともに設立した組織（任意団体）であり、**図4.9**のような構成となっている。

　大丸有駐車協議会はその規約に、協議会の会長、会員、特別会員の構成を次のとおり定めている。

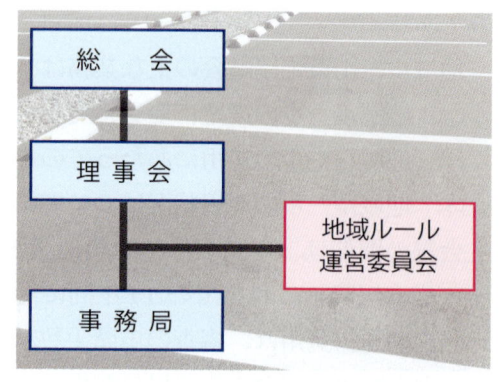

図4.9　大丸有駐車協議会組織図

（会　　　長）（一社）大手町・丸の内・有楽町地区まちづくり協議会会長

表4.5　総会での講演内容

総　会	時　期	演　題　／　講　師
第1回	2004.11月	附置義務駐車スペースの緩和と住民参加 ／日本大学理工学部次長・髙田邦道教授
第2回	2005.11月	暮らしを支える都市の物流 ／東京海洋大学海洋工学部・苫瀬博仁教授（専門委員）
第4回	2007.3月	貨物車の駐車場利用状況調査 ／㈱ついき都市企画・對木揚代表取締役（専門委員）
第5回	2007.12月	地区の活性化と駐車管理 ／東京大学工学部・原田昇教授（専門委員）
第6回	2008.12月	企業に課せられる駐車政策 ／日本大学理工学部・小早川悟専任講師
第8回	2010.12月	最新のパーソントリップ調査に基づいて ／㈶計量計画研究所研究部・中野敦次長
第9回	2011.12月	大丸有地区の駐車場の利用特性について ／（一財）計量計画研究所研究部・髙橋勝美次長
第10回	2012.12月	大丸有地区における駐車需給に関する調査について ／（一財）計量計画研究所都市交通研究室・加藤昌樹主任研究員
第11回	2013.12月	駐車需給実態調査結果の比較分析に関する調査について ／（一財）計量計画研究所都市交通研究室・加藤昌樹主任研究員
第12回	2014.12月	駐車協議会10年間の取り組みと近年の駐車特性 ／（一財）計量計画研究所都市交通研究室・加藤昌樹主任研究員
第13回	2015.12月	駐車需要予測のための駐車特性分析調査 ／（一財）計量計画研究所都市交通研究室・加藤昌樹主任研究員
第14回	2016.12月	千代田区コミュニティサイクル事業実証実験について ／千代田区環境まちづくり部交通施策推進課・秋山喜弥係長
第15回	2017.12月	大丸有地区における駐車需給に関する調査（第3回）について ／（一財）計量計画研究所都市交通研究室・福本大輔主任研究員

（会　　　員）（一社）大手町・丸の内・有楽町地区まちづくり協議会会員会社
駐車場事業者、その他駐車協議会の目的に資する者

（特別会員）学識経験者、国土交通省、東京都、千代田区、警視庁

　協議会の会員総会は、この地域ルールがもともと地元の住民の発意で検討を始め、住民の合意で決定し、運用をしている証として、広く全会員に参加を促している。また母体である大丸有協議会からは、毎年一定の寄付金を戴き、事業予算の一部に充てている。

　総会は、原則年1回、各事業年度の明けた時期に開催し、決算・予算、事業報告・事業計画などの定例的な議案や規約改定など必要に応じた議案の審議のほかに、併せて「駐車問題の考え方」「大丸有地区の駐車実態とその分析結果の報告」など、会員に駐車に関する理解を深めていただくための講演を必ず実施している。これまでの総会で実施した講演の内容は、**表 4.5** のとおりである。

（5）地域ルール運営委員会

　地域ルール運営委員会（正式名「大手町・丸の内・有楽町地区地域ルール運営委員会」）は、大丸有駐車協議会が会の目的達成にための各種実務を行うために内部に設置している組織であり、現在の委員構成は**表 4.6** のとおりである。

　地域ルール運営委員会が実施する主な業務は次のとおりである。

① 　地域ルール運用に係る手続き業務
　・申請の受付、策定協議会への審査の付託等
② 　個別駐車場の地域ルール適用後の運用状況の確認
　・地域ルール適用駐車場の開業後の現場確認
　・地域ルール適用駐車場の利用状況の定期報告（年1回）の収受
③ 　大丸有地区としての地域ルールの運用状況の確認
　・大丸有地区全域の駐車場利用、路上駐停車等の調査（5年毎）実施と地域の需給バランス等の確認

表 4.6　地域ルール運営委員会の委員構成

区　分	所　属	人数
委　員　長	学識経験者	1名
委　　　員	（一社）大丸有地区まちづくり協議会の代表	2名
	駐車場事業者等の代表	2名
	委員会の目的に資する者	1名
オブザーバー	国土交通省の職員	1名
	東京都の職員	1名
	千代田区の職員	1名
	警視庁の職員	2名
	計　11名	

④　路上駐車排除や交通環境改善に関する施策推進

- 駐車場減免に伴い納付される負担金を原資として、個々の駐車場や地域全体の交通環境改善に資する整備等を実施しようとする事業主体に対し、助成金の交付

⑤　地域ルール運用や交通環境改善に係る調査検討および広報啓蒙業務

- 地域ルールの運用上の課題や交通環境改善の方策等を検討するための調査、研究
- 地権者等が新たに地域ルールを用いて駐車場計画を検討する際に参考となる手引き、ガイドライン等の作成
- 一般の方々に大丸有地区の地域ルールの内容を伝えるためのホームページの作成、管理

　会議の開催は、議題の状況等によって必要に応じ適宜開催しているが、2004 年の設立以降、これまでの 14 年間に計 54 回開催している。最近ではおおよそ年 4 回ペースで開催している。なお、大丸有駐車協議会の総会、理事会や地域ルール運営委員会開催など運営に係る経費は、地域ルールを活用し駐車場台数の減免を受けたビル事業者からの負担金により賄っている。

 ## 4-4　大丸有地区における地域ルールの考え方

（1）乗用車マスの削減と貨物車マスの増設

　4-2 節では、大丸有地区における駐車場の慢性的な空き状況から、駐車場減免を目的としたルールづくりの検討が始まり、ルールの策定に至った経緯を記載した。しかし、ルールを策定した時点で、実際には大丸有駐車協議会事務局を含め関係者が大丸有地区の交通の特性をすべて正確に把握できていた訳ではない。試行錯誤をしながらルール運用を進めるなかで、実施した各種調査やルール自体の審査等を通じて理解が深まり、ルールの運用や審査の方式が固まっていったというプロセスがあった。

　大丸有地区は、東京駅を中心としたビジネスセンター、すなわちサラリーマンの街であり、そのサラリーマンのほとんどは通勤手段として鉄道を利用している。社用車やハイヤーで通勤する役員クラスもいるが、それらの台数も、経費節減等の理由から徐々に減ってきている状況が見られる。

　地域ルールを策定する際にも、エリアへの移動手段として自動車利用が低く、そのため駐車場利用も低いという認識は強く持っていたが、貨物を運ぶ貨物車両に関する議論が充分にされていたとは言えない部分がある。

　東京都駐車場条例は、2002（平成 14）年に改正され「一定規模以上の建築物に対して荷さばき駐車施設の附置を義務づけることにより、路上荷さばき駐車による違法

駐車の軽減、輸配送の時間短縮並びに環境負荷の軽減を図る」ことを目的として、荷さばき駐車施設を附置義務化している。条例第 17 条 2 項の条文には、附置すべき台数を床面積に基づき算出する方法が規定されているが、そのなかに「合計して得た数値が十を超える場合は十とすることができる」という但し書きがあり、建物規模がどれだけ大きくなっても 10 台分整備すればよいと読める記載となっている。

　一方、大丸有地区では、駐車場における貨物車利用のデータについては、地域ルール策定以前に取得したものは少なく、ルール運用開始後に本格的に調査を始めた次第である。その結果、**図 4.10** に示すとおり大丸有地区の駐車場における貨物車利用は、予想以上に多いことがわかり、ほとんどの建物において、1 日の利用の半数以上が貨物車で、なかには 7 割を超えるビルもある状況がわかってきた。また、一般に貨物車の利用は午前中の商業店舗のオープン前に多く、**図 4.11** に示すとおりピークが 9 時前後になることも確認された。

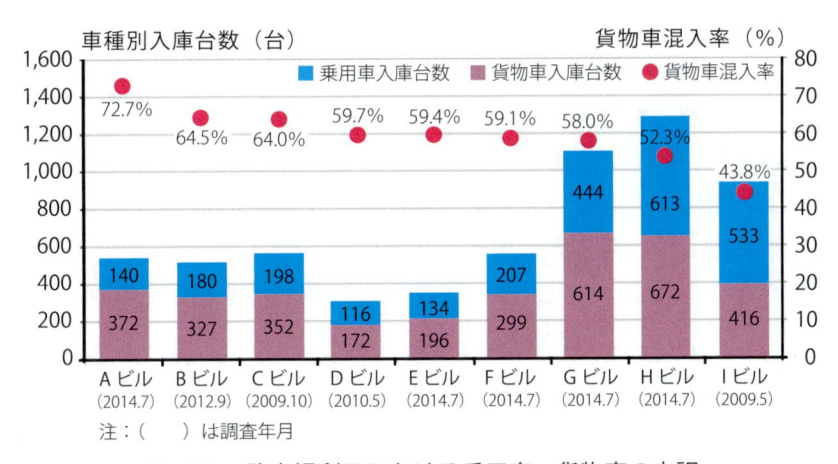

図 4.10　駐車場利用における乗用車、貨物車の内訳

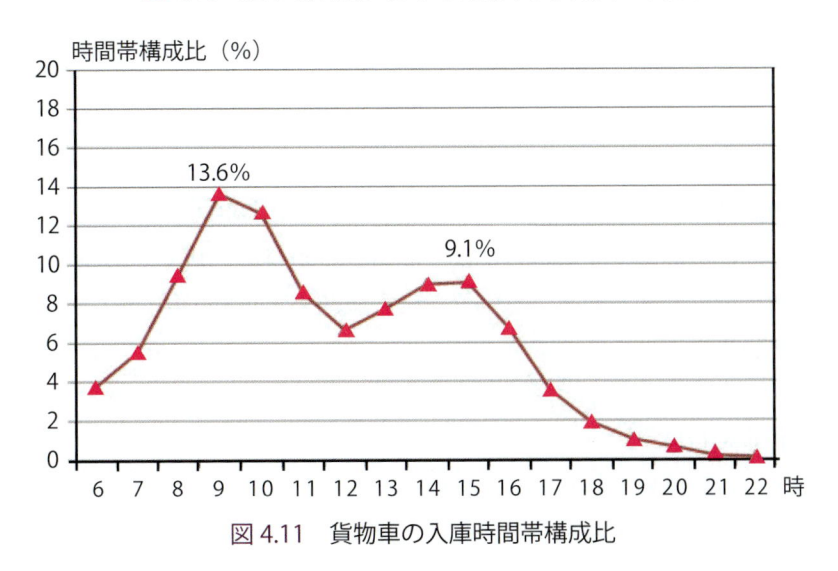

図 4.11　貨物車の入庫時間帯構成比

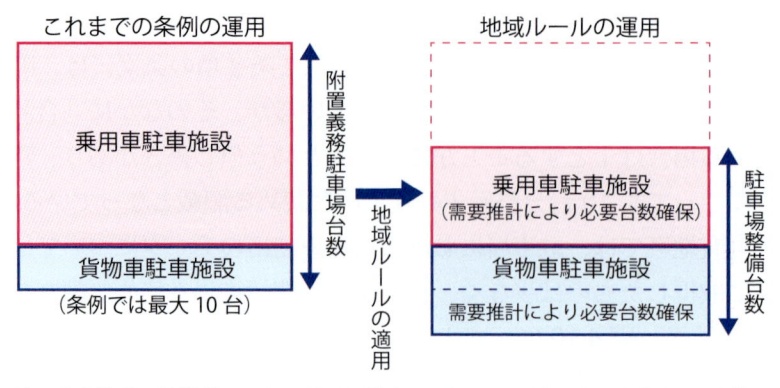

注：駐車施設の整備計画や運用計画を勘案したうえで、乗用車・貨物車それぞれ
に需要推計値を下回らない範囲で緩和（削減）の可否を判断する。

図 4.12　駐車場整備台数の考え方の模式図

　このような状況から、「地区の特性を踏まえた駐車スペースの整備」という趣旨を踏まえると、荷さばき駐車スペースを 10 台と設定するのでは不十分であり、ピーク時の需要を推計して計画することを方針として定めることとした。

　そして、地域ルール運用 2 年目以降（2005 年 11 月から）は、駐車場の整備台数は乗用車、貨物車、自動二輪車の各々について、個別に需要推計することを原則としている。また、地域ルールのパンフレットにルール適用による駐車場整備台数のイメージを**図 4.12** のような模式図で示すこととした。

　以来、2019 年 7 月現在まで 21 件の案件に地域ルールを適用し、荷さばき駐車スペースは 1 ビル当たり平均で 30 台を超えている。

　また、当初、この地域ルールの策定を検討する際に、共用開始の後に、社会状況の変化やビル自体の用途変更で需要が増加する場合には、どのように対処するのか、ということが議論となった。

　これに対しては、現在、開業後に年 1 回駐車場の運用状況報告書の提出を施設所有者に義務づけ、利用状況のモニタリングを行い、異常な状況がないか監視している。また、大幅なビル用途の変更などが行われ、駐車需要が増加したにもかかわらず、駐車場の対応をせず周辺道路に路上駐車が急増するなどの最悪の状況にも備え、地域ルール申請時に「大手町・丸の内・有楽町地区駐車環境対策協議会の規約を遵守するとともに、これに違反する場合には、認可された付置の緩和を放棄し、条例に定める附置台数に復帰します」という一文を含む確約書と復帰の場合のプランを提出することとしている。

（2）路上駐停車の排除

　大丸有地区で台数減免を基本とした地域ルールを検討する際に、初めに議論となったテーマのひとつは、路上の違法駐停車の問題であった。**写真 4.5** のような路上の違

法駐停車が見られる状況で駐車場台数を減らして大丈夫か、という問題意識である。

　これについては、地区全域の路上駐停車の状況を調査し、それらを駐車場に取り込んだ場合のピークの状況でも、駐車場にはまだかなり余裕があることが確認され、数字的に減免が十分可能であることが関係者で確認された。

　ただし、このときの議論から、この地域ルールは単に個々の駐車場台数を減免することだけを目的とするのでなく、併せて違法駐停車の排除を含め、地区内の交通の円滑化と安全性向上を目指すことを目的とするという方向性が定まった。その結果として、この地域ルールの内容

写真 4.5　仲通りでの路上駐車（1990 年代）

新しいビルの駐車場出入り口

を充実させることができたと考えている。これを踏まえ、この地域ルールの目的として、次のような内容を掲げている。

　『本地域ルールは、大手町・丸の内・有楽町地区において、都心地区として相応しい交通環境を作り出し、誰もが安全で、安心して快適に過ごせるまちとするため、地域特性を踏まえた適切な附置義務駐車場の整備と、併せて路上駐車の排除や路外駐車場への誘導などの対策を進め、交通の円滑化と安全性を確保することを目的とする。』

　現在、地区内の路上駐停車は、2004（平成 16）年の地域ルール運用開始時期に比べると確実に減っている。これはビルの建て替えによって、駐車場の梁下高さが、2.1m 程度から 3.2m 程度と高くなり（平成 14 年改正の東京都駐車場条例の規定では3.0m）、以前は入庫できなかった貨物車等も入庫できるようになったことと、2006（平成 18）年の道路交通法改正で始まった、民間委託による駐車監視員巡回の効果によるものと考えられる。

（3）個々の駐車場を越えたエリアとしての取組み

　次にこの地域ルールの重要な考え方として、「地区全体で取り組む」という視点が挙げられる。そもそも、この地域ルールが地元の発意により議論が始まり、約 90 社の会員が集まる地元協議会で意見を集約し、行政、警察等と調整しながらとりまとめたものである。したがって、行政主導で出来上がったものではないため、運用が始まってからも地元の方向性はしっかりとまとまっている。

　地域ルール自体は、個別のビル開発に対して適用するものであるが、ひとつのビル

でも駐車需要の変動があるため、イベント等で特別に需要が高まるような場合には、それを周辺ビルの駐車場で吸収するという考え方に基づいて、最大のピークまでの整備はしないという考え方をとっている。

そのため、地域ルールを適用する場合には、「一般車への駐車場開放」を基本条件としている。このほかに、駐車場相互のネットワークもピーク平準化に対し有効な方策として推奨されている。これらを含め地域ルールでは、緩和申請にあたって、申請者が地区全体のために取り組むべき駐車対策として、次の6項目を掲げている。

① 公共駐車場、隣接建物間、同一街区内、ブロック内での駐車場のネットワークの整備

② 路外駐車場の空き情報、料金情報、料金設定など利用しやすい情報の提供

③ 休日および時間外での駐車場開放

④ 路上駐車の路外駐車場への誘導や指導

⑤ 物流の共同化

⑥ その他駐車対策に関すること

写真 4.6 は、①で示した駐車のネットワークを形成するために隣接する建物間をつないでいる接続通路の一例である。

写真 4.6　駐車場ネットワーク（ビル間接続通路）

（4）駐車場計画の充実

大丸有地区の地域ルールでは、申請者が計画のなかで、取り組むべき内容として、次の3項目を掲げている。

① 利用しやすい駐車場の構造、および歩行者等の安全性に配慮した駐車場内の動線計画、出入口位置の配置および車寄せなどの整備

② 適切な荷さばき駐車施設の確保や共同化に向けた荷受けスペースなどの整備

③ 自転車保管場所、自動二輪車（原動機付自転車を含む）などの駐車場のスペース確保

これは、一般利用者が駐車のために利用する公共性の高い施設が、安全であることは当然であるが、それに加えて、利用しやすい駐車場にしなくては、路上駐停車を減らすことはできないという考え方である。たとえば短時間の路上駐停車を抑止するために、ビルの地上玄関部での車寄せの整備は重要である。写真 4.7 は大手町にあるビルの車寄せであるが、

写真 4.7　バスも停車できる天井高も高いゆとりある車寄せ

バスや大型トラックも共用で駐車できる空間となっている。車寄せの整備は一定のスペースを要し簡単ではないが、徐々に理解が浸透し、良いかたちでの整備が進められるようになってきている。

その他、貨物車にとっての荷さばき施設の充実や集配の共同化、自転車、自動二輪車の駐車スペースの確保も推進している。

以上のように大丸有地区では、地域ルールの根幹となる大事な考え方が、ルール策定時の 10 回にわたる地域ルール策定協議会とルール運用開始後 1,2 年の時期に固まっていった。これも大丸有協議会という住民参加の場をベースとして、都、区、警察という行政側との真摯な議論、学識経験者による適切なサポートの積み重ねの結果であると考えられる。大丸有地区がさきがけとして駐車場地域ルールの運用を開始し、これまで約 14 年継続してこられたのも、まず住民参加と官学民共同の適切な場づくりができたためと考えている。

第5章 地域ルール適用申請と審査手順

5-1 地域ルール適用申請のコンセプト

（1）地域ルールの適用と附置義務駐車場台数の減免

　大丸有地区では、地域ルールの適用を希望する事業者は、駐車需要推計のもと、建物内の駐車需要を確保するとともに地域内の駐車需要を分担することで、条例によって決められた附置義務駐車場の整備台数を削減することができる。これにより、事業者は駐車場整備の費用の削減など大きな便益を受けることになる。地域ルールでは、この便益は、一部負担金としての供出や、地域に貢献する良質な駐車場として整備し、特需対応などのために一般開放することで地域に還元し、既存建物と調和を図るものとしている。負担金は、減免された台数に応じて供出され、既存駐車場の安全・利便性向上や地域の交通環境の向上などの事業への助成金として活用される。地域に貢献する良質な駐車場としての整備では、地域のさまざまな駐車需要や荷さばき活動に十分対応できる駐車台数や荷さばき施設の整備を求めている。また、路上駐停車の排除にも通じるよう、タクシーの乗降や貨物の積みおろしなどが建物内で行えるようにすることや駐車場の出入りや場内は、使いやすく、十分安全であることを求めている。

　地域ルールの適用を受けた駐車場は、減免を受けたが故に需給バランスを崩したり、十分な梁下高などが確保されず大型車などの入庫が制限されて、路上駐停車を増やしたりするようなことがあってはならない。一方、整備台数の増減や駐車場整備の良悪は、事業者の整備費用にも大きく影響する。このため、的確な整備台数であることや地域に貢献する良質な駐車場であることを、専門的かつ公正な見地からしっかりと審査することが重要となる。また、良質な駐車場の維持運用のためにも、地域ルールの適用を受けたことによる義務の履行を課すことも必要となる。

（2）地域ルール適用申請の要件

　大丸有地区の附置義務駐車台数の緩和の適用申請書の書式は、**図 5.1** のとおりである。申請に際して求められる要件は、次の 4 つに整理される。

　要件 1：附置義務駐車場の意義が十分に駐車需要推計や駐車場整備計画に反映されていること

（様式－1）

緩 和 適 用 申 請 書

　　大手町・丸の内・有楽町地区地域ルールの規定により駐車場付置義務の緩和を受けたいので、下記のとおり申請します。この申請書及び添付図書に記載の事項は、事実に相違ありません。

年　　　月　　　日

大手町・丸の内・有楽町地区
駐 車 環 境 対 策 協 議 会
会 長　　　　　　　　　殿

申請者　住　所

　　　　氏　名　　　　　　印

　　　　電　話　　（　　　）

〔法人にあつては、その事務所の
所在地、名称及び代表者の氏名〕

記

(1) 建 築 主 の 住 所 　　　及 び 氏 名	電話　（　　　）
(2) 代 理 者 の 住 所 　　　及 び 氏 名	電話　（　　　）
(3) 敷 地 の 地 名・地 番	
(4) 工 事 種 別	新　築　・　増　築　・　改　築　・　用　途　変　更
(5) 地 域・地 区	1　東京都市計画千代田区駐車場整備地区　　　2　商業地域
(6) 緩和適用申請の理由	
※ 受 付 欄	※認 定 番 号 欄 　　　年　　　月　　　日

（注意）※欄は記入しないでください。

図 5.1　緩和適用申請書

附置義務駐車場は、「建築物に関連する諸活動に伴う駐車需要を、その建築物内やその敷地内に駐車場を整備して受け止め、アクセスする交通による外部への影響を最小限にするために、建築物に附置することが義務付けられた駐車場」である。条例により建築物の用途ごとに附置する駐車場台数の整備基準（附置義務基準）が定められている。

　地下鉄など鉄道網の大きく発達した大丸有地区では、自動車利用の割合は低く、条例に基づく附置義務基準を画一的に適用すると、概して過大な駐車場を整備することとなる。このため、大丸有地区の地域ルールでは、個々の建物の駐車需要を、建物の機能や用途、立地位置特性などを十分考慮して、乗用車、貨物車それぞれに推計し、その需要台数に基づいて駐車場整備台数を決めることを可能としている。すなわち、地域ルールの適用は、画一的な基準による附置義務台数の整備ではなく、当該建物が、その機能や地域での役割などから必要とする駐車場台数を整備することとしたものであり、附置義務駐車場整備の基本となる考えそのものである。

　附置義務駐車場は、建物に関連する諸活動を支えるためのものであり、人の活動を支える乗用車の駐車需要への対応はもとより、荷さばきを伴う貨物車の駐車需要への対応は極めて重要である。ちなみに、大丸有地区の多くの建物で、建物に出入りする自動車の60％前後、あるいはそれ以上が貨物車となっている。また、貨物車の場合、乗用車とは車両の規格や、荷さばき活動を伴うという違いがあるため、貨物車駐車場は、乗用車の駐車場とは分離し、荷さばきのための駐車場としての整備が必要である。これらを踏まえ、貨物車の駐車需要も乗用車とは分けて的確な推計を行い、必要十分な貨物車駐車場台数を確保することが必要となっている。

　地域ルールの適用による附置義務駐車場台数の減免は、こうした駐車需要の推計結果に基づいて必要とする整備台数を確保することの結果であり、場合によっては、条例による附置義務基準より大きくなる場合も生じうる。また、建物の駐車需要は、建物の機能・用途とその使われ方などにより、さまざまな場面で需要変動が生じる。地域ルールの適用では、こうした需要変動にも十分対応できる駐車場整備台数を確保することを要請している。一方で、無駄な駐車場を作らないということがあり、需要変動には柔軟な駐車場の運用による対応なども求めている。この需要変動への対応では、隣接駐車場間の連携や地下通路によるネットワーク化なども有効な手段となっている。

要件２：地域に開かれた駐車場として整備・運用し、地域の交通環境の向上にも資する駐車場となっていること

　大丸有地区の地域ルールでは、地域のさまざまな駐車需要に対応し、安全で利用のしやすい良質な駐車場を整備することによって、地域の交通利便性の向上や物流など諸活動のしやすさの確保、路上駐停車などのない安全で快適な地域の交通環境の向上にも資することを目指している。

このため、地域ルールの適用を受ける駐車場には、次のような対応や施設整備を求めている。

① 貨物車が入庫しやすい駐車場とし、建物内での荷さばき活動が効率的になされるよう荷さばき関連施設の整備を行うこと。

② 当該建築物に直接的に発生集中する車両（乗用車、貨物車）のみならず、地域一般や来街者などの利用や休日利用への開放など、地域に開かれた駐車場とすること。

③ 自動二輪車や自転車駐車場、そのほかタクシーなどの乗降・待機場などの整備も含め、地域の多様な交通を受け入れ、地域の交通利便性向上に寄与すること。

④ 短時間でも利用しやすい駐車場・駐輪場とすることなど路上駐停車・駐輪をなくす施策等を盛り込むこと。

大規模建物への貨物車の搬入

梁下高の高い駐車場入口

【路上駐停車の排除などに通じる駐車施設の例】

・大型貨物車の入庫可能な梁下高確保と荷さばき駐車施設の整備（荷さばきのための路上駐停車の排除）

・タクシー乗降場・待機バース設置（路上客待ちなどの排除）

・送迎用車寄せ・短時間駐車場施設（地上部など利用しやすい位置に整備）

・バス（路線バスを除く）乗降施設・待機場の整備　など

要件３：減免後の義務の履行、減免取り消しへの対応が確約されること

大丸有地区の地域ルールの適用を受けた事業者は、駐車場の供用開始後においても、地域ルールの目的に従い、安全、安心、快適な交通環境を実現するため、路上駐車の排除や路外駐車場への誘導などに努めることなどが義務付けられている[1]。

1　地域ルール適用申請における確約書の要旨
　地域ルールの適用認可がなされた場合、次の内容を含む確約書を提出する（資料 3-1 様式 -3 確約書）。
　＊地域ルールの目的を理解し、都心地区に相応しく、安全、安心、快適な交通環境を実現するため、路上駐車の排除や路外駐車場への誘導などに努める。
　＊大丸有駐車協議会の規約を遵守するとともに、これに違反する場合には、認可された附置の緩和を放棄し、条例に定める附置台数に復帰する。
　＊当該建物等が原因者となる違法な路上駐車には、責任をもって対応する。

また、地域ルールの適用を受け、附置義務台数が減免された駐車場では、整備台数を少なくしたことで混雑や駐車待ちなどの問題が生じていないか常に把握し、地区の駐車場の需給関係が良好に保たれているかを検証しておく必要がある。

　このため、地域ルール適用駐車場は、供用開始後1年の時期には、計画どおりに整備・運用されているか、実際の利用状況はどうか、などについて、大丸有駐車協議会によって視察・検証が行われる。不都合等に対しては改善等が指示される。さらに、供用開始後、毎年定期的に、駐車場の運用・利用状況の確認と問題課題の把握のために、駐車場の運用区分（一般貸、定期貸など）ごとの利用台数や時間帯別入出庫台数などをまとめた報告書の提出を義務付けている[2]。

　また、地域ルールの適切な運用のためには、地区全体の駐車特性や需給状況の把握や、駐車環境に関連したさまざまな調査を継続的に実施していく必要があり、これらの調査等への協力も要請している。そして、視察・検証や利用状況の定期報告の結果、あるいは、協力依頼したさまざまな調査結果などは、問題が生じていないかの検証だけではなく、今後の駐車需要推計や駐車場整備計画に反映できるようにするものとしている。

　地域ルールの適用により減免を受けた駐車場が、計画どおりに整備・運用がなされていない場合や、大丸有駐車協議会の規約に反するなど義務の不履行の場合は、減免が取り消されることもあり、条例に基づく附置義務駐車場台数へ復元することとなる。このため、地域ルール適用申請の段階でも、条例に基づく駐車台数に復元した駐車場整備計画をも提示することを求めている。

要件4：負担金の納付（地区の交通・駐車環境改善への協力）

　地域ルールの適用により減免を受けた事業者は、減免1台につき100万円（減免台数が、3割を超え、地下一層分に収まる場合は、3割を超えた台数1台につき300万円）を、負担金として大丸有駐車協議会に納付することが義務付けられている[3]。負担金は、地域内の既存駐車場の改善事業や地域の交通環境改善事業への助成金や、千代田区への寄付を通じて、公共による交通環境改善事業などに使われ、地域全体の交通利便性や交通環境改善に役立たせている。

　負担金は、地域ルールの適用を受けたことによる事業者のメリットを、既存駐車場や地域に還元させるとするものである。

2　大手町・丸の内・有楽町地区地域ルール策定協議会の規約第4条3項に記された運用状況の検証と報告義務『地域ルール発効後の地域ルールの運用状況についての検証とルールの遵守状況の千代田区長への報告（年1回）』。

3　大手町・丸の内・有楽町地区駐車環境対策協議会規約第13条で負担金が位置づけられ、その額については、同運営規程第6条で定められている。負担金の使い道の具体については、『第7章　地域ルール適用の効果』を参照されたい。

（1）審査の必要性

　地域ルールの適用により減免を受ける附置義務駐車場は、大きな便益を受けることになる。このため、事業者に、前述の「要件1」から「要件4」までにも示される「良質な駐車場としての整備と地域に開かれた、誰もが使いやすい駐車場としての運用」と「減免台数に応じた負担金の供出」を求めている。これら整備する駐車場に求める台数や性能は、負担金の額のみならず、駐車場の整備・運用にかかわる費用を大きく左右するため、申請に対しては、公正かつ厳格な審査が必要とされる。

　4つの要件のうち、特に「要件1」および「要件2」は、駐車場の整備台数と整備する駐車場に求める性能に関するものであり、高度な専門的知識のもと公正に審査される必要がある。

　附置義務駐車場の整備台数の決定、すなわち減免する台数の決定は、整備台数の削減による便益を大きく左右する。一方、駐車場の台数を減免することで、路上駐車の増大や駐車場需給のバランスが損なわれることがあってはならない。このため、整備台数の決定には、需要推計や需要変動への対応などへ的確な判断が必要で、特に厳格な審査が求められる。

　また、要請される良質な駐車場としての整備は、安全で誰もが使いやすいといったことや貨物車の荷さばき活動の効率性が担保されること、そして地域の交通環境改善にも資する駐車場としての整備・運用することであり、より高度な専門的見地からの審査を必要としている。また、まちづくりや道路交通の円滑化等との関連など、行政、道路・交通管理者、地域、それぞれの立場からの審査も必要である。

　「要件3」および「要件4」は、附置義務駐車場台数の減免による便益を、公平性を画するための地域への還元と、地域ルールの適正かつ継続的な運用を図るための要件であり、地域の総意としての審査・確認も必要となる。

　地域ルールの適用の判断は、減免の便益を受けることに対するだけではなく、地域の交通環境の改善やまちづくりに資するという観点からも、地域の総意としてなされる必要がある。駐車場の計画と運用の専門的見地からの審査のみならず、まちづくりに関連する行政や地元関連団体などの審査による合意も必要となる。

（2）審査手順・審査体制

　大丸有地区では、地域ルールの適用申請案件の審査は、（1）の考え方に基づいて、まず、専門的な見地からの審査・評価を行う。その結果を参照しながら、地元地権者や関連団体の代表、行政などの集まりである地域ルール策定協議会において審査するという2段階の審査の形をとっている。具体の申請審査は、次のように行われ

ている。

　地域ルールの適用により減免を受けようとする事業者は、駐車場計画を策定し、申請書とともに大丸有駐車協議会に申請する。申請された駐車場計画は、駐車協議会からの付託を受けた地域ルール策定協議会で審査され、減免の可否やその条件などとともに、駐車協議会に答申される。

　策定協議会における審査は、別途任命された専門委員で構成される専門委員会での審査結果（評価書）を踏まえ、審議される。専門委員会は、交通計画などの専門的分野の学識経験者等で構成され、専門的かつ技術的視点から駐車場計画を審査評価する。また、策定協議会は、駐車協議会（地権者等）の代表、行政、道路管理者、駐車場事業者などからなり、専門委員会の審査・評価結果をも取り入れて、それぞれの立場から、まちづくりの一環として、公正・中立に審議する。

　なお、この一連の審査の過程での指摘事項や、減免認可の条件としての付帯事項は、具体の駐車場計画やその運用計画に反映されることを原則とし、この地域ルール適用申請の審査の流れは、次のとおりとなっている。

　① 地域ルールの適用を受けようとする申請者は、駐車協議会に申請する。
　② 駐車協議会は、申請案件の審査を策定協議会に付託する。
　③ 策定協議会は、別途組織された専門委員会での評価書をもとに、減免の可否、付帯条件を審議・決定し、駐車協議会に答申する。
　④ 駐車協議会は、減免の認可の可否を申請者に通知し、都、区に報告する。

5-3　審査内容と審査手順に関する議論

（1）議論の経緯

　地域ルールの適用審査の内容・手順については、2004（平成16）年2月に策定協議会が設立・認可されて以降、具体の地域ルールの適用申請案件の出るまでの2004（平成16）年2月から7月の間に、10回に及ぶ策定協議会の開催のなかで議論された。この間の議論の中心は、どのような基準で附置義務駐車場の整備台数を決めるかということと、整備する駐車場にどのような性能を求めるかということであった。

　具体には、整備台数に関しては、駐車需要の推計結果だけでなく、現行の条例による附置義務基準や、大店立地法指針[4]での設置基準などにも配慮する必要があるといった議論であった。また、整備する駐車場に関しては、単に需要に合わせて必要台数を整備するということでなく、良好な水準を持った、安全で使いやすい駐車場と

4　大店立地法指針；大規模小売店舗立地法第4条に基づく「指針」で、大規模小売店舗（1,000㎡以上）の設置者が周辺地域の生活環境を保持するため、その施設の配置・運営方法について配慮すべき事項を定めたもの。必要とする駐車施設の整備台数の算定方法などが記されている。

し、路上駐車の削減などに資することを求めるなど、駐車場整備における留意事項などに関する議論であった。

これらの議論と並行して、審査に関しても同様に議論された。駐車需要と整備台数の決め方、駐車場にどのような性能を求め、地域との係わりや地域への貢献をどう評価するかなど、審査の視点や内容とその審査手順についての議論がなされていた。駐車需要と必要とする整備台数については、当該駐車場だけではなく街区などの広がりのなかでチェックすることや、出入口の配置については敷地単位ではなく街区全体で考えるべきことなど、いくつかの敷地や街区をまとめたスーパーブロック（普通の街区より大きい街区、数街区のまとまった区域など）での考え方を採るべきなどの議論もなされていた。

これらの議論の結果は、2004年7月に「大手町・丸の内・有楽町地区駐車場整備ガイドライン」（「駐車場整備ガイドライン2004」と称す）と「大手町・丸の内・（有楽町地区地域ルールの適用審査手順書」（「審査手順書2004」と称す）にとりまとめられた。これらによって地域ルール適用に関する審査の枠組みが整えられ、2004年11月には最初の地域ルールの適用申請がなされ、駐車場計画の審査がスタートした。しかし、地域ルール適用審査は、計画的・技術的審査であり、審査する側も受ける側もこれまでの事例がなく、試行錯誤して進め、現在は落ち着いてきている。その経緯は、**表5.1** に示すとおりである。

当初に申請された何件かの駐車場計画の審査を進めるなか、特に専門委員会の審査において、申請案件の駐車需要推計や駐車場整備計画は、地域ルール適用の趣旨（適用の要件）が十分理解されていないのでは、ということが指摘された。

特に、貨物車の駐車スペースにおいては、荷さばき活動の効率性確保や荷さばき関連施設の整備に対する配慮が不十分であることが指摘されていた。また需要推計に関しては、人トリップベースでの推計の問題や用いるデータの妥当性などに課題があること、駐車場整備台数の妥当性の判断に対しては、審査では、あくまでも需要推計の結果をもとに評価すべきといったことなどの議論がなされていた[5]。

これらのことは、「駐車場整備ガイドライン2004」や「審査手順書2004」にも課題があり、地域ルール適用の意図が十分に伝わらなかったこと、事業者への説明や意見交換等の手立ても十分でなかったことなどの意見が出された。

このため、事業者が地域ルールの趣旨を十分理解して計画策定し、地域ルールの適用申請ができるようにすることが必要であると考え、後述するように、需要推計や駐車場整備の考え方を、手引き書などで示すこととなった。この結果、2008年に、「大手町・丸の内・有楽町地区の駐車場計画における荷さばき駐車施設整備のガイドライン（2008年）」（2018年に改訂）、2012年に「大手町・丸の内・有楽町地区　乗用車

---

[5]　これら議論となった内容は、次項（2）「駐車場整備ガイドライン2004年」の要点で記述。

表 5.1　審査に係る議論等の経緯

	審査に係る議論、申請された駐車場計画の主な課題と対応など	申請審査件数 （申請年別）
2004 年 2 月〜 7 月（10 回の策定協議会の開催）		
	＊駐車場整備台数の決め方と整備する駐車場の性能に関する議論	
	＊駐車場計画の審査の視点・内容と審査手順に関する議論	
	⇒「大手町・丸の内・有楽町地区駐車場整備ガイドライン」とりまとめ	
	⇒「大手町・丸の内・有楽町地区地域ルールの適用審査手順書」とりまとめ	
2004 年 11 月（地域ルール適用申請と審査が始まる）		
	（申請駐車場計画の審査を通じての課題と対応）　（〜 2006 年ごろ）	
	＊駐車場整備台数の妥当性の判断	2004 年　2 件
	⇒整備台数の妥当性は、的確な需要推計結果に基づき判断する	
	＊駐車需要台数推計に関する課題（人トリップからの推計等の課題）	2005 年　1 件
	⇒貨物車、乗用車ごとに、台トリップ原単位からの需要推計へ	
	＊貨物車駐車場計画における荷さばき駐車施設整備の不備	2006 年　4 件
	⇒荷さばき駐車施設整備に関する研究会の立ち上げ・議論　（2007 年）	
	＊審査での指摘事項が、建築計画の進捗から計画に反映できない	2007 年　1 件
	⇒審査手順書の改善（建築計画の進捗と審査手順との整合確保）	
2008 年「駐車場計画における荷さばき駐車施設整備ガイドライン」とりまとめ		2008 年　1 件
	（新築建物の入庫原単位等のデータ収集と需要推計への活用が進む）	2009 年　3 件
	＊駐車需要推計に使用する原単位データと推計方法等に関する議論	2010 年　1 件
	⇒駐車需要推計のための交通原単位に関する調査　（2010 〜 11 年）	2011 年　1 件
	⇒乗用車の需要推計に関する研究会の立ち上げ・議論　（2010 〜 11 年）	
2012 年「乗用車の需要推計における留意点」とりまとめ		2013 年　2 件
	＊荷さばき関連調査の必要性、新しい原単位データによる検証	2014 年　1 件
	⇒館内物流に関する調査（2017 年）	2015 年　2 件
	⇒荷さばき研究会によるガイドライン見直し検討（2017 年）	2016 年　1 件
	国土交通省「大規模建築物に係る物流の円滑化の手引き」との整合化	2017 年　1 件
2018 年「駐車場計画における荷さばき駐車施設整備ガイドライン」改訂		

の需要推計関する留意点（2012 年）」がとりまとめられた。

　また、審査手順でも、申請する駐車場計画に対して、その考え方の説明や意見交換が十分できるよう事前検討の手順を組み込んだものとすることとなった。

(2)「大手町・丸の内・有楽町地区駐車場整備ガイドライン」の要点

　このガイドラインは、地域ルールの適用を意図して駐車場整備計画を策定するに際しての指針としてとりまとめられている。駐車需要の捉え方とその標準的な算定方法や、地域ルール適用にふさわしい駐車場整備計画とするための留意事項等をまとめたものである。建物や地域の駐車需要を的確にとらえ、安全で使いやすく、荷さばき活動の効率性も確保された、良質な駐車場となることを意図している。しかし、実際は、**附置義務台数の減免**ということが最大テーマであったため、駐車需要の算定方法と駐車場整備台数の決め方が中心となったものと捉えられていたきらいがあった。

1）駐車需要の算定

　ここでの駐車需要算定は、「大規模開発地区関連交通計画マニュアルの解説[1]」（以降、「大規模マニュアル」という）に示された手法[6]を適用するかたちとし、建物床用途別発生集中交通原単位（人トリップ/床面積）をベースに床用途別に駐車需要を求めるものとしている。

$$駐車需要＝用途別床面積×発生集中原単位（人トリップ/ha）×自動車利用率/平均乗車人数（人/台）×駐車率×ピーク率/（60/平均駐車時間（分））$$

　この手法を採用したのは、建物に関連する交通需要推計に「大規模マニュアル」を適用することが定着してきていたという背景があった。また、「大規模マニュアル」には、標準的な建物用途別の人の発生集中原単位（人トリップ）と建物の位置や交通条件を考慮した算定方法が示され、個別建物の駐車需要の算定を行うのに適しているという判断があった。

　当初は、この形での需要推計が行われていたが、使用する建物の自動車利用率（交通手段分担率）のデータ取得の問題や、人トリップベースの発生集中原単位による貨物車の需要推計はあまり適切でないといったことが課題となった[7]。特に荷さばきを伴う貨物車駐車場は、建物の物流活動に伴う貨物車駐車需要を的確に把握して整備計画を策定することが必須[8]であるが、「駐車場整備ガイドライン2004」では、貨物車の需要推計に対する記述もなく、そのことが十分読み取れないなどの指摘もあった。

6　「大規模マニュアル」は、大規模都市開発に伴う交通影響の予測や交通対策検討のために必要な発生集中交通量の予測方法とその留意事項や交通対策の立て方を示したもの。建物用途別の発生集中原単位（人トリップ）の標準的な値を示し、交通手段分担率などから交通手段別の交通影響を予測する方法を示している。人、車、鉄道など、総合的に交通対策などを立案することに適している。

7　個々の建物に発生集中する自動車を、人トリップベースで推計する場合、ほとんどが交通手段分担率（自動車利用率）が必要となる。個々の建物の交通手段分担率のデータは、アンケートなどによる詳細な調査を必要とし、十分なデータ蓄積がなされていない。一方、「大規模マニュアル」で使用を勧めているパーソントリップ調査の建物に関連する交通手段分担率は、ゾーンの平均となっている。減免申請のための駐車需要推計で、このゾーン平均の交通手段分担率を用いることは、個々の建物の駐車需要に合わせて減免するという趣旨からすると、少し違和感がある。また、人トリップベースから、貨物車の需要推計を行う場合も、貨物車分担率を用いることになるが、この分担率は、上記と同様にゾーン平均のものとなる。さらに、パーソントリップ調査では、交通を人の動きとして捉えているため、貨物車で複数の建物などに配送して回るような交通（トリップ）は、十分把握されていない可能性がある。これらのことから、この分担率は、個々の建物の貨物車の駐車需要の推計には、使いにくいとされている。なお、「大規模マニュアル」においても、このようにゾーンの交通手段分担率を用いることが適切でない場合は、個別建物・施設の分担率に関する調査結果を用いることも可能とするとしている。

8　荷さばきを伴う貨物車は、建物（入居テナントなど）に関連する物流活動を支えている。建物に入出庫する自動車の6割以上が貨物車となっている建物も多く見受けられ、貨物車の駐車需要に合わせて整備することが極めて重要である。

こうした課題を踏まえ、乗用車と貨物車は最初から分けて、それぞれに的確に推計する必要があるとした。また、交通手段分担率の設定の課題もあることから、建物に発生集中する人の原単位（人トリップ /ha）をもとにした推計から、建物に発生集中する自動車台数（車種別）の原単位（台トリップ /ha）をもとにした推計方法を採ることとなった。

2）駐車場整備台数の決め方（基準）

地域ルールでは、地区や建物の特性を踏まえた需要推計に基づき、整備台数を決めることが基本となる考えである。当初の議論では、需要推計の台数が極端に少なく、大幅な減免となった場合、需給バランスを大きく崩すかも知れないという懸念や、大規模な商業施設を含む場合の需要増への対応にも配慮が必要といった議論があった。

これらの議論を受け、大丸有地区の地域ルールでは、次の 3 つの需要台数を算定し、整備台数はそのうちの最大のものに対応するものとし、「駐車場整備ガイドライン 2004」で、地域ルールで示された緩和係数等の具体（B のカッコ内に示す台数）を記すこととなった。

A：対象建物の用途別駐車需要台数
B：条例の附置義務台数に一定の緩和係数を乗じて求めた台数
　　（緩和係数；事務所施用途 0.7、店舗用途 1.0、その他用途は個別に検討）
C：大店立地法指針 [9] に沿って算出した台数
　　（大店立地法に示された 1,000㎡以上の商業施設を有す場合）

なお、B が選択された場合、隣接駐車場とのネットワーク化や車寄せ施設の整備など、駐車台数の削減に寄与する施策が採られている場合は、専門委員会の判断によりさらに削減できるものとしている。

地域ルールが始まった当初の申請では、B の「緩和係数を乗じた台数や、さらに、そこからマイナス α 台」を整備台数とする案件が中心となっていた。しかし、この B の緩和係数を乗じて求めた台数は、「建物の駐車需要」との関係が明確でなく、また、そこから施策によってさらに削減できるとあっても、その削減台数（マイナス α）の根拠や、削減した結果の台数がどのようなものかは不明確である。審査する立場からは、整備台数の根拠やその妥当性が見出しにくいものとなっていた。

また、C の大店立地法指針によって算出された需要は、必ずしも当該建物の駐車場の整備台数を規定するものではない（周辺の駐車場台数を含めてよい）ことや、基本として示された推計手法以外でも可とされていることなどから、比較のため

9　p81 脚注 4 参照

に、あえて並べておく必要はないという意見もあった。

　一方、地域ルールの適用に際しての個別建物の駐車需要台数の推計では、車種別の駐車場入庫原単位（台/ha）からの推計が妥当であるとし、データ収集・解析が進められ、これによる需要推計の信頼性を高めてきていた。こうした背景もあり、専門委員会での整備台数に関する審査では、Ａの需要台数をもとにして判断すべきものであるとした。需要台数の根拠となった需要推計全体の妥当性をチェックし、推計された需要と、その需要変動にどう対応するかなども含め、駐車場の計画意図に基づく整備・運用方針や施策などを考慮して、整備台数の妥当性を審査・評価するものとした。

3）駐車場整備計画策定にあたっての留意事項

　「駐車場整備ガイドライン2004」で提示された駐車場整備計画策定に際し配慮すべきこととして、次のようなものをあげている。

① 　イベント時やピーク集中、周辺地区需要変動への対応性（安全率を考慮した整備台数、休日等の開放など）
② 　地区交通や歩行者の安全性が確保され、地区の交通計画と整合した、出入り口位置、構造
③ 　滞留の生じない出入庫通路配置など
④ 　隣接駐車場間のネットワーク化または、将来的にネットワーク化を可能とする構造確保
⑤ 　送迎車、タクシー乗降などに対する車寄せの確保
⑥ 　自転車、自動二輪車駐車場の確保
⑦ 　荷さばき、貨物車への配慮
⑧ 　路上駐車削減に対する対策（路外駐車場への誘導策、案内情報提供、入庫しやすい料金設定など）
⑨ 　その他、新しい駐車管理施策など、駐車需要の削減や路上駐車削減、スムーズな路外駐車への誘導などに有効な施策

　この「駐車場整備ガイドライン2004」では、地域ルールの適用を申請する駐車場は、利用のしやすさ、路上駐車削減に通じる施策、安全性の確保、休日開放、荷さばきへの対応などに十分配慮された、より良好な駐車場であるよう求めたものであった。しかし、実際に申請された駐車場整備計画の多くが、貨物車駐車場の荷さばき活動への対応が不十分であること、地域

余裕のある荷さばきスペースでの作業

に対する貢献が不明確であることなど、地域ルール適用に際して大きな課題があることが、審査の過程で指摘されていた。

　貨物車駐車場については、荷さばき活動の効率性を十分確保するよう求めてはいるが、貨物の積みおろしや仕分けなどのための十分なスペースが無かったり、運搬通路幅が不十分であったりして、荷さばき活動の効率性確保には程遠いものであった。このことは、荷さばき活動そのものが十分理解されていないと考えられ、貨物車駐車場については、別途、荷さばき活動を伴う貨物車駐車場としての整備計画策定の指針を示すこととなった。

　また、駐車場計画に地域の交通環境向上など地域に貢献する施策を盛り込むことが、地域ルールの適用を受ける駐車場整備の原点としていたが、申請案件の駐車場計画では、そのことが必ずしも十分表現されていなかった。これは、「駐車場整備ガイドライン2004」でも十分に記述されていなかったことでもあった。このため、申請者には、申請にあたっての説明会などを通じ、地域ルール適用申請の要件を十分理解し、申請する駐車場計画のなかに、地域貢献に関する考え方や、その具体的な施策を提示することを要請するものとした。

(3)「大手町・丸の内・有楽町地区地域ルールの適用審査手順書」の要点
1)　審査手順
　駐車協議会に提出された地域ルール適用申請案件は、駐車協議会から策定協議会に審査が付託され、策定協議会は、あらかじめ選任された専門委員会に申請内容の審査・評価を依頼する。専門委員会では、申請案件について審査し、評価報告書をまとめる。策定協議会は、専門委員会の評価結果を受けて、申請案件の地域ルール適用を協議し、適用の可否、並びに適用に際しての条件を決定する。この手順書に示された審査フローは、**図5.2**に示すとおりである。当初は、このフローに沿って審査が進められていたが、このフローでは、申請の時期と建築計画の進捗との関係が記されていなかった。そのため、減免の申請が建築計画の固まった段階で提出され、審査の過程で出された駐車場計画の修正や認可に付された条件などが、十分に反映され得ないといった事態も生じていた。
2)　審査項目と内容
　「審査手順書2004」では、「駐車場整備ガイドライン2004」の趣旨に基づき、次のような項目について、駐車場計画を審査・評価するものとしている。
① 　将来駐車需要
② 　駐車場整備必要量
③ 　地区交通の安全性、地区交通との整合性
④ 　路上駐車の削減に対する配慮
⑤ 　その他特別に配慮すべき事項

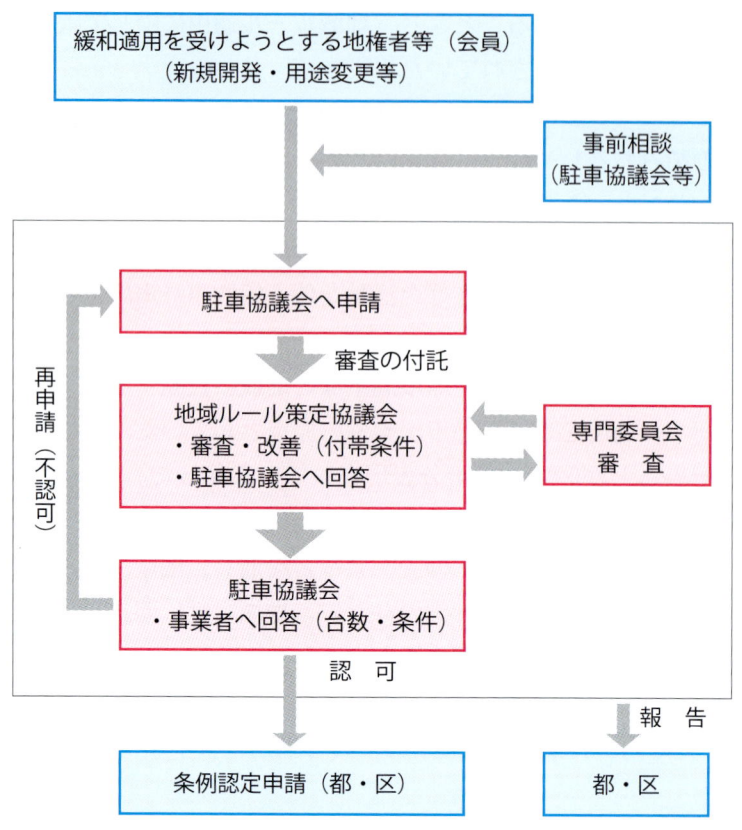

出典：「大手町・丸の内・有楽町地区地域ルールの適用審査手順書」(2004)。なお、この手順は、審査での指摘事項などが駐車場整備計画に、より実質的に反映されるよう図5.3で示されるかたちに変更され、運用されている。

図 5.2　地域ルール適用申請・審査のフロー

　ここに示された、審査項目・内容は、①的確に需要予測がなされているか、それに基づき、②適正に整備必要量（台数）が判断されているか、を審査する。そして、駐車場整備計画に関しては、「駐車場整備ガイドライン2004」に示された、③安全性や利用のしやすさ、④路上駐車の削減、荷さばきへの対応、⑤その他（自動二輪車、自転車駐車対応）など、良好な駐車場計画とすることへの視点から審査するよう求めている。

　この「審査手順書2004」でも、審査の内容は、需要予測と整備台数の決め方が中心となっており、整備必要台数は、Aの需要台数、Bの条例の附置義務台数×緩和係数、Cの大店法指針に基づく台数、のなかでの最大のものとしている。前項でも記したように、審査での駐車場整備台数の判断は、あくまでも需要推計に基づくものとしている。ただ、この手順書に記された駐車場整備台数については、当該建物の需給関係だけでなく、徒歩圏や、街区ブロックでの需要や駐車場の利用可能性などにも配慮して、審査するよう求めており、これは、エリア附置義務駐車場の考え方にも通じるものであった。

その他、駐車場整備計画に関しての審査内容は、前述のような項目の列挙で、特段、荷さばきや地域貢献に対する審査要件の記載はなされていなかった。

（4）地域ルール審査のスタート時の申請案件の駐車場計画の課題

審査を続けるなかで、前述したように協議会発足当初（2004年7月）にとりまとめた「駐車場整備計画ガイドライン2004」や「審査手順書2004」に対する課題が提起されるとともに、申請案件における需要予測や整備計画の内容に関して、当初、あまり意識していなかった課題も多々指摘されてきている。

こうした審査の過程で提起された主な課題を、前述のガイドライン・手順書の課題も含め要約して列挙すると、次のようなものが挙げられる。

1）整備台数とその決め方に関しての課題

① 駐車場整備台数と需要台数との関係や決定の根拠が十分説明されていない。整備台数を、条例台数×緩和係数マイナスαとする場合も同様で、α台数の考え方や整備台数の根拠となる考え方が明解でない。

② 需要推計で需要変動をどう取り込んでいるか、整備・運用計画での混雑時等の対応などが必ずしも十分でない。

③ 貨物車台数は、需要推計に基づく必要量に十分対応していない（貨物車の需要予測の根拠が不明瞭）。

2）駐車需要推計での使用データ・類似施設データに関する課題

① 駐車関連データの収集が進み、当初の人トリップベースの推計から、台数（台トリップ）ベースをもとにした推計となり、最初から乗用車と貨物車を分けた推計となる。人トリップベースの原単位を用いた場合は、自動車に換算する際の分担率等が適切であるか、また人トリップベースからの貨物車の予測が適切であるかなどを示す必要がある。

② 類似施設のデータ（駐車場入庫原単位や駐車時間等）を用いた推計の場合、類似性や、使用することの妥当性の説明が不十分で、推計の信頼性を落としている。

3）良好な駐車場整備に関する課題

① 地域ルール適用の要件は、良好な駐車場を整備することであるが、建築上の制約などから、一定水準の整備台数が確保されていればよしとされる傾向が強く、高水準な駐車場を作るという意識が欠如している。

② 貨物車駐車場・荷さばき関連施設は、貨物車が単に駐車するということだけでなく、荷さばき活動を十分に支え、荷さばきの効率化に資するべきものということが欠如している。

③ 利用のしやすさや、安全性に十分配慮されていない。概して、実際の運転や駐車行動に配慮されていないきらいもある。

こうした審査の過程で提起された課題は、当初示した「駐車場整備ガイドライン

（2004 年）」では、十分説明されていないものも多くあり、申請者（事業者）には、あらためて、需要推計や整備計画策定に際しての留意事項などを示すことが必要であるとされた。すなわち、地域ルールの趣旨にのっとった良好な駐車場に求められるものは何か、そのためにどのような考えで計画策定を進めていくかなどを示すガイドラインの作成が必要であるとされた。

　特に貨物車駐車場・荷さばき施設については、早急にガイドラインなどを示し、事業者などへの啓蒙が必要であるとして、まず「大手町・丸の内・有楽町地区の駐車場計画における荷捌き駐車施設整備のガイドライン（2008 年）」を、続いて乗用車に関しても、「大手町・丸の内・有楽町地区　乗用車の需要推計に関する留意点（2012 年）」をとりまとめた。

　これらは、学識経験者の指導のもと、研究会を開催してとりまとめている。大丸有地区では、地域ルール適用を受けた建物の新しい駐車関連データの収集や、駐車需要推計のための分析調査などを継続して実施してきている。これら留意事項やガイドラインは、新しいデータへの更新や交通環境の変化など新しいニーズにもあわせて更新するよう研究会の開催も継続している。

　なお、「荷さばき施設整備ガイドライン（2008 年）」は、新しいデータでの検証や、国土交通省の「物流を考慮した建築物の設計・運用について - 大規模建築物に係る物流の円滑化の手引き [10]（2017 年 3 月）」との整合を図りつつ、2018 年に見直し改訂がなされた。

 5-4 **審査の視点と審査フロー**

（1）審査の視点

　地域ルールの趣旨にのっとり、良好な駐車場を整備するために、「乗用車の需要推計に関する留意点」や、「荷さばき駐車施設整備のガイドライン」をとりまとめてきた。これらは、事業者が、それぞれの建物の性格や立地条件のもと、創意工夫をもって、これらに記された趣旨を生かして駐車場整備計画を策定するよう求めるものである。したがって、審査はこれらの趣旨が十分反映され、それ以上の計画上の工夫があるかなどを視点にしてなされる。具体には、「地域ルールを適切に運用していくために」をモットーにして、次のような視点で審査を行っている。

　1）需要推計が的確になされているか。

　①　乗用車、貨物車とも、それぞれに、建物や地区に関連する新しい駐車特性が的確に配慮されて厳密に需要推計され、かつ必要以上に過大となっていないか。

10　http://www.mlit.go.jp/common/001198147.pdf

② 一方で、需要は、イベントや季節などさまざまな形で変動し、また、一時的な過度集中などでの混雑も生じうる。こうした変動や混雑にも、十分対応できるようになっているか、整備台数を増やすだけでなく、計画や運用施策などで、需要への弾力性を高めるなど混雑への対応が確保されているか。

2）安全で使いやすい駐車場で、効率的な荷さばき活動が展開できるか。

① 自然な駐車行動（車路の走行、駐停車、乗降、歩行）などからみて、駐車場へのアクセスのしやすさ、使いやすさ、安全性などが確保されているか。

② 貨物車がスムーズに入庫・駐車でき、荷物の積みおろし・仮置き・運搬・保管などの荷さばき活動が効率的に展開できるよう、十分なスペースや施設が効果的に配置されているか。

3）地域貢献にも十分配慮されているか。

地域一般の利用への配慮や路上駐車の排除など地域の交通環境の向上への貢献が認められるか。

(2) 地域ルール適用申請の審査手順の改善

地域ルール適用申請・審査のフローは、申請された駐車場計画に、地域ルールの趣旨が十分反映でき得るよう手順を踏んだものである必要がある。当初の「駐車場整備ガイドライン 2004」や「審査手順書 2004」の課題、当初申請案件の審査を通じて出された課題などを受け、申請から審査、認可の手順は**図 5.3** のように充実・改善され、現在もこの形で進められている。

88 頁の図 5.2 に示す従前の申請・審査の流れとの違いは、建築計画の流れに対応して、申請前に事前説明・事前検討のステップを入れ、そこでの意見などを受け、建築計画との調整を行って駐車場計画をとりまとめ、申請を行うことである。そして申請案件の審査が行われるという 2 段階にしたことである。これは、前項でも触れたよう、審査過程で付された修正意見や認可の付帯事項などが建築計画の進捗により、駐車場計画に反映、あるいは修正ができないということのないようにしたものである。

第 1 段階（申請前）の検討では、地域ルールの適用を申請しようとする駐車場計画が、地域ルールの趣旨を十分反映したものとなるように、正式な申請の前に、駐車協議会事務局からの地域ルールの趣旨説明と、専門委員会による事前検討（申請案件に対する申請者と専門委員会との意見交換など）が行われる。申請者は、これらでの意見や助言などを受けて申請する駐車場計画を最終的なものとして、申請書を提出することになる。

第 2 段階は、申請された駐車場計画における駐車場整備台数の認可を中心とした駐車計画全体の審査で、専門委員会での審査と、その評価結果を受けた策定協議会での審査とからなる。審査では、附置義務駐車台数を含む駐車場整備計画やその認可にあたって必要となる付帯事項の内容などについて審議し、策定協議会が附置義務駐車

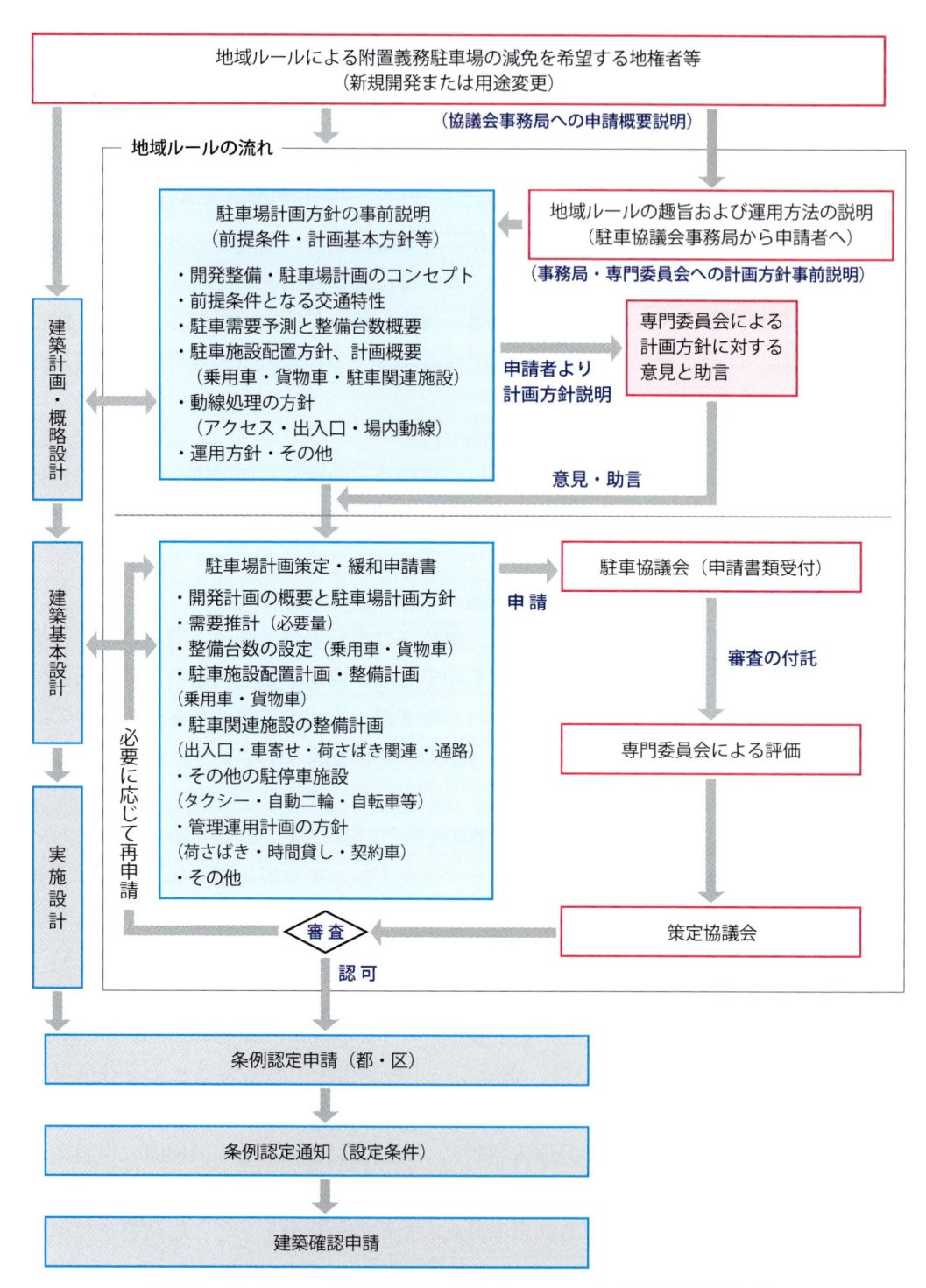

図 5.3　地域ルールの適用申請・審査のフロー（申請から認可まで）

台数減免の可否を決定する。

　審査結果は、駐車協議会から事業者に回答、並びに都・区へ報告され、認可を受けた事業者は、駐車場の条例認定や建築確認の手続きに入っていく。

【参考文献】

1）矢島隆（代表）著、国土交通省都市局都市計画調査室監修、「大規模都市開発に伴う交通対策のたて方・大規模開発地区関連交通計画マニュアル（14 改訂版）の解説」、一般財団法人計量計画研究所 2014

■ 地域特性を反映した駐車需要算定手法の開発経緯 ■

　大丸有駐車協議会における地域ルール申請における駐車需要の算定は、駐車場整備台数の根拠となる重要なものである。協議会内に設置された専門委員会は、申請審査の一環として、駐車需要算定手法が地域特性を反映した適切なものであるかの審査を行ってきた。ここでは、その基本的考え方と、駐車需要算定手法を改善してきた経緯を説明する。2004年策定のガイドラインは、駐車需要の算定の基本として以下の3点を求めている。

① 　駐車特性の相違を考慮するために、平日・休日別、床用途別（業務床、商業床、その他床の区分を標準とする）に行う。
② 　予測の方法・手順等については、既存の「大規模都市開発関連地区交通計画マニュアル」または「大店立地法指針」などに準拠するが、当該建物の立地特性等に応じた方法・手順をとることも必要である。
③ 　駐車場予測に必要となる原単位や分担率などの標準的な値については、最新かつ地域の実態に合致したもので、申請する建物に最も相応しいものを使用する。

　その後、審査を進めるなかで、地域駐車データの整備と地域駐車特性の把握が進み、それに応じて、大丸有地区の申請建物それぞれにより適した算定手法を追求してきた。

　最も大きな変化は原単位の設定方法である。2004年の審査開始当初は、大規模マニュアルによる発生集中原単位（人/ha）を用いていたが、2007年以降は、一人当たり床面積や本社の有無によるオフィス床原単位の相違や商業床率による原単位の相違を考慮するため、建物用途別入出庫原単位（台/ha）を用いるようになり、建替申請に対しては、最も相応しい原単位として、関連路上駐車も含めた従前建物駐車実態調査結果に基づく原単位を求めることとした。また、大規模オフィスに商業施設が併設される申請が多く、需要特性の異なるオフィス床と商業床をどのように扱うかが議論となり、2007年からは地区内他建物調査データの平均値の利用を、2009年からは商業床率による原単位回帰式推定結果の利用を進めた。また、当初は、地区内大小混在の既存ビルデータでの回帰式であったが、2011年からは規模別等の類似性を考慮した回帰式に改めた。なお、これらの原単位設定は、現行の駐車料金を前提としたものであり、駐車料金の変更に応じて変化する点に注意が必要である。

　次に、大丸有に固有の特性として、役員用の自社専用駐車場、送迎車両用の待機駐車スペースや車寄せ、飲食店従業員の夜間帰宅に対応したバイク駐車場、近隣駐車場

乗用車用駐車スペース　　　　　　　　　　貨物車用駐車スペース

役員用駐車スペース　　　　　　　　　　　自動二輪車用駐車スペース

とのネットワーク化による需要変動への対応などがある。なお、貨物駐車需要に関しては、国や都の定めるルールよりも多くの駐車スペースを必要とする事例がほとんどであり、共同輪配送など建物側整備と対応した貨物車駐車時間の設定、荷さばき可能な駐車スペースの確保、建物内走行路の道路構造基準確保など、固有の注意が必要である。

　最後に、2004 年 11 月の専門委員会準備から 2013 年 2 月まで専門委員として関わり、地域ルール審査の考え方の徹底とその技術的改善に尽力された故・對木揚氏の多大な貢献について、敬意と感謝の気持ちを捧げる。

東京大学　原田　昇

第**6**章　駐車計画の審査

地域ルールの適用を受ける駐車場は、需要推計の結果を受け、乗用車、貨物車ともそれぞれに必要な駐車台数を確保したうえに、使いやすく、安全性に配慮され、かつ、地域の利用にも広く開放されなければならない。

2004年の第1件目の申請案件から、2018年まで、駐車需要推計や駐車場計画に求めるいくつかの内容も変更されてきているが、特に、次のようなことを重要な点として申請者に求めるとともに審査での大きな視点としてきた。

① 駐車需要推計は、個々の建物の特性に基づいた駐車需要が推計できるよう、建物に入出庫する乗用車、貨物車それぞれの入庫原単位（台/ha）から推計する。

② 必要とする整備台数は、需要推計結果をもとに、需要変動への配慮や、混雑対応の施策によって決める。

③ 地域に開かれた駐車場としての整備方針のもと、吸収する駐車需要の内容を明らかにするとともに地域に貢献する施策や施設整備を具体に示す。

④ 駐車場計画では、単に駐車区画の提供ではなく、駐車するまでの動線も含め、安全で利用しやすい施設配置、特に貨物車駐車場には荷さばき活動が効率的にできるスペースの確保と施設の配置を求める。

（1）駐車需要の推計方法

駐車需要推計の最小必要限度の方法は、「駐車場整備ガイドライン2004」で示されているが、地域ルール適用の審査では、需要推計に次のようなことを求めている。

① 一つ一つの建物の駐車需要に対応させるので、個々の建物の特性が十分反映された的確な駐車需要推計がなされていること。

② 乗用車と貨物車それぞれの駐車場の必要量が推計されていること。

当初の「駐車場整備ガイドライン2004」では、推計に用いる十分なデータがなかったこともあり、「大規模マニュアル」に基づいた推計方法（建物への人の出入りから推計→人トリップベースでの推計）を示していた。この方法は、建物に関連する人の発生集中原単位（人トリップ/ha）をもとに、自動車利用率や駐車率、さらに乗用車・貨物車比率などを用いて駐車需要（台数）を推計するかたちとなっている。

個々一つ一つの建物の駐車需要を推計するにあたっては、用いる自動車利用率のデータが地区の平均であるといった問題や、人の発生集中からの貨物車の台数の推計は、必ずしも的確ではないといった課題[1]が指摘されていた。

その後、建物に発生集中・駐車する乗用車、貨物車それぞれのデータ（入庫台数原単位、ピーク率、駐車時間など）の整備も進み、建物用途と駐車場入庫台数や入庫原単位（台/ha）などとの関係分析もなされてきた。こうした結果、個々の建物の駐車需要推計には、乗用車と貨物車とは最初から分け、それぞれ台トリップベースの原単位を用いて推計することが妥当であるとされ、審査案件の需要推計のほとんどがこのかたちを採るようになってきている。

審査では、建物が必要とする乗用車と貨物車の駐車需要が、建物の特性に合わせて的確に推計されているかを中心に吟味している。

（2）駐車場整備台数と需要推計

地域ルールの適用を受ける駐車場は、乗用車と貨物車それぞれの需要推計に基づき、需要の変動等も考慮し、混雑などの問題が生じないよう必要な駐車台数を整備することとしている。この必要とする駐車場の整備台数は、通常、次式のように、ピーク時の需要台数をもとに、需要変動の大きさと混雑時などの対応策などを考慮して設定される。

$$整備台数＝（ピーク時駐車需要台数）＋（需要変動）－（混雑対応策効果等）$$

整備台数の審査では、式の各項の妥当性を審査するが、その際、どのような需要を対象とした駐車場整備で、どのような駐車場運用をするかなどにも関連付けて審査するものとし、次のことに着目している。

1）需要推計では、どのような需要を対象としているか

地域に開かれた駐車場として、当該建物への需要に十分対応するとともに、一般来街者の駐車需要にも対応するものとしている。推計にあたっては、この一般来街者などの需要をどこまで対象とするか、それはどのような特性を持った需要であるかなどを確認して、対象ごとの需要推計手法やデータの妥当性をまずチェックする。推計対象がいくつかある場合、あるいは対象を分けて推計した場合、それぞれの推計において重複推計していることが多々生じているので十分注意する必要がある。たとえば、使用している入庫原単位に定期貸台数も含まれているのに、別途定期貸需要を推計し上乗せするといったことや、建物利用者と来街者の重複推計などがある。

---

1 第5章（p84 脚注7）参照

2）需要推計において、需要変動への配慮がどこまでなされているか

駐車需要は、変動するし、変動の大きさは、対象とする需要によっても異なる。平均的な需要に合わせて駐車場を整備すれば、2日に1日は混雑し、最大ピークの需要に合わせて整備すれば、がら空きの駐車場を作ってしまうことになる。

大丸有地区では平均の入庫原単位（台／ha・日）に、年10番目日交通への比率（割増率）を乗じて、計画原単位として用いており、かつ、ピーク時1時間の需要に合わせて整備台数を決めている。これによって変動対応はなされていると判断されている。整備する駐車場の性格によって、建物の用途や入居テナントの性格による需要変動以外にも、地域の需要変動やイベント時などの特殊需要への対応も必要となり、需要推計に反映されている必要がある。

需要推計では、一般に推計フローの各ステップで変動幅や安全率の考え方を考慮していくが、すべてを安全側に推計していくと、かなり過大なものとなる可能性もあるので注意する必要がある。

3）混雑時への対応策がなされているか

年10番目日交通量に合わせた需要に基づき整備台数を確保することは、年の内10日のピーク時やイベントのある日などは混雑する。また、ピーク時間帯のごく短時間に入庫が集中すると混雑が生じたりする。これらの需要変動などすべてを見込んだ駐車場整備計画は、かなり無駄なものを作ってしまう可能性がある。こうした一時的な混雑には、整備台数を多くして対応することもあるが、次のような運用策との組み合わせで対応することを事前の計画案でも求めている。

① 乗用車と貨物車駐車場、定期貸と一般時間貸駐車場などの同一建物内の駐車場を相互利用できるように運用する。

② 近隣駐車場との連携により、相互利用を可能とする。

③ 地下ネットワーク化による相互利用。これは、需要弾力性を一段と高めるとともに、うろつき交通の排除や出入口を整序化してアクセス性や利便性の向上、地上交通環境の改善にもつながる。

④ 機械式駐車の入庫口では待機スペースを確保する。短時間に入庫が集中すると、機械式には入庫待ちが生じ、走行通路への影響も生じるので駐車場内待機スペースを必要十分に確保する。

具体の審査案件での整備台数は、多くは、年10番目交通への割増率で需要変動への量的対応はなされているとして、需要推計結果そのもの

機械式駐車場の待機スペース

か、若干多めの台数としている。加えて、混雑時対応では、駐車場間の地下走行通路によるネットワーク化や隣接駐車場間の連携による相互利用、ピーク時間のズレなどを見込んだ当該駐車場内での部門間の相互利用なども示されている。審査では、これらに示された運用施策を考慮しつつ整備台数の妥当性を評価している。

（3）駐車場の性格、地域との関わり

地域ルールの適用を受ける駐車場は、当該建物への駐車需要のみならず、地域の駐車需要にも対応するよう広く一般開放が求められる。このために、まず、周辺地域の駐車需要がどのようなものであるかを把握し、そして、整備する駐車場の性格や地域で果たす役割などから、その駐車需要をどこまで受け入れるかを明らかにする必要がある。周辺地域の性格やこれからの開発方向などの把握や、そのなかでの当該開発や駐車場の位置づけを明確にすることも必要となる。

審査においては、当該開発の地域での位置づけや関わりなどから、駐車場の整備・運用計画では、どのようなことが重視され、地域貢献としては、どのようなことが配慮されているかなどを評価している。そのため、次のようなことを明らかにするよう求めている。

① 周辺地域の特性、将来構想や開発動向と駐車需要の動向
② 当該駐車場で対応する地域関連の駐車需要、地域に果たす役割等
　　（受け入れる地域の駐車需要などの考え方の例）
　　・周辺集客施設等を含めた来街者駐車需要の分担
　　・パーク・アンド・ライド駐車の受け入れ
　　・周辺観光やイベント関連駐車需要、観光バス受け入れ
　　・エリア貨物集配拠点の受け入れ、など。
③ 駐車場整備・運用の方針
　　・受け入れる駐車需要に合わせた整備・運用の考え方・枠組み
　　・一般貸と定期貸の考え方とその運用方針
　　・隣接駐車場との連携、地下通路などでのネットワーク化、など

（4）駐車場整備計画

1）駐車場整備と動線計画

駐車場整備計画の審査では、駐車場所の整備のみならず、道路からのアクセス、入庫、駐車、そして目的場所までの歩行者や貨物の運搬動線が、安全、かつスムーズであるかを評価・審査する。

動線計画は、駐車に至るまでの車両の動線と、駐車した後での人の行動・動線や貨物の荷さばき活動・動線とに分けられ、人の乗降する乗用車と荷さばきを行う貨物車では、動線に対する審査の視点も異なっている。動線計画の具体の審査では、

実際の走行や駐車行動に合わせ、チェック・評価している。

2）駐車場の出入口（接道部）、地域・広域アクセスと動線計画

　駐車場の出入口の配置は、駐車場の用に供する部分の面積が 500㎡を超える場合（収容台数にしておおむね 20 台超）は、駐車場法施行令による設置基準の適用を受ける（駐車場法施行令第 7 条等）。この法の基準に則りつつ、次のような検討も必要である。

① アクセス性の確保

　出入口の配置では、地域や広域アクセスを確保する幹線道路へのスムーズなアクセスの確保にも配慮する必要がある。大丸有地区では、南北、東西に幹線道路が走り、東西の幹線道路の間にアクセスとなる東西道路があるというかたちとなっている。駐車場の出入口は、建物の接道関係にもよるが、主に、この東西道路に配置されている。大丸有地区の道路は格子状に形成されており、特段アクセス性に問題は生じにくいが、駐車場は、概して左折入庫・左折出庫となっており、出入口位置や出入りの方向によっては、街区を一回りしなければアクセスできなくなる場合もあるので注意が必要である。

② 安全性の確保

　大丸有地区は、歩行者の多い地区でもあり、駐車場への入出庫には、特に歩行者の安全性に十分配慮しなければならない。

③ 利用のしやすさ、利便性の確保

　大丸有地区の駐車場は、ほぼすべてが地下に配置される。出入口からカーブや勾配となるので、スムーズな、かつ安全な入庫出庫が可能となるよう車路等の構造にゆとりを持たすことが重要である。

歩道からセットバックした出入口、車寄せ、奥に入出庫口

　また、建物への送迎や短時間待機などの利用にも対応できるよう、地上部に入出のしやすいかたちでの車寄せや短時間駐車施設を設けることも、路上駐停車の排除や、使いやすさや利便性の向上にも通じる。

④ 通路の地下ネットワーク化によるスーパーブロックでの出入口配置

　大丸有地区では、状況が許すかぎり、駐車場間通路の地下ネットワーク化が進められてきている。地下ネットワークは、駐車場間の連携や、出入口の共有などによりさまざまな効果が期待できる。地下ネットワーク化は、スーパーブロックでの開発計画や歩行者空間の演出などに合わせることで、より合理的で安全な出入口の配置などを可能とし、地区の交通環境の改善にも大きく寄与できる。この効果は、次のように整理される。

① 出入口の配置の自由度が増し、使いやすく安全でアクセス性の高い出入口配置がしやすくなる。

② 需要変動に対する弾力性が一段と大きくなり、各駐車場の混雑対応などの運用がしやすくなる。個々の駐車場が、それぞれに突発的な混雑を大きく見込んだ計画とする必要がなくなる。

③ 駐車場を探すなどのうろつき交通や、いくつかの建物への集配貨物車の地上走行の削減も期待できる。

④ 車両の出入りに阻害されない地上の歩行者空間の構成がしやすくなり、交通環境の向上に大きく寄与できる。

大丸有地区では、丸ビル ⇔ 丸の内駐車場 ⇔ 新丸ビル ⇔ 日本工業倶楽部 ⇔ 永楽ビルの一連のネットワーク化のほか、いくつかの隣接駐車場間での地下ネットワーク化が進んでいる。審査では、地下ネットワーク化計画に対しては、大きな評価を与えている。

一方、地下ネットワーク化は、概して駐車場内の車両の走行通路を複雑化し、交差・合流・分岐・織り込みなどを増やしたり、駐車場内でのうろつき走行を増やしたりする。また、ネットワーク化された駐車場合計の駐車台数が多い場合などでは特定出入口への過度集中を招いたりすることもある。このようなことが生じないよう、簡明でわかりやすい通路構成とし、また案内表示の設置など、より適切に誘導ができるよう運用上の工夫も求めている。こうしたことは、地域ルールの審査を受けていない建物に対しても案内表示の設置や改善などを求め、その助成を行っている。

3) 駐車場内の動線計画

入庫する車両は、大きく乗用車と貨物車と自動二輪車の3つに分けられる。それぞれが、さまざまな規格を持ち、さまざまな目的を持って入庫してくる。それぞれの入庫目的に沿って、安全でスムーズな駐車行動が確保される動線を形作ることが必要である。乗用車の場合は、人の乗降を伴うため、建物のエントランスとの接続性が重視される。また、貨物車は、輸送の効率化から車両が大型化の傾向にあるうえに、荷さばき活動を伴うため、専用の荷さばき場への接続性が重視される。自動二輪車の場合は、専用の駐車場所とすることが多い。このため、それぞれの動線は、それぞれに分離させることが望ましい。特に、人の乗降を伴う場所への貨物車の走行や、荷さばき作業を伴う場所への乗用車の走行は、安全性などから極力避けるような動線とすべきである。

1 車　路

駐車場の動線を形作る車路は、乗用車と貨物車では、規格や構造、行動も異なるため、走行車路も分離することが望ましいが、建物構造や空間的制約から、各駐車場所までは、ほとんどの駐車場計画で、乗用車・貨物車共通の走行車路となってい

る。

　大丸有地区の地域ルールの適用を受ける駐車場では、走行車路の規格は、都市内での貨物輸送の中心となってきている貨物車の規格に合わせ、有効梁下高は、3.2m 以上（推奨は 3.5m 以上）としている。また、幅員・曲率その他の構造規格も、2 トンロング車（6.2 × 2.2m）以上の走行、カーブでの安全なすれ違いを可能とする設計を最低ラインとして要請している。

梁下 3.2m が確保された入出庫口

　走行車路は、走行の安全性やわかりやすさを確保するため、できるだけ簡明なかたちにし、明解な案内表示をする。交差部や合流部では、一時停止や優先非優先の区分を明確にする。視認性の確保、対向車等の注意喚起など安全と走行性確保のため

滞留長の確保された入出庫ゲート

に、ゼブラ等のマーキング、ミラー、回転灯など、必要な個所に適宜設置する。

② 入出庫ゲート

　入出庫ゲートは、一時停止の安全性確保のために、必ず平坦な位置に設置し、また、入出庫の集中による滞留が駐車場内や外部の走行車路に影響しないよう、十分な滞留長が確保できるスペースを取ることが必要である。

4）駐車場整備計画

　乗用車駐車場と貨物車駐車場では、車両の大きさのみならずそれぞれの果たす機能が異なり、必要とされる駐車場の整備内容も異なる。

　乗用車駐車場は、概して利用のしやすさと乗降や歩行者の安全性が重要視される。貨物車は、荷さばき活動を伴うことや大型車の入出庫があり、それらに対応できる構造や施設整備を必要とする。また、貨物車と乗用車では、車両規格の相違や活動の違いから、通路や駐車場所を分けるのが望ましいが、多くの通路は共用されている。

5）駐車場の運用方針（一般貸と定期貸、貨物車駐車場、混雑対応など）

　地域ルールの適用を受けた乗用車駐車場では、入居テナント・自社利用などの需要に合わせた定期貸とともに、来館者や地域の利用にも対応した一般貸としての運用が求められる。一般貸は、来館者とともに、来街者など地域の利用需要にも合わ

せた運用を図ることも必要で、休日開放などの営業時間や料金設定などに極め細かな配慮を必要とする。

　一般貸駐車場は、イベントなど地域の需要の変化を大きく受け、一時的な混雑も生じやすい。そのため、定期貸や貨物車の空きスペースの一時的開放、隣接駐車場間の連携による空きスペースの融通など、運用による一時的な混雑対応の施策を用意しておくことも重要である。

　貨物車駐車場は、荷さばきを伴う貨物車の専用の駐車場として運用する。駐車のしやすさ、荷さばき作業の効率化が図れるよう、十分なスペースと必要施設の適切な配置を確保するとともに、館内配送の効率化が図れるよう館内集配送の共同化などを進めることが重要である。

　また、路上での乗降・待機や荷さばきでの短時間駐停車を、駐車場に誘導するために、構造的にも入出庫しやすい駐車場とするとともに、短時間駐車の料金の無料化や割引を図ることの配慮も求めている。

 6-2　乗用車駐車場整備計画と審査

（1）乗用車駐車需要推計

　乗用車の需要推計にあたっての考え方や配慮すべきことについては、「大手町・丸の内・有楽町地区　乗用車の駐車需要推計に関する留意点（2012年）」（以降「乗用車駐車需要推計の留意点」と称す）で具体に示されている。

1）乗用車駐車需要推計の流れ

　乗用車の駐車需要推計フローは、**図6.1**のとおりである。1日の入庫台数の推計からピーク時の駐車台数を推計するという基本的な流れとなっているが、「運用方針の明確化」と「前提条件の変化（することへ）の考慮」の点を留意事項として明記している。

　この「運用方針の明確化」は、建物の用途機能や施設によってどのような駐車需要があるか、また、整備する駐車場の利用を、地域一般への開放などとした場合にどのような駐車需要に対応するのか、対象とする駐車需要とその構造を見極めて、的確に需要推計することを示唆している。また、「前提条件の変化の考慮」は、需要推計の前提とした建物用途や周辺開発状況の変化も含めた需要の変動を考慮し、変動に対応する施策も含めて整備台数を決めることを示唆している。

2）駐車場の運用方針と需要推計

　乗用車の駐車需要の推計にあたっては、建物の用途機能や駐車場の運用の仕方、それに対してどのような需要が想定されるかを整理し、最も適した推計区分で、推計手法や使用する原単位などを選択していくことが必要である。

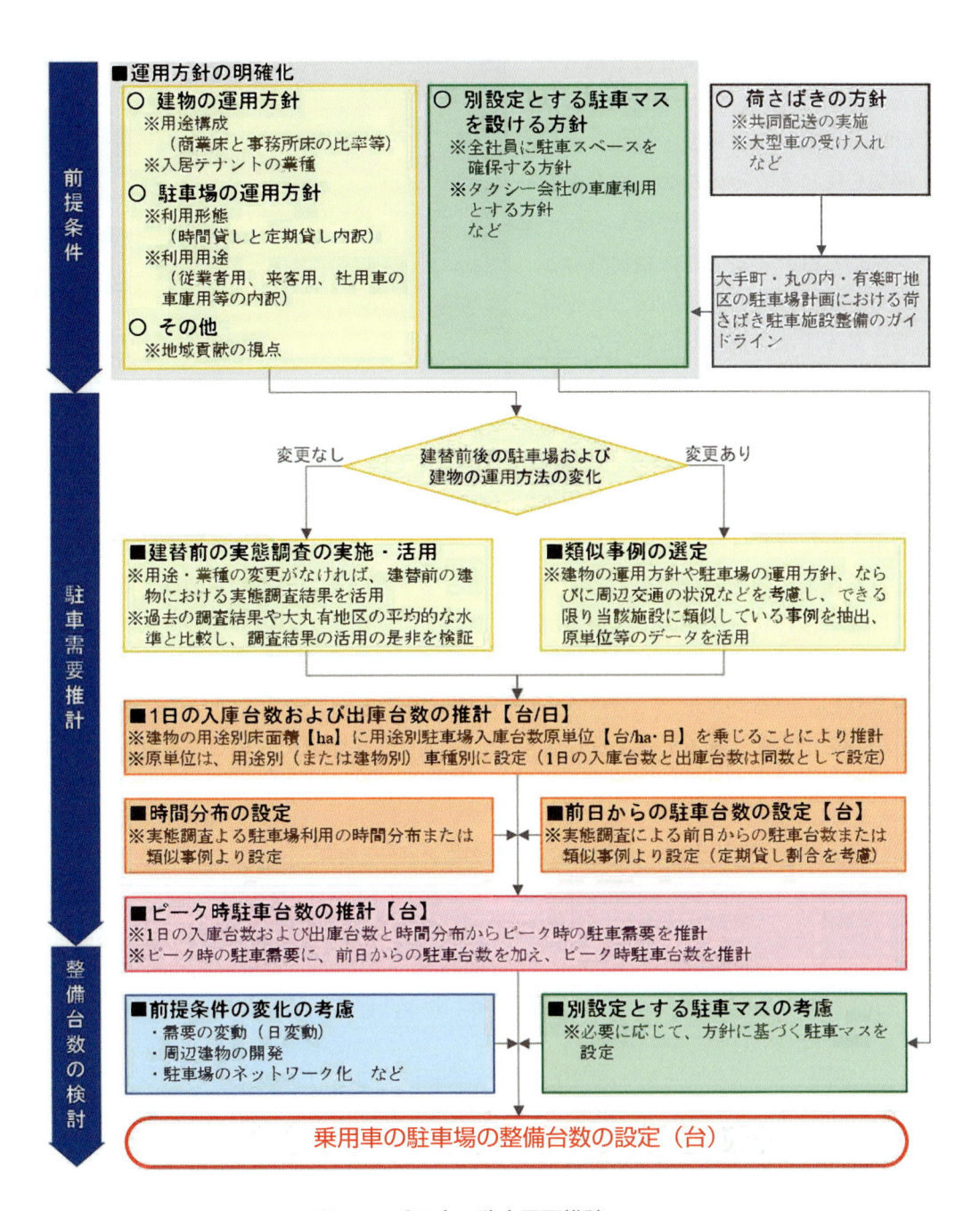

図 6.1 乗用車の駐車需要推計フロー

駐車需要は、建物の用途や入居するテナントの性格や業種によって、需要の量や性質が異なる。また、駐車場の運用の方法では、定期貸や一般貸などがあり、どのような利用（来客用、来街者用、社用車用、など）とするかで、その需要の捉え方は異なる。したがって、駐車需要推計では、厳密には、建物用途や機能別などと駐車場の利用形態別などとのクロスした区分で、それぞれに需要推計を行うことが必

要となる。ただ、あまりにも細分化された区分では、データ制約や、推計区分ごとの推計精度の精粗などの問題も生じる。そのため、必要とする駐車場の運用形態を整理し、データ制約と推計の妥当性・容易性などにも配慮し、最善の推計区分と推計データ・手法を選択していくことが必要となる。

時間貸を併用した駐車場

　大丸有地区の地域ルール適用の申請案件は、地域貢献ということから、地域一般の利用にも供することが必須であり、整備する駐車場は、定期貸駐車場（自社利用等も含む）と一般貸駐車場として運用されなければならない。これらに対する駐車需要は、開発する建物に直接関連する需要と、周辺の一般来街者の需要とからなっている。後者の需要は、周辺開発や機能集積の状況において、駐車場運営として、どこまでの需要を受け入れるかによって、それぞれに必要な推計方法が採られたり、類似計画などからの想定がなされたりしている。

　一例を示すと、**表6.1**のような区分で、考慮すべき需要に対応して推計が行われている。

表6.1　乗用車駐車需要の推計区分と使用データ

駐車場用途	対象とする需要	使用する原単位、推計手法など
定期貸	入居テナント等	従前・類似ビルデータ、入居者要望ヒアリング
一般貸	建物来訪者	（オフィス、商業、宿泊など機能別の）従前・類似ビルデータ、回帰推計式等
	周辺来街者	類似ビルデータ、路上駐車データ

注：推計区分と使用データに関する留意事項
- 類似ビルデータを用いる場合、定期貸と一般貸が一緒になっている場合があるので注意が必要。
- 建物機能別の区分は、データ制約や精度等に配慮し、適切に区分する。
- 商業施設などの集積があったりするとその周辺建物の駐車場利用も増え、入庫原単位は高くなる。建物周辺の機能集積にも配慮する必要がある。

　審査では、需要に対して適切に推計区分がなされ、それぞれの区分ごとに的確に推計がなされているかをチェックする。そして、一般開放ということに対応して、建物に直接関連する需要のみならず、一般来街者の利用や路上駐車の路外への吸収といった需要に、どう配慮し、対応しているかなどをチェックしている。

3）整備台数と需要変動への配慮

　駐車需要の推計では、前述のような駐車場の運用方針に基づき、対象とする利用主体や周辺開発状況などいくつかの前提条件をおいて推計がなされる。整備台数

は、この推計結果をもとに決められるが、「乗用車駐車需要推計の留意点」では、日変動的な需要変動に加え、前提とした周辺開発などの状況変化にも対応できるよう考慮して整備台数を決めることが必要であるとしている。

　大丸有地区で行われている需要推計は、通常、平均的な1日の調査データをもとにした原単位に、年10番目日交通への割り増しをすることで、一定の需要変動を取り込んだものとしているが、次のような点にも配慮すべきであるとしている。

① テナント数の少ない建物では、特定テナントの需要変動の影響を受けやすいため、主要テナントの需要変動の特性にも配慮する。テナント数の多い場合は、全体の変動は、相互の変動で相殺され、概して小さくなっている。

② 周辺に商業施設など集客機能の立地・集積がある場合、その影響を受け、当該建物の需要変動も大きくなる傾向があるので、周辺施設の需要変動にも、地域貢献という視点からも、十分配慮する。周辺開発や駐車場間ネットワーク化による需要の変化もあり、この点にも十分配慮する。

③ 集客施設などでの催し物やイベント開催時などの特異日的な混雑への配慮が必要で、定常的な需要以外の需要に対しては、隣接駐車場間の連携など運用によっての対応も重要となる。

　これら需要変動に関しての審査では、どのような性格の駐車場整備と需要を対象としたものかを十分確認したうえで、需要変動への配慮の妥当性について、変動内容とその大きさだけではなく、駐車場の運用方策などとの関連付けで審査を行っている。

(2) 乗用車駐車場整備計画

　乗用車駐車場では、第一に、利用のしやすさと安全性が求められる。計画にあたっては、入庫→駐車→降車→入館とその逆の出庫までの間に関係する各施設（車寄せ、入出庫ゲート、走行車路、駐車場所、入館までの歩行者路など）とそのルート（動線）において、スムーズさと安全性が最大限確保されるよう求めている。

　計画案では、概して、設計基準や建築的制約には十分対応していても、上記のような配慮に欠けるきらいもある。そのため、審査では、実際の駐車行動の流れに即して、安全性や使いやすさが十分確保されているかを大きなポイントとして評価・審査している。

1) 出入口・車寄せ

　駐車場への出入口の位置・構造は、前面の接続道路との関連で法令の規定により基準が示されている。大丸有地区では、特に前面道路の歩行者交通量が多く、歩行者の安全確保に十分留意する必要がある。大丸有地区の多くの駐車場では、入出庫に際しての注意喚起や安全誘導のため、誘導員の配置などでの対応がなされている。

　出入口に連続して地上部建物エントランスに、車寄せ、短時間駐車施設、タク

シー乗降・待機バース、リムジンバス乗降場などの施設を設ける場合が多い。これらは、ほとんどが、入出庫ゲート外に設置される。これら施設と駐車場への入出庫通路との位置関係によっては、交通の錯そうや混乱、歩行者交通の安全の阻害などをもたらす。これら施設の配置計画にあたっては、交通の流れを簡明明解にし、錯綜をできるだけ避けるよう配置や走行ルート設定に十分留意する。わかりやすい案内表示や誘導員などの配置によっての対応も必要となる。

　車寄せは、人の乗降などの短時間駐停車のための施設で、安全な乗降と建物へのアクセスの利便性を確保する施設として設置される。車寄せは、送迎を伴う場合の利用となり、建物エントランスの直近、あるいは入館のしやすさに配慮して設置される。送迎待機などの短時間の待機駐車スペースとセットで整備されると極めて使い勝手がよくなる。駐車場に入出庫する煩わしさなどからの路上駐停車や乗降停車を避けることができ、道路交通の円滑化にも寄与するものとなる。

　オフィステナント専用やVIP専用の車寄せは、一般とは分けて、別途のオフィス専用エントランスに設置されるケースも多く、定期貸駐車場や送迎車待機用駐車場とのセットで設置される。いずれの車寄せも、建物エントランスに接続し、前面道路出入口⇔車寄せ⇔駐車場所（待機場・駐車場）の一連のスムーズな流れを確保できる構成が要求される。

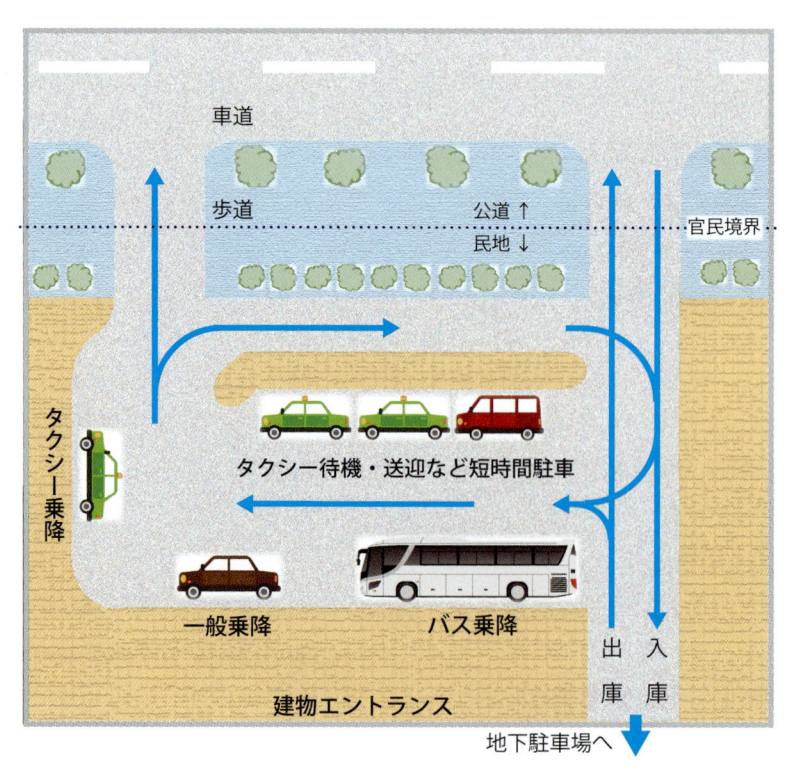

図6.2　建物エントランス前・車寄せ・短時間駐車施設等イメージ

以上の考え方を整理してイメージ図でまとめると、**図6.2** のように示される。これは一例であり、建築設計上、人と車の動線の交錯をできるだけ避け、人の乗降や貨物の積みおろしを建築敷地内で行うことを地域ルールで求めている。

2）駐車場所、走行車路、歩行者通路

　大丸有地区の新築建物の乗用車駐車場では、平置きと機械式立体駐車場との組み合わせが多い。使い勝手などから平置きとするのが望ましいが、収容能力の大きさなどから、機械式の立体駐車場が多く併設されている。機械式の場合、停電時などの対応策をあらかじめ講じておくことが必要である。

① 機械式立体駐車場（二段式、多段式を除く）

　機械式立体駐車場には、入出庫の仕方や機械内部での車両の運び方や車室の配置と格納の仕方でいくつかのタイプがあるが、入出庫は極めて容易となっている。大丸有地区で多く設置されている平面往復方式の機械式駐車場を例として、**図6.3** にその出入口部のイメージを示す。

　場内を走行してきた車両は、入庫バースの所定の位置に停車する。ドライバー・乗客は、降車してそのまま待合ロビーから館内に入る。車両は、自動的に入庫リフトで格納室に運ばれる。出庫は、自動的に出庫バースに出てきた車両に乗車して、出庫する。入庫は、所定の位置範囲に停車すれば、多少の位置のずれや斜め停車などは問題なく、また、ハイルーフ車対応や、近年では、ほとんどがバリアフリー対応で、車いすや障がい者・高齢者の利用も容易となっている。乗降待合ロビーも含め、館内エントランスとセットで整備されると極めて高い快適性や安全性が確保されたものとなる。

　なお、大丸有地区の機械式立体駐車場は、地下に車両を収納するタイプで、地域ルールの適用を受けた建物では、地下の駐車場内に入出庫口を有したものとなっている。

　この機械式の場合、入庫口と出庫口が分けられており、よりスムーズな入出庫が

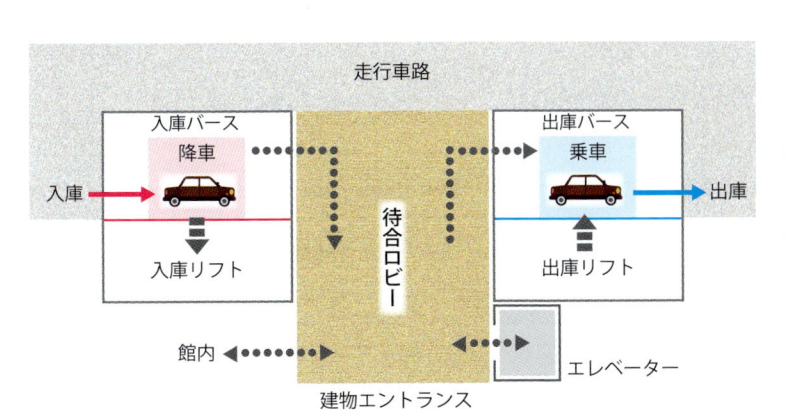

（入庫口と待合ロビー）

図 6.3　平面往復機械式駐車場入出庫口・待合ロビー計画イメージ

可能となっている。ただ、入庫には、多少の待ち時間が必要となるため、入庫待ち車両が、走行車路に出ないよう、入庫口前に待機バースを確保する必要がある。必要待機バース数の算定においては、入庫が断続的に行われることに配慮して算定する必要がある。

② 多段機械式駐車場

多段機械式は、入出庫に際しての段差などの問題や、形式によっては、入出庫の煩わしさから1段が使われなかったり、ハイルーフ車の入庫制限があったりする。収容力には長けるので、車庫的な使い方や混雑時の緊急避難的な使い方とする方が無難である。

③ 走行車路、歩行者通路

乗用車駐車場内の走行車路は、安全な走行と駐車マスへのスムーズな入出が確保されることが求められる。走行車路は、余裕ある幅員を持たせ、一方向スルー型にするなど、なるべく交差の無い、簡明、かつわかりやすい構成とすることが望ましい。

駐車場所と建物エントランスの間は、安全に歩行できる歩行者通路を設ける。歩行者通路は、車路の横断や長距離の歩行をできるだけ避ける構成とするとともに色分けなどによる明確な区分が望ましい。

3）障害者等用駐車スペース

建築物移動等円滑化基準（バリアフリー法施行令）では、不特定かつ多数の者が利用する駐車場には、そのうちの1台以上に、車いす使用者が円滑に利用することができる駐車施設を設けなければならないとしている。この駐車スペースは、車いす使用者以外の身体の機能上の制約を受ける高齢者、妊婦、乳幼児連れ、その他障害のある者の利用も可能となっている。このために、車いす用スペースが、これら車いすを使用しない利用者に占有されてしまうことも生じうる。これを避けるため、**図 6.4** に示すように障害者等用駐車場に、車いすを使用する障害者用と車いすを使用しない（車いす使用者に準じる）利用者用とを並べて設置することが勧められている（「ダブルスペース」の駐車スペースと称される）。車いす使用

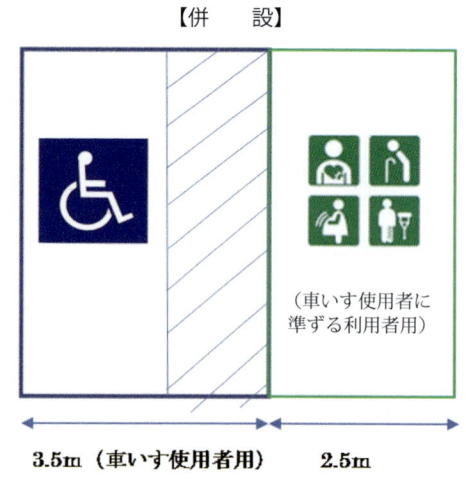

【併　設】

3.5m（車いす使用者用）　2.5m

（車いす使用者に準ずる利用者用）

（国土交通省「高齢者、障害者等の円滑な移動等に配慮した建築設計標準（平成29（2017）年3月）」より作成）

図 6.4　障害者等用駐車場「ダブルスペース（車いす使用者用駐車スペースと車いす使用者に準ずる利用者用駐車スペースの併設）」概念図

者用は、幅 3.5m 以上とされているが、車いす使用者に準ずる利用者用の駐車スペースは、通常の駐車場の一般幅員の 2.5m 程度でもよい。障害者等用駐車場は、駐車場入口など適宜必要な場所に、その設備のあることを明示する。また、「ダブルスペース」では、車いす使用者用と車いす使用者に準ずる利用者用との区別を明示する。

障害者等用の駐車スペースの設置は、入館のしやすい位置への設置と安全かつバリアフリーの通路が確保されることを必須としている。審査でも、障害者用等駐車場と建物エントランスとの位置関係をチェックし、移動の安全性とスムーズさを確認している。

6-3　貨物車駐車場整備計画と審査

貨物車駐車場は、建物に関連する物流活動を支える施設であり、その物流活動が十分効率的に行われるよう、必要十分な駐車場台数と荷さばき関連の施設を整備することが必要である。

このため大丸有駐車協議会では、「大手町・丸の内・有楽町地区の駐車場計画における荷さばき施設整備のガイドライン」2018 年[2]（以降「荷さばき施設整備ガイドライン」と称す）を策定し、貨物車の需要推計にあたっての考え方や配慮すべきこと、また、貨物車の駐車スペース（台数）の確保とともに、荷さばきに必要な施設やスペースの考え方を示してきている。

審査では、この「荷さばき施設整備ガイドライン」の趣旨に基づき、申請された貨物車駐車場の荷さばき活動がより効率的に展開され、貨物車にとってもより使いやすく安全な駐車場となることを目指している。

（1）貨物車駐車需要推計

荷さばき貨物車駐車場は、東京都の条例では、附置義務台数の内数で 10 台までで良いとされているが、審査では、その条項に拘わることなく、建物の特性に応じて的確な需要推計に基づき必要な台数を確保するものとしている。

1）貨物車駐車需要推計の流れ

「荷さばき施設整備ガイドライン」に示された需要推計では、推計にあたっての基本的な考え方と推計フロー（**図 6.5** 参照）、ならびに、この推計フローに対応して必要となる諸元（指標）が示されている。この推計フローは、1 日の入庫台数の

2　本ガイドラインは、2008 年にまとめられ（本章 5-3（4）参照）、その後、新しいデータでの検証や、国土交通省の「物流を考慮した建築物の設計・運用について－大規模建築物に係る物流の円滑化の手引き－」（2017 年 3 月）との整合を図りつつ、2018 年に改訂がなされたもの。

推計からピーク時の駐車台数を推計するという基本的流れは、乗用車の駐車需要推計と同じ流れであるが、需要台数は、ピーク時入庫台数と平均駐車時間とから必要となる駐車マス数を求めるかたちとなっている。この方法を採っているのは、貨物車の平均駐車時間が、比較的短いことや、駐車時間は、建物館内配送の配送形態とその所要時間によっていることから、配送形態別の駐車需要の推計にも適していることなどが背景にある。

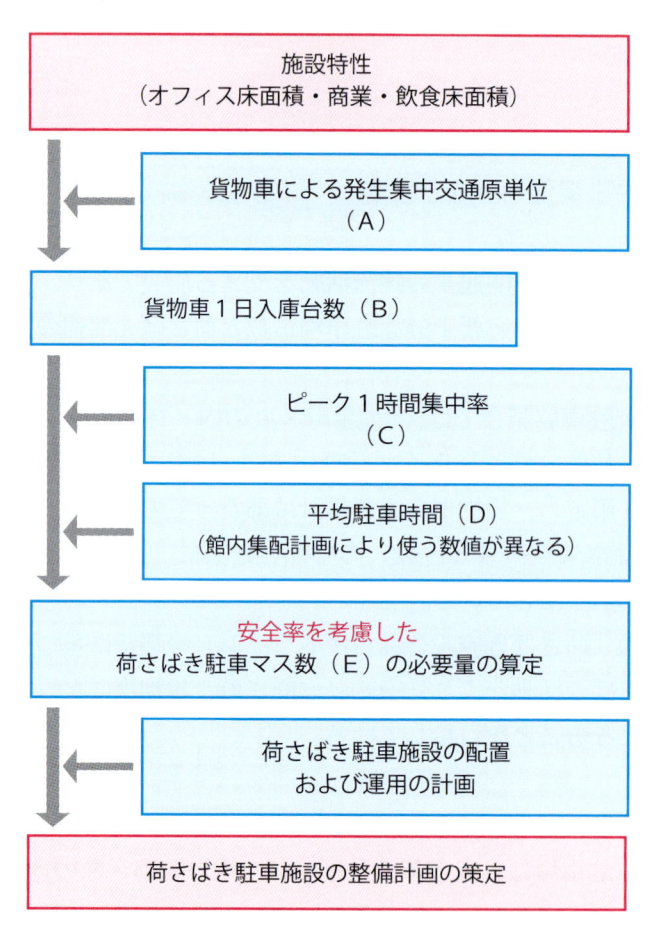

注1：ピーク1時間集中率（C）・平均駐車時間（D）は、類似施設の詳細な入出庫データに基づいて、「ピーク時在庫台数/1日の入庫台数」の指標を算出することで、代替することも可能である。ただし、その際には、貨物車の平均駐車時間が一般車よりも短くなることを考慮し、詳細な時間間隔のデータを使用することとする。

注2：特に類似施設の調査結果より得られた指標をそのまま用いる場合には安全率が含まれない推計となるため、必要量算定の段階で安全率を考慮した荷さばき駐車マス数を算定する必要がある。ただし、各指標を用いる段階で既に安全率を考慮した指標を用いている場合においては、再度この段階で安全率を考慮する必要はない。

出典：大手町・丸の内・有楽町地区の駐車場計画における荷さばき施設整備のガイドライン2018

図6.5　貨物車需要推計と計画策定の基本的な流れ

2）貨物車駐車需要の推計にあたって配慮すべきこと

　貨物車駐車需要の推計での留意事項に関し、「荷さばき施設整備ガイドライン」で示された内容を中心に、具体の審査案件での指摘事項も含めて列挙すると次のようなことが示される。

①　建物の特性に応じて必要とする貨物車駐車場台数の確保

　貨物車駐車場は、物流活動の円滑化や建物テナントなどの受ける物流サービスの向上に資するよう、必要十分な駐車場台数と荷さばき活動のスペースが確保されなければならない。そのため、建物の機能・用途や入居テナントなど、それぞれが必要とする貨物とその配送貨物車の特性を考慮して、それぞれに駐車需要台数を推計する必要がある。

　当初の審査案件の貨物車駐車場は、東京都の条例が荷さばきのための台数は、10台まででよしとしていることに合わせ、整備台数を10台としていた。そして、運用計画で隣接する乗用車駐車場の一部を、必要に応じて貨物車駐車場として使用するとしていたケースもあった。

　審査では、このような乗用車駐車場の活用では、荷さばき活動を効率的かつ安全に行う施設やスペースがないことを指摘し、貨物車駐車需要の再計算や、必要台数と必要な荷さばきスペースの確保など、再検討の指示もなされていた。

②　2トンロング貨物車に対応する車室の確保とその需要の把握

　貨物の集配に使われる車両の大きさはさまざまである。需要推計においても、どのような大きさの駐車マスをどの程度設置すべきか、ということがあり、2トンロング貨物車などの大型車の混入量などの把握も必要である。「大規模建築物に係る物流の円滑化の手引き[3]（国土交通省）」では、配送に使用される貨物車両のサイズには幅があることから、入居するテナントを想定することによって、その納品車両のサイズの分布に即した無駄のないより効率的な駐車マスの設定が可能となるとしている。一方、市街地の標準的な集配車両として、2トンロング貨物車を想定しておくことが、入庫車両の制約を減らせる、としている。

　「荷さばき施設整備ガイドライン」でもこれを紹介し、物流の効率化にも資するよう2トンロング貨物車以上にも対応する駐車スペースを必要十分に確保するものとしており、大型貨物車の駐車需要の推計の

2トンロング貨物車両

3　http://www.mlit.go.jp/common/001198147.pdf

必要性をも示唆している。

③　配送形態と駐車時間

　貨物車の駐車時間は、ドライバーが直接顧客まで届ける直納型の配送と、館内配送の共同化が行われていて、ドライバーは共同荷受けセンターまでの配送となる共同配送とでは大きく異なる。貨物車の駐車需要推計は、貨物車の入庫台数と平均駐車時間とをもとにしていることから、館内の集配送形態を見極め、駐車時間を的確に捉えてあたる必要がある。駐車スペースや荷さばき関連施設をより合理的に整備するためには、建物の館内集配送計画に基づき、配送形態別の需要推計も必要となる。

　「荷さばき施設整備ガイドライン」では、**表6.2**のように、採用される集配送形態の状態に対応して、大丸有地区の実態調査結果などをベースに、推計に必要となる平均駐車時間の目安を設定している。

表 6.2　建物の館内配送計画を考慮した貨物車の平均駐車時間の目安

館内集配計画	平均駐車時間（D）
館内の集配送のすべてを共同集配送により管理するビル	20 分／台
共同集配送と直納が混在するビル	30 分／台
館内の集配送のほとんどがドライバーの直納により行われるビル	40 分／台
貨物用エレベーターがないか、または縦持ちに制約があるビル	60 分／台

出典：大手町・丸の内・有楽町地区の駐車場計画における荷さばき施設整備のガイドライン 2018

④　需要変動に対する考慮

　「荷さばき施設整備ガイドライン」では、貨物車交通量は、曜日変動や年間変動の幅は乗用車類に比較して大きく、ピーク集中率も高くなる傾向があるとしている。このため、推計にあたっては、この変動を十分考慮する必要がある。

　一般的に、駐車台数の需要推計では、平均的な1日の需要の最大時間需要（ピーク時需要）を想定し、さらに、需要変動対応として安全率等を乗じ、余裕を持たせている。しかし、入庫が集中したり、長時間駐車が多くなったりすると、一時的に荷さばき駐車場の容量オーバーも生じうる。このような場合を想定し、若干の待機バースを設けておくことも必要で、運用計画として、乗用車駐車場などの空きを、貨物車の一時的な待機バースとして活用することもあってよい。需要変動への対応としては、変動をいたずらに大きく見込むのではなく、運用などでの対応を組み合わせ、必要以上の整備を避けるよう工夫すべきである。

　審査案件の貨物車需要推計においては、割増率（年10番目交通への割り増し）が乗ぜられた原単位を用いることで日変動への対応を盛り込んでいるとしている。また、貨物車の入庫混雑時に対応するため、あらかじめ待機用駐車バースを設けたり、運用計画で乗用車駐車場の一部を、荷さばき駐車場への一時的待機バースとし

て利用するなどの方策が採られている。

3）荷さばき駐車マス数の算定に用いる指標

「荷さばき施設整備ガイドライン」では、需要推計に必要となる指標の標準的な数値を示し、これを用いて必要とする荷さばき駐車マス数を算定することができるとしている。また、適切なデータであれば、類似施設の調査結果を用いることもできるとしている。荷さばき駐車マス数の推計は、次式によるものとし、必要となる3つの指標については、大丸有地区の大規模ビルの実査結果などから導き出された標準的な値が示されている。

$$必要駐車マス数＝建物床面積×A×B×（C÷60）$$

A：貨物車による発生集中交通原単位

B：ピーク1時間集中率

C：平均駐車時間

1　貨物車の発生集中交通原単位

ここでの原単位は、大丸有地区のオフィスビルを想定し、駐車場への入庫原単位として、事務所床（25台/ha）と商業床（100台/ha）について示されている。その他宿泊機能やカンファレンス機能などが含まれる場合は、別途類似施設などのデータを用いることになる。

2　ピーク1時間集中率

貨物車の建物への入庫の時間分布は、オフィスなどは、午前と午後の2回、飲食は、早朝に、物販などは、午前中にピークを持つなど、納品先と貨物によってさまざまなかたちとなっている。大丸有地区のオフィス機能中心の建物では、建物全体でみれば、貨物車入庫の時間分布パターンに大きな差はなく、最大ピークで午前中の1時間に15％前後となっている。

3　平均駐車時間

平均駐車時間は、建物の館内配送形態によって異なるので、表6.2に示したように、集配形態の組み合わせによるものとする。入居テナントや建物館内配送形態・配送システムがはっきりしている場合は、個々に、荷おろしから配送先まで配送所要時間をシミュレートして求める方法もある。

これら1〜3に示された数値は、大丸有地区の個別データのほとんどが内包される数値で、一定の需要変動に配慮されたものであるが、特異日や特別な事情等がある場合は、さらに変動幅への配慮が必要である。

具体の審査案件では、「発生集中原単位（入庫原単位）」、「ピーク1時間集中率」は、比較的容易に把握できるため、従前建物や類似建物の調査データを用いている。配送形態別の平均駐車時間は、把握が容易でないこともあり、多くが「荷さ

ばき施設整備ガイドライン」に示された値（表6.2）で、かつ共同化と直納の混在の30分を用いている。一部は従前建物や類似建物の実績を用いているが、これらは、従前機能そのままの建て替えや、類似機能構成・同規模でかつ同じ配送形態をとるといった特殊なケースである。

④　類似施設調査結果を用いる際の留意点

「荷さばき施設整備ガイドライン」では、類似施設のデータを用いる場合の留意点と類似施設での調査データのとり方を示している。

①　施設の規模が類似していること

②　エリア特性が類似していること

③　ビルの機能（事務所、商業、ホテルなど）とその構成が類似していること

類似施設等でのデータ取得にあたっての留意事項としては、当該施設に関連する荷さばき全体を把握することと、貨物車の需要変動は大きいことから、平均的な1日のみならず、需要の大小、曜日などで複数の日の調査をすべきこととしている。前者については、荷さばき活動は、貨物車駐車場だけでなく、乗用車駐車場や路上に駐車して行われたりすることもあるので、これらを含め貨物車の全体を把握するよう調査を行うことを示唆している。また、荷受（管理）センターのデータを使う場合、荷受センターを通らないものもあることにも配慮すべきとしている。

（2）貨物車駐車場整備計画

貨物車駐車場は、建物に関連する物流活動を支える施設であり、物流活動の円滑化や建物テナントなどの受ける物流サービスの向上に資するよう整備・運用されることが要請される。このため、貨物車駐車場は、貨物車の駐車場所のみならず、物流に伴う荷さばき活動が効率的に行われるよう、必要とするスペースと施設の整備が求められる。

貨物車は、貨物の積みおろしから配送が終了するまで、駐車場を占有することになるので、一連の荷さばき作業の効率化による時間の短縮は、駐車時間を短くし、必要とする駐車マス数を削減することができる。建物への貨物の搬入と館内の届け先までの配送（館内配送）とが分けられ、後者の館内配送が、共同化等により一括してなされることになれば、貨物車によって搬入された貨物は、共同の荷受センターまでの配送で済み、駐車時間は大幅に削減される。

1）荷さばきに必要な施設・機能と要件

貨物車駐車場は、貨物車が安全かつスムーズに駐車し、貨物の積みおろしから館内の届け先への配送までの一連の荷さばきを行う場所である。この荷さばきに必要とされる施設と機能について、「荷さばき施設整備ガイドライン」では、**表6.3**のように整理し、**図6.6**のよう各施設の配置のイメージを示している。

これらの機能に関し、設計上必要な具体の数値等については、前出の『大規模建

表 6.3　荷さばきに必要な施設と機能

施設		必要な機能	備考
1) 車路		・貨物車が荷さばき施設に出入りするときに利用する通路 ※2トンロング車が走行可能な通路を確保すること	
2) 駐車マス		・貨物車の駐車に必要な空間 ・必要面積は「貨物車1台当たりの必要面積」×「駐車区画数（駐車マス数）」 ※2トンロング車に対応した駐車マスを必要かつ十分に確保すること ※二輪車（バイク便）による貨物の搬入が予想される場合には、二輪車用の駐車スペースの設置を検討すること	
	積みおろし作業スペース	・貨物の荷おろし、積み込み作業に必要なスペース	
駐車マスから荷さばき場までの通路		・台車やロールボックスで貨物を運ぶための通路 ※駐車マスと荷さばき場が離れている場合には、物流動線の必要幅の確保や段差解消に留意する	
3) 荷さばき場		・置き換え・積み替え、仕分け・配分、貨物の運搬などの作業を行うスペース ※駐車マスの背後（周囲）に荷さばきスペース及び台車の動線を確保することが望ましい	
	① 受付	・館内配送を共同化する場合に搬入を管理するためのスペース	館内共同配送を導入する場合に設置
	② 荷受けスペース	・館内物流担当者による館内配送が終了するまで一時的に荷物を預かるスペース ※冷蔵・冷凍食品など温度管理が必要なものも受け入れる場合には、冷蔵・冷凍庫の設置も想定したスペースや電源を確保することが望ましい	
	③ 仕分けスペース	・配送フロアや配送テナントごとに仕分けを行うスペース	
	④ 用具置き場	・予備のロールボックスパレットや養生材などを置くスペース	
荷さばき場から貨物用エレベーターまでの通路		・台車やロールボックスで貨物を運ぶための通路 ※荷さばき場と貨物用エレベーターが離れている場合には、物流動線の必要幅の確保や段差解消に留意する	
4) 貨物用エレベーター		・建築物への来訪者等一般の利用者と混線しない独立した動線の確保 ※貨物専用エレベーターの設置が望ましい ※館内配送を共同化している場合には高層階用のエレベーターの設置や所要台数の検討を行うことが望ましい	

出典：大手町・丸の内・有楽町地区の駐車場計画における荷捌き施設整備のガイドライン 2018

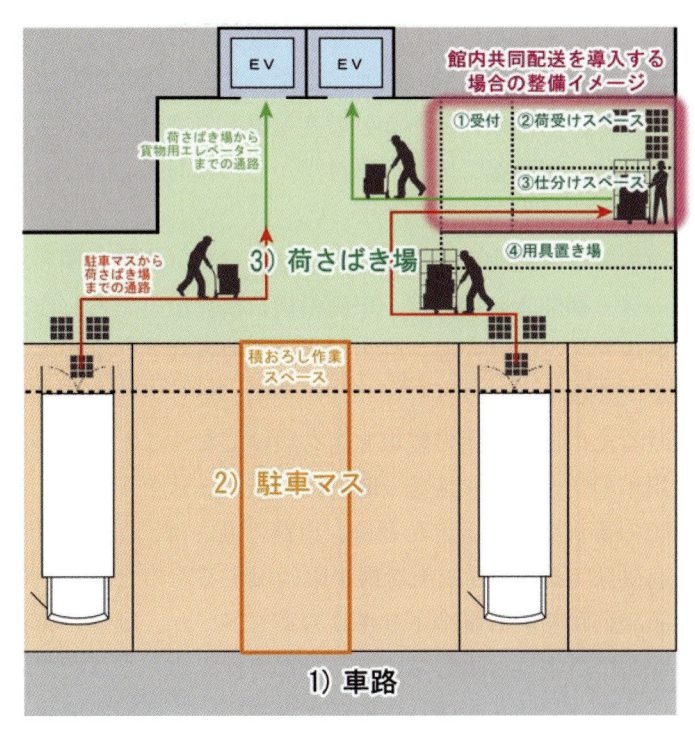

出典：大手町・丸の内・有楽町地区の駐車場計画における荷さばき施設整備のガイドライン 2018

図 6.6　貨物車駐車場配置イメージ

築物に係る物流の円滑化の手引き』（国土交通省）において、設計上の考慮事項として示されている。

2) 貨物車車路・車室（駐車マス）

　貨物車駐車場の車路・車室については、入庫させる貨物車の大きさに対応させて設定することが重要である。「荷さばき駐車施設整備ガイドライン」では、国土交通省の手引きに準じ、都市内の貨物輸送の標準となっている2トンロング貨物車以上の大きさの車両が、安全かつスムーズに入出庫し、駐車できるものとするとしている。ただし、建物に百貨店、大規模なスーパー、劇場・イベント施設などが入居する場合は、4トン車などの入庫を可能とする構造にすることも必要としている。

① 車　路

　貨物車は、荷さばき活動を伴い、輸送の効率化のもと、大型車も多く混在する。そのため、車路は、乗用車と分けることが望ましい。特に、人の乗降を伴う場所への貨物車の走行や、荷さばきを伴う場所への乗用車の走行は、安全性などから避けるべきである。

　車路の計画は、2トンロング貨物車、あるいは、4トン貨物車など入庫させる貨物車の大きさを想定して、安全でスムーズな走行と駐車マスへの出入が確保できるよう、ゆとりある幅員や高さとする。審査では次のようにしている。

　　　車路の高さ：2トンロング貨物車の車高に、バウンドしろ、スロープ変化点などを配慮し、有効梁下高は、少なくとも3.2m以上を確保する。

　　　車路の幅員：曲線部での接触の回避、安全・スムーズなすれ違いを確保するため、車両のミラーなどの突起物も考慮して設定する。突起物を含めた車両幅での走行軌跡図からの検討も必須である。

② 車室（駐車マス）

　荷さばき駐車場では、貨物車が駐車マスに駐車して、貨物の積みおろしが行われる。駐車車両の後（横開きの場合は、車両の横）に、積みおろし作業スペースが確保できるよう駐車マスを設定する。駐車マスは、荷さばき作業が終了するまで占有される。入庫車両が集中したり、駐車時間が長引いたりすると混雑が生じる。こうした混雑を避けるため、待機用の駐車マスを設けておくことも必要である。ピーク時の異なる乗用車の空き駐車マスを一時的に待機バースとすることも有効である。

　大丸有地区での審査案件のほとんどは、車路の高さは、2トンロング貨物車の車高を想定し、有効梁下高3.2m以上を最小限確保するものとしている。車路幅員については、建築制約から設計基準ギリギリの案も多いが、実際の審査では、安全性などにゆとりが持てるよう要請している。たとえば、カーブなどでの安全なすれ違い確保のため、車両突起物を考慮した軌跡図に基づいた検討を要請している。

　駐車マスについては、大丸有地区の地域ルール適用駐車場のほとんどが、貨物車

の必要駐車マス数の 30％[4]以上を 2 トンロング貨物車対応とし、後方の積みおろしスペースも含め、7.7m × 3.0m 以上としている。駐車マス最後部に車止めや縁石を置いたケースもあったが、それらは積みおろしや荷物の運搬の支障となるため、取り除くよう指摘している。

③ 貨物の運搬通路、館内配送、専用エレベーター

駐車マス後方には、貨物の運搬通路を設け、荷受室、一時保管室、館内配送用通路、エレベーター前室などに、連絡させる。運搬通路は、ロールボックス台車等運搬具でのすれ違いの幅員を確保するとともに、必要な個所に適宜、貨物の仮置きや運搬具（ロールボックス台車など）の置き場を設ける。貨物の運搬の動線上は、スムーズな運搬を確保するため、平坦かつバリアフリーとし、扉は自動開閉、かつ引き戸扉とする。

館内の各階への配送は、エレベーターを使ってなされるが、必ず人用とは分け、貨物専用とし、荷さばき駐車場に直結して設置する。貨物専用エレベーターは、運ぶ貨物により直納用（主として、飲食・物販関連）と共同配送用（主としてオフィス関連）などと分けたり、高層・中層・低層用などとして、複数基設置することにより、効率的な貨物の縦持ち配送がなされているかまで審査対象としている。建物各階での配送、特に商業・飲食施設への配送などでは、人との交錯のない裏動線（貨物の配送専用の通路等）の確保や、交錯の恐れのある場所は、人の少ない時間帯での納入など、配送のしやすさ、効率性の確保への配慮を求めている。

（3）館内配送の共同化

1）共同化の考え方

大規模な建物などでは、貨物車ドライバーが、個々に届け先まで配送していると長時間を要し、長時間駐車となり、多くの駐車マスを用意しなければならなくなる。館内配送の共同化は、館内への貨物の搬入部分と館内の届け先までの配送部分とを分け、後者の配送を共同化して対応するものである。これにより、ドラ

ロールボックス台車を使用しての作業

4　大丸有地区の入庫高さ制限の緩和された東京ビル、丸の内ビルの入庫貨物車の内の 1 ナンバー車の占める割合は 28.3％、27.1％（2007 年）であった。また、運送事業者の都市内配送に使用されている貨物車サイズが、都条例による荷さばき駐車施設（長さ 7.7m ×幅 3.0m ×高さ 3.0m 以上）に対応するもの以上の割合が、29.9％（4 トン積み以上貨物車を除く）であったことから設定された値。（「大丸有地区における荷さばき駐車施設整備に関する調査」報告書 2007 年 10 月）

イバーは、貨物を、共同の館内荷受・配送センターまでの搬送となり、駐車時間は極めて少なくすることができる。駐車マス数も減らすことが可能となる。一方、館内配送も、まとめて配送先ごとに一括でき、効率的な配送となる。なお、オフィス関連すべての貨物が館内配送の共同化に適しているとは限らない。郵便物、バイク便、その他小物や、宅配便などで送られてくるような場合は共同化しやすい。物販、飲食施設などへの搬入は、ほとんどが個別の搬入となる。また、共同化して効率化を図ることとともに、直接納入の効率化にも資するよう手立てをすることも重要である。

2）共同化に必要な施設

館内配送の共同化は、貨物車から降ろされた貨物を、一旦、共同荷受センターで荷受し、一時保管、仕分けなどを行って、共同荷受センターの配送員によって届け先に配送する。それに必要な設備やスペースは、どのような共同化を行うかによって異なるが、一般的には、次に示すようなものがある（表6.3、図6.6の赤枠に示された施設）。これらは、貨物の仮置きや仕分けなどの作業スペース、必要な機材設置場所など、一定以上の面積を必要とするため、荷さばき施設の計画に合わせて、あらかじめ設置することが必要である。

① 荷受事務室・管理室：搬入貨物の受付、伝票等情報管理、直納入館管理
② セキュリティチェック：搬入貨物のセキュリティチェック
③ 一時保管スペース：冷凍・冷蔵施設、貴重品保管など
④ 仕分けスペース：届け出先ごと、階ごとに配送しやすく分別・仮置など
⑤ 郵便バイク・バイク使用の自動二輪車駐車場（共同化を進めると、郵便やバイク便の貨物も共同荷受センターに荷渡しすることになるので、荷さばき施設に専用スペースを設ける）

審査案件では、多くの場合、共同化の計画が示され、必要なスペースとその配置などが示されている。審査では、共同化の考え方の確認、必要なスペースの確保、必要施設の配置や配送ルートの合理性や効率性が確保されているかなどをチェックしている。

 6-4 その他駐車関連施設計画の審査

建物の開発に伴う交通需要への対応として、自動車の駐車場の整備とともに、自動二輪車や自転車の駐車場、自動車の車寄せ、タクシー乗降施設、バス乗降施設などの整備を求めている。これらの施設整備は、建物や地域の、アクセス手段の多様性を確保し、路上駐停車の排除にも通じ、快適な歩行空間や円滑な道路交通を確保するなど地域の交通環境の向上にもより資することとなる。したがって、これらの整備は、地

域ルール適用の附置義務駐車場整備に課せられた地域貢献のひとつであるとして評価している。

（1）自動二輪車駐車場

　自動二輪車駐車場の整備は、一般の自動車駐車場整備に比べ大きく遅れており、駐車場が少なく路上駐車も多く見受けられている。自動二輪車駐車場の整備を進めるために、新築建物への附置による整備や、既存自動車駐車場や自転車駐車場の余裕スペースの活用など、新しいかたちでの整備も図られてきている。大丸有地区では、路上駐車の状況や新築建物や地区での需要を考慮し、建物に付帯して整備することを求めてきている。審査では、建物の需要への対応だけでなく、来訪・来街者のアクセス手段の多様性や交通利便性を向上させ、路上放置などの排除にも通じるとして評価している。

1）駐車需要推計

　自動二輪車の駐車需要推計は、従前建物や類似建物での実態調査から、入庫台数と路上駐車台数を合算して原単位を設定し、それに基き、1日入庫台数やピーク時入庫台数を推計している。

① 　一般貸需要台数は、自動車の求め方と同様に、ピーク時入庫台数と平均駐車時間とから求められている。

一般貸需要台数＝ピーク時入庫台数 /（60/ 平均駐車時間）

② 　定期貸の駐車場を用意する場合では、入居テナントの類似性などから、類似建物の定期貸の設置台数原単位から求めることも可としている。

定期貸需要台数＝定期貸台数原単位×計画床面積

2）整備計画

　自動二輪車駐車場の整備台数は、需要台数をもとに、需要変動や地域の需要増などを想定して設定されている。自動二輪車駐車場は、一般の自動車駐車場に、専用のスペースを確保して設けられ、自動車と同じ車路を走行し、分岐入庫・出庫合流となる場合が多い。この場合、走行車路は、乗用車や貨物車が混在していることに配慮し、特に自動二輪車の駐車場所への分岐・合流部における安全確保に十分留意して計画することが重要である。

　バイク便などによる配送もあり、館内共同配送を考える場合には、貨物駐車場や荷受センターなどに隣接して、専用駐車場を設けることが望ましい。

　自動二輪車駐車場の審査では、どのような利用を想定した駐車場であるかを軸にして、主に、次のような事柄について、審査・評価している。

　　需要推計：用いた類似建物データの妥当性については、乗用車や貨物車と同様に、建物の立地特性、規模、用途構成などの類似性や、そのデータがどのような実態調査で取得されたかなどもチェック。

<blockquote>
整備台数：整備台数は、原則需要台数に基づくものであるが、国土交通省の標準駐車場条例[5]に基づく算定台数と対比し、大きく下回らないこと。

整備計画：乗用車・貨物車の駐車場同様であるが、特に安全性の確保が重要であり、安全に駐車し、入出庫し、ドライバーが安全に建物に入出館できることをチェック。
</blockquote>

（2）自転車駐車場

自転車は、どこにでも駐輪できることから、駅周辺や歩道への駐輪・放置が社会問題としても取り上げられている。こうした背景から、自転車駐車場の整備にも一段と力が入れられ、余裕のある歩道への設置など、新しいかたちでの整備も進められてきている。大丸有駐車協議会では、路上などでの放置自転車の状況把握調査を実施するとともに、建物の新旧を問わず、建物に付帯して整備することを推進している。このために、減免における負担金をもって既存建物外構部などでの自転車駐車場設置に対する助成なども行ってきている。

地域ルールの適用審査においても、自転車駐車場を、建物に付帯して整備することを要請し、それぞれの建物においてどのような自転車需要を想定し、どのような自転車駐車場整備を行うかを審査の対象としている。

1）駐車需要推計

自転車の駐車需要の推計では、建物の来訪者に関連した需要推計と、周辺地区での幅広い利用を意識した需要推計とがなされている。後者は、地域の自転車利用動向や路上駐輪の状況を勘案し、一定規模の台数を確保しようとするための需要推計で、なかには、都や千代田区の歩行者・自転車路計画などと関連付け、地区の駐輪拠点とすることを意図したものもある。

建物に関連した自転車駐車場の需要推計は、自動二輪車での推計と同様に、従前建物や類似建物の実態調査データを用いて、入庫台数に建物周辺路上駐車台数を合算して入庫原単位を設定し、それに基づき推計されている。

2）整備計画

自転車駐車場の整備台数は、多くの計画例では、建物関連の需要台数に、一般来街者の利用も見込んで若干の余裕を持たせて設定している。自転車駐車場は、安全かつ手軽に駐輪できることが大きな条件で、出入口は地上部のわかりやすく、歩行者との錯綜がないよう設置する。整備台数が多く、通勤などの利用が多くピーク集中での入り口部の混雑が予想されるような場合は、混雑が歩行などの防げとならないよう地上入り口部や駐輪場所までの通路などの設計上の工夫を求めている。

自転車駐車場の審査では、特に安全でスムーズな出入りが確保されているか、そ

---

[5] 国が示す地方公共団体が定める駐車場条例のひな形。駐車施設の附置義務基準値などが示されている。

写真 6.1　地上入出庫口から自転車を地下収納庫入出口まで運び、収納台にセットし、入庫操作する。
歩行者空間に面した地上入出口と地下積み込み室の収納庫口（収納台）

して地上歩行者との交錯などにどのような配慮がなされているかを大きな視点としている。**写真 6.1** に示す自転車駐車場は、大丸有地区の駐輪拠点的な整備を考え、数百台規模の機械式駐輪場とした例である。この自転車駐車場は、地上出入口部での集中混雑回避や景観に配慮し、地下に積み込み室を広く取り、収納庫出入口（収納台）も複数備えている。利用者は、自転車をスロープで地下1階の積み込み室に運び、収納エレベーターの収納台にセットし、入庫操作する、そして人はそのまま館内等へアクセスできるという優れた例である。

（3）車寄せなど短時間駐車施設

車寄せは、人の乗降など短時間駐停車ための施設で、安全な乗降と建物へのアクセスの利便性を確保する施設として設置される。送迎待機などの短時間の待機駐車スペースとセットで整備されると極めて使い勝手がよくなる。駐車場に入出庫する煩わしさなどからの路上での駐停車や乗降停車を避けることができ、道路交通の円滑化にも寄与するものとなる。

車寄せの必要整備量は、車寄せをどのように使わせるかにもよるが、総量については、入庫並びに出庫車両は、すべて車寄せに立ち寄り、乗降車させるという前提で算定されている例が多い。車寄せに関する審査では、バース数の妥当性とともに、入出のしやすいことや安全性が確保されているか、また、駐車場所や入出庫車両との動線の錯そうが無いかなどをチェックしている[6]。

（4）タクシー関連施設（乗降場、待機バース、運用方針）

タクシーの利用は、建物用途や入居テナントの性格、公共交通の利便性などによって大きく異なる。タクシーの乗降場がない場合、利用客は、道路上での乗降となり、

6　108 頁図 6.2 参照

また、利用客の多い建物では、客待ちタクシーの路上駐車が常態化し、道路交通の円滑化の妨げにもなっている。大丸有地区では、こうした路上での乗降や客待ち対策として、建物内や敷地内に付帯して、タクシー乗降場や専用の待機バースを設置することを進めている。タクシー乗降場は、一般車両の車寄せとは、分けて設置することが望ましいとしている。

1）タクシー乗降バース

　タクシーの乗降バース数は、建物への来訪者のタクシー利用台数から推計され、従前建物や類似建物・施設でのタクシー到着台数とその時間分布から、原単位やピーク率を求め、必要乗降バース数を求めている。

　類似建物・施設などの調査結果を用いる場合、建物・施設としての類似性とともに、次の点にも留意する必要がある。

①　タクシー利用は、入居テナントや施設の性格によって大きく異なること。

②　使用するデータに、路上での乗降数も含まれているか否か。

　タクシー乗降バースを、乗用車の車寄せと兼用させる例も多く、この場合、乗用車の到着台数とタクシーの到着台数を合算して、最大ピークに合わせ、必要車寄せバース数としての需要を求めている。

2）タクシー待機バース

　タクシー利用の多いテナント、ホテル、会館などの入居が想定され、特に乗車客が多く想定される場合は、路上客待ち駐車の排除や乗客の利便性向上のために、タクシー待機バースの設置を求めている。

　利用客が多く、タクシー待機バースを設置する場合、誘導員などを配置し、乗降客の安全確保と案内、呼び出しサービス、乗降バースや待機バース周辺の走行車両の誘導・整序化などを行うことが望ましい。

　タクシー関連施設は、建物エントランスの車寄せと一体となって設置されるケースが多い。そのため、建物エントランスは、車の駐停車・発進と人の乗降、駐車場への出入り交通などが錯綜することが多い。加えて、人の車路の横断、貨物車の通行、大型バスの駐停車場などもあり、交通の整序化に十分配慮した動線計画が必要とされる。

　審査では、タクシー関連施設も、建物エントランス部の構成施設のひとつとして、交通が、いかに整序化され、車走行・駐停車の安全、人の乗降の安全が確保され、使いやすいかたちとなっているかをチェックのポイントとしている。

（5）バス関連施設

　大丸有地区は、皇居に接し、東京駅や世界に誇る高度オフィス街といった観光名所を有し、大型観光バスの駐車や市内観光の発着拠点としての駐車需要も大きい。しかし、個々の建物に付帯しての大型バスの駐停車場は、ホテルの空港リムジンバスの乗

降場や東京国際フォーラムでの大型バス乗降場がある程度で、駐車場は整備されていない。このため、路上での発着、または、路上での乗降、待機駐車となっている。しかし、多くがオフィスビルということで、これへの対応に積極的でない。

写真 6.2　建物エントランスの大型バス乗降場

これまでの審査案件での建物に付帯した整備は、高次宿泊機能に関連した空港リムジンバスの乗降場、研修などでの社員送迎用の大型バス駐車場、都市型観光施設（建物付帯）整備に伴う大型観光バス駐車場の整備などがある。いずれも整備する建物の需要に対応するものとなっていて、大丸有地区やこの周辺観光に対応する駐車場とはなっていない。

大丸有駐車協議会では、今後も、建物に大規模なカンファレンス・研修、ホテル・宿泊、市場・ショッピング、観劇、その他観光施設などで、国内外団体客を多く想定する機能・施設を整備する場合、建物に付帯して大型バスの乗降場や駐車場などを整備するよう求めている。こうした機能における大型バス需要の的確な把握は、極めて難しい。いくつかの事例や、さまざまな可能性を想定して需要を整理し、適正に整備計画を策定するとともに、運用面などで混雑対応をあらかじめ用意しておくことが重要である。たとえば、**写真 6.2** のような空間を持っておくことが、さまざまな変化に対応できると思量する。

（6）公共交通アクセス通路

公共交通アクセス通路の確保は、駐車場整備とは直接的には関連しないが、建物へのアクセス手段の多様性をもたらし、誰もが快適にアクセスできる交通環境を創出し、交通利便性を大きく向上させる。このことは、自動車利用の削減、駐車台数の削減にも通じる。また、イベント時などの自動車利用の集中を緩和し、駐車需要の変動幅を抑える効果も期待できる。

大丸有地区は、極めて高度に地下鉄を中心とした鉄道網が発達しており、ほぼすべての街区で、地下鉄駅など複数駅に地下歩行者通路でアクセスでき、その地下通路は、地区全体で地下ネットワーク化されるかたちとなっている。審査案件の建物の計画においても、建物と公共交通駅との直結性を確保し、地区全体の地下歩行者ネットワークの形成に寄与する方向に整備が進められている。

審査では、地下鉄各駅と地下歩行者ネットワークへの結節性を確認するとともに、地下歩行者通路の快適性やわかりやすさ、そしてバリアフリーでの結節を求めている。

（1）地域貢献の考え方

　地域ルールの適用を受ける附置義務駐車場は、その整備・運用において、何らかの地域貢献があることを条件としている。事業者は、地域ルールの適用による附置義務台数の減免によって、駐車場整備の事業費を大きく削減できるという直接的な利益を受ける。ひとつは、「負担金」というかたちで供出され、地域の既存駐車場の安全性や利便性向上のための改善事業や、その他交通環境整備事業などへの助成金として地域に還元される。もうひとつは、減免された附置義務駐車場そのものを、地域の交通需要への対応や地域の交通環境改善に役に立つよう整備・運用することによる還元、すなわち、地域に貢献する駐車場を整備することで還元しようとするものである。

　こうした考えのもと、地域貢献に対する審査は、地域ルールの適用申請する駐車場計画が、当該建物以外の、地域の交通需要への対応や交通環境改善等にどのように役立つかを審査するもので、次のようなことを視点としている。

① 　地域の多様な交通手段とその需要の動向や課題等に対し、どう対応しているか。
② 　広く一般利用に開放され、誰もが、駐車時間の長短に拘わらず、使いやすいものとなっているか。
③ 　路上の駐停車の排除や削減にも通じるような計画や運用となっているか。
④ 　その他、地域の交通環境の向上やまちづくりに資するような施策が取り入れられているか。

　これらの地域貢献に関する内容は、地域ルールの適用の条件として求めたものであるが、本来、個々の建物駐車場そのものにも求められている内容でもある。建物駐車場は、さまざまな交通手段に対応し、アクセスの多様性が確保され、誰でもが利用しやすいものとなっている。そして建物周辺は、来街・来訪者にとっても極めて安全・快適かつ歩きやすいといったことは、地域貢献としてのみならず、当該建物にとっても、資産価値を大きく高めることにも通じる。駐車場整備にあたっても、こうした認識を持つことも必要かと思われる。

（2）駐車場整備計画と地域貢献

　地域ルール適用申請の駐車場整備計画において、地域貢献として評価される整備計画や運用施策について、その考え方と審査での対応は、次のようになっている。

1）乗用車駐車場整備計画と地域貢献

　乗用車駐車場の地域貢献は、地域のさまざまな需要を考え、いつでも誰もが、使いやすい駐車場となっていることである。結果として、地域の交通利便性の向上や路上駐車の排除などにも通じる。

① 地域の駐車需要への配慮

大丸有地区では、東京駅、皇居外苑、高度都心業務地、隣接商業集積などへの来街者・来訪者の駐車需要がある。ただ、審査案件で、乗用車駐車需要推計に、これらの需要を、本格的に取り入れたケースはない。乗用車の需要推計では、建物周辺の路上駐車台数を原単位に合算して需要推計を行っている。路上駐車の需要推計への配慮は、路上駐車需要を駐車場整備に取り入れることから、路上駐車の排除に通じるとともに、地域需要を一部を取り込んでいると評価している。

乗用車駐車場の整備台数に、当該建物の需要のほか、上記地域の需要を意識し、地域貢献として、その需要台数を見込んで整備台数を多くしている例もある。増やした需要台数の根拠は不明確であるが、地域の需要を見込んでいることは評価できるとしている。ただし、意味なく整備台数を増やしているのは、地域貢献とは言えず、減免の趣旨にはそぐわない。

② 一般貸駐車場の整備

乗用車駐車場計画では、申請案件のすべてにおいて、一般貸駐車場を整備し、一般開放や休日開放を運用計画で示している。一般開放や休日開放とともに、短時間駐車でも、使いやすい駐車場となっていることは、路上駐停車の排除にも通じ、地域貢献として高く評価できる。

③ 車寄せ・短時間駐車施設整備

案件のほとんどすべてにおいて、地上部建物エントランスにおいて、車寄せが設けられている。タクシーの乗降場と兼用されているケースも多い。来訪者が、道路上で乗降しなくて済み、利便性や安全性が確保され、路上駐車の排除にも通じる。乗車待ち駐車などの短時間駐車施設が併設されるとより効果的であるが、スペース確保などから設置されている案件は少ない。

④ 地下通路ネットワーク化

隣接駐車場間の地下通路ネットワーク化は、需要の弾力性を大きくし、イベント時など、特定駐車場の混雑緩和に大きく寄与する。また、どこからでも、どこにでも駐車でき、地域の交通アクセシビリティを大きく高める。また、出入口の街区全体での計画的配置がなされれば、歩行者交通との交錯を減らすことや、地上走行を削減することも可能であり、地域の交通環境の向上にも大きく寄与できる。

大丸有地区では、駐車場の地下ネットワーク化が進められており、地域ルール適用申請の多くの案件で、具体にネットワーク化の計画を示したり、隣接建物の建て替えなどに合わせてネットワーク化できるような構造としており、地域貢献として高く評価している。

2) 貨物車駐車場整備計画と地域貢献

地域ルールの適用においては、貨物車駐車場は、建物の物流活動に必要な荷さばきに対応する駐車場として、必要な台数と荷さばきスペースを確保することを必須

としている。これによって路上駐車による荷さばきも排除され、これ自体も地域貢献のひとつと考えている。

① 大型貨物車の入庫可能な駐車場整備

地域ルール適用駐車場では、都市内配送の主流となっている2トンロング貨物車の入庫も可能とする有効梁下高 3.2m 以上と必要な大きさの車室を確保するものとしている。これによって、従来の貨物車駐車場で入庫できなかった車両が路上で荷さばきのための駐停車を排除でき、地域貢献のひとつとなっている。

② 共同荷さばき駐車場の整備

大丸有地区の新築建物では、それぞれに必要な荷さばき施設を有した駐車場を整備するよう進めているので、地区の共同利用となる荷さばきのための駐車場の整備はない。既存ビルでの減免申請案件で1件、減免する駐車場の一部を当該ビル対応に加え、地域地区の共同利用ができる荷さばき駐車場として整備している。この共同荷さばきの駐車場は、周辺での路上の荷さばき駐車が削減されるよう、路上荷さばき駐車の需要を取り込んで整備されている。審査ではこれを地域貢献として評価し、既存ビルの地域ルール適用認可の大きな要素としている。

③ 地下通路ネットワーク化

隣接駐車場間の地下通路ネットワーク化は、隣接する建物に配送してまわる貨物車の地上走行を減らすなど、地域交通環境の向上に寄与でき、地域貢献として高く評価できる。

3) 自動二輪車・自転車駐車場の整備

地域ルールの適用を受ける附置義務駐車場整備計画においては、自動二輪車・自転車の路上駐車・駐輪の問題への対応として、必ず自動二輪車駐車場と自転車駐車場を整備することを求めている。路上駐車・駐輪を排除し、地域の交通環境の改善に寄与すること、そして建物や地域にアクセス手段の多様性や利便性をもたらすことなどから、これらを整備すること自体を、地域貢献とみてもよいとしている。すべての審査案件において、自動二輪車、自転車駐車場が整備され、それらは一般開放、かつ休日開放がなされている。ただし、当該建物への来訪者以外の地域の需要を大きく見込んだり、地域の将来構想に対応させたりして、一定以上の整備台数を確保しているケースは少ない。審査の中で、地域貢献としてより高く評価しているのは、こうした地域の需要や地域の将来構想などに対応させていることに対してである。

4) その他駐車関連施設整備

その他駐車関連施設として、車寄せ・短時間駐車施設、タクシー乗降場・待機場、大型バス乗降場・駐車場などがある。これらはいずれも、建物に付帯して整備されることにより、建物へのアクセスの利便性や安全性を増大させる重要な施設となる。同時に、これらの整備は、路上での乗降や待機駐車を排除し、地域の交通環

境向上に寄与するという意味では、大きな地域貢献ともなる。

　ほとんどの審査案件で、車寄せ、タクシー乗降場の整備がなされているが、建物エントランス部の空間的な制約などから、短時間駐車施設やタクシー待機場の整備は必ずしも多くはない。大型バスについては、宿泊機能を有する建物では、空港リムジンバスの乗降場を設けているが、大型バス駐車場としての整備は、一部建物での自社用や当該建物集客施設用としての整備のみで、それ以外の整備はない。

　これら地域貢献に対する評価は、路上の駐停車の排除と、地域の交通環境の改善に資することを中心に審査している。

6-6　駐車需要推計の留意事項

　地域ルール適用においては、個々の建物の駐車需要把握の厳密さと需要変動への的確な対応が求められる。必要とする的確な需要推計のために、地域ルール適用申請の需要推計審査を通じて示された留意点などを整理しておく。

（1）駐車需要推計の考え方と推計フロー

　建築物の駐車場整備計画の策定は、乗用車、貨物車ともに、ピーク時の駐車台数をもととしている。ピーク時駐車台数の推計手順の一例として、大丸有地区での地域ルールの適用申請案件の多くで採られている推計フローを**図 6.7** に示す。

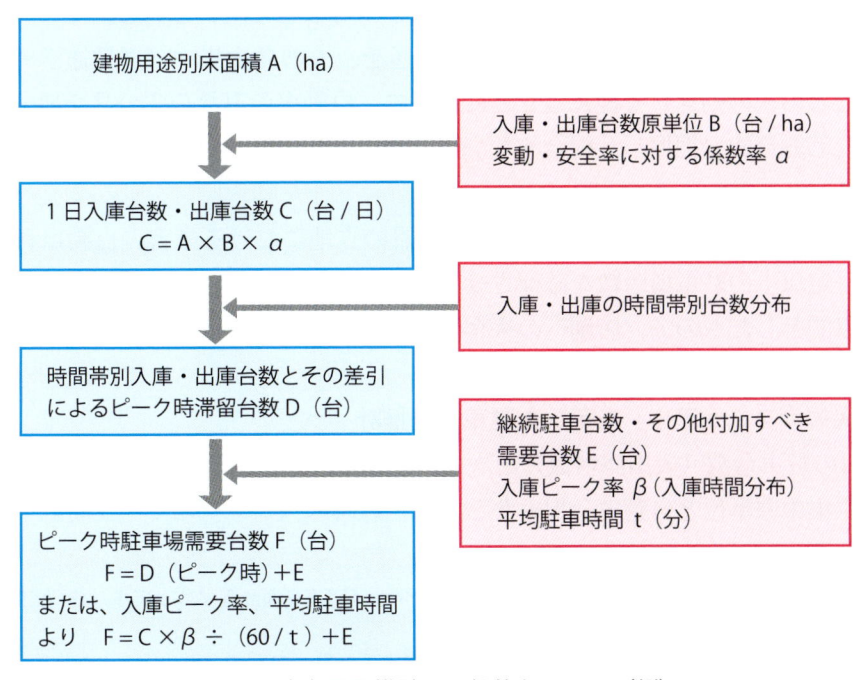

図 6.7　駐車需要推計の一般的なフロー（例）

この駐車需要推計のフローは、推計手順の一般的な流れを示すものである。駐車時間など駐車特性の異なる貨物車と乗用車での違いや入手データの活用（制約）性などからもフローには差異が生じる。また、推計項目ごとでの算出方法の違い、たとえば1日の入出庫台数の求め方では、人の出入りか自動車の出入りかでの違い、ピーク時駐車台数の求め方では、時間帯ごとの入庫と出庫の差し引きで求める方法と、ピーク時の入庫台数と平均駐車台数から求める方法など、いくつかの方法があり、それぞれ推計フローにも差異が生じる。

（2）駐車場利用（入出庫）台数の推計

建物に関連する駐車需要は、建物の性格（床用途、入居テナントの機能や活動特性など）や建物周辺の交通条件などによって説明される。大丸有地区では、地下鉄など鉄道の利便性が極めて高く、交通条件は、どの街区でもほぼ共通していると考えられる。このため、大丸有地区内の建物のデータを使用することで、駐車需要の説明は、交通条件は外し、主として建物の機能特性や用途などによってなされている。

駐車需要の推計では、建物に出入りする人の数（人の動き、人トリップベース）から推計するケースと、直接自動車の入出庫台数（車の動き、台トリップベース）から推計するケースとがある。前者は、建物に出入りする来訪者が、どのような交通手段を利用するかといったことから推計する方法で、「大規模マニュアル」[7]や「大店立地法指針」[8]での駐車需要の推計で採られている。後者は、車種別の自動車の入出庫台数データから推計する方法で、自動車に限定した推計で、交通手段分担のことは前提としてあり、推計のなかでは考慮しなくてもよい場合などで用いられる。

「大規模マニュアル」では、開発に伴う交通を、人の発生集中（通勤通学・その他来訪者などの人の動き）で捉えることによって、自動車のみならず公共交通や歩行者交通も含め総合的に把握し、総合的な交通計画の策定や交通対策の立案などを目的としている。

「大店立地法指針」では、大規模な商業施設の立地における来客の自動車利用に対して、一定以上の駐車場台数を確保させ、路上駐車など、近隣への交通影響をなくすことを目的としたもので、店舗への来客数をベースとして予測するかたちになっている。

1）「大規模マニュアル」を用いた駐車需要推計

1日の駐車台数（入出庫台数）を次式に示すように、建物（用途別）に関する人の発生集中原単位と自動車分担率から求め、以降のステップのピーク時駐車台数な

---

7 大規模都市開発に伴う交通対策の立て方―大規模開発地区関連交通計画マニュアル（14改訂版）の解説―国土交通省都市計画調査室監修、矢島隆、他著）

8 大規模小売店舗を設置する者が配慮すべき事項に関する指針」の解説［再改定指針対応版］2007年　経済産業省）

どは、図 6.7 のフローに沿った流れで求めている。

1 日の駐車台数（入出庫台数）＝建物用途別発生集中原単位（人トリップ /ha）
×自動車分担率÷平均乗車人員×駐車率

2）「大店立地法指針」での駐車需要推計

店舗面積当たりの一日の来客数と自動車分担率をベースに、自動車での来店台数を求め、さらにピーク率、平均駐車時間などから必要駐車台数を求めている。

必要駐車台数＝「小売店舗へのピーク 1 時間当たり自動車来台数」×「平均駐車時間係数」
＝「一日来客数（人）」（「店舗面積当たり日来客数原単位（人 / 千㎡）」
×当該店舗面積（千㎡））×ピーク率（%）×自動車分担率（%）
÷「平均乗車人員（人 / 台）」×「平均駐車時間係数」

大丸有地区の駐車需要推計では、当初は、「駐車場整備ガイドライン（2004年）」で、大規模マニュアルに沿ったかたちの推計方法（建物への人の出入りからの推計：人トリップベースでの推計）を示し、申請案件でもこの方法が採られていた。地域ルールの適用においては、その建物の必要とする需要がもととなるため、個別建物の駐車特性を直接反映した需要推計を必要とする。しかし、ここで推計に使用する自動車の分担率は、個別建物のデータ入手が困難であることから地区の平均的な値を用いており、当該建物駐車需要推計には課題があるとされた。また、貨物車の需要推計においても、人トリップのデータからは、貨物車の利用率の問題とともに、配送して回るような細かな動きなどが十分反映されていない傾向もあり、貨物車台数の推計には、十分対応しえないとされた。このことを踏まえて大丸有駐車協議会では、建物駐車場の車種別利用台数などのデータ収集を進め、建物の規模や性格（用途・機能構成等）など建物特性と駐車場入出庫原単位（台 /ha）との関連分析などを進めてきた。

これらデータ整備の進捗と乗用車、貨物車それぞれに需要把握することの必要性などから、最近の駐車需要推計では、人トリップベースの推計から、自動車の台トリップベースの推計となり、車種（乗用車・貨物車）別の入出庫原単位（台 /ha）から推計する方法が採られている。

（3）駐車場入庫原単位

1）乗用車の原単位

大丸有地区の多くの審査案件で、1 日の駐車場利用台数（入庫台数）を求めるのに、地区内の既存の大規模ビルの実査データを用い、**図 6.8** に示すように入庫原単

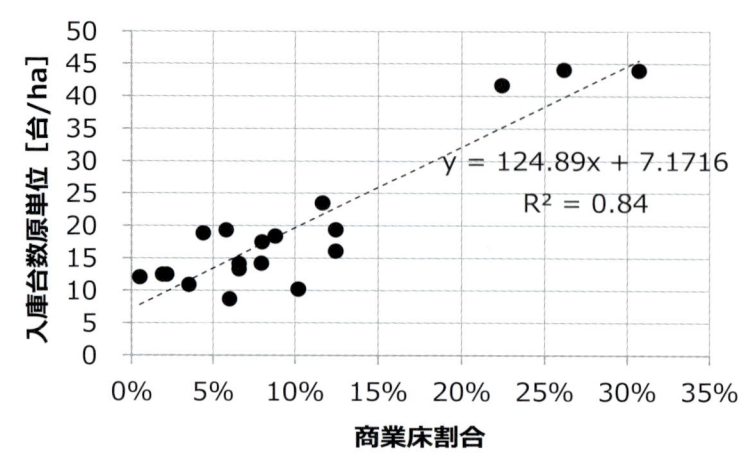

（大丸有地区内の 7.5ha 以上オフィス中心の大規模建物）

図 6.8　乗用車の入庫原単位と商業床割合

位（台 /ha）を商業床率で説明する回帰式を作成して求めている。

　この回帰式は、建物全体に対する駐車需要を、商業床率というひとつの指標で、説明しようとするもので、商業床率の対象となる商業床は、主としてオフィスサポート中心の商業床である。この範疇に入らない床利用などが一定以上の面積を有する建物の場合、たとえば、オフィス中心の建物でも、大規模な物販、宿泊機能、バンケット機能などが含まれる場合は、その部分は別途分けて推計することが望ましい。このような機能を含む審査案件では、次に示すような機能ごとに、適切な類似事例の入出庫原単位などを用い、需要推計が行われている。

① 物販機能

　物販の大規模なもの（1,000㎡以上）については、大店立地法に対応することも必要となり、大店立地法指針に沿った推計も行われている。

② 宿泊機能

　宿泊機能については、宿泊施設の性格・グレードや立地位置の類似する事例から、宿泊室当たりの自動車の入出庫原単位が用いられている。

③ バンケット機能、ホール・カンファレンス機能

　会館機能や（貸）会議室の小規模なものは、オフィスサポート機能の一部として建物全体の原単位に含めて推計されている。バンケット機能を含んだり、大規模なカンファレンス機能を備える場合は、別途類似例から原単位を求めている。

2）貨物車の入庫原単位

　貨物車の原単位についても、乗用車と同様に、建物全体の入庫原単位と商業床率との分析がなされたが、**図 6.9** に示すよう明確な相関は認められていない。

　大丸有地区の大規模建物の貨物車の入庫原単位の大きさは、おおよその傾向として、中小オフィスや商業床を多く含むような複合機能型の建物の原単位は大きく、

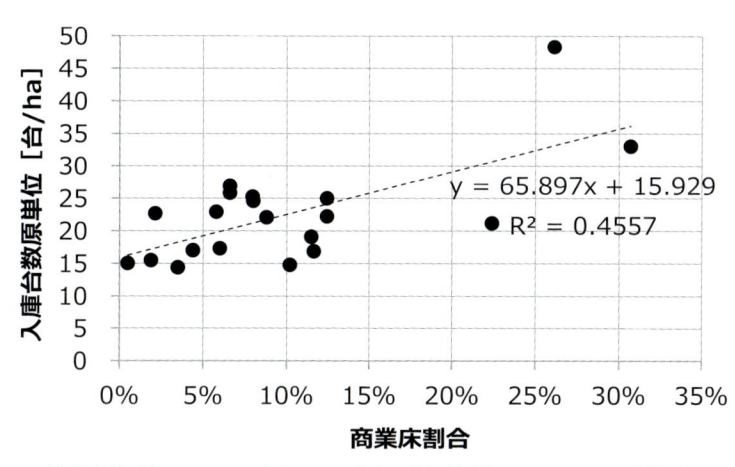

（大丸有地区内の 7.5ha 以上オフィス中心の大規模建物。図 6.8 と同じ建物データ）

図 6.9　貨物車の入庫原単位と商業床割合

大企業の本社ビルや本社部門が多くを占める建物は比較的小さい。金融機関の中枢管理部門が多く入居するような建物の原単位は、さらに小さくなる傾向にある。

　こうしたことから、貨物車の駐車需要推計に用いる入庫原単位の設定では、回帰式は使用せず、大丸有地区内の、規模や入居テナントなどの性格の類似する建物のデータを集め、それらの平均の原単位を求めて使用するか、類似ビルや従前ビルそのものの原単位を使用している。

　一方、貨物車の場合、オフィス、飲食、物販など施設機能によって運び込まれる貨物が異なり、配送の形態や配送時刻も異なる。施設機能以外にも入居テナントの性格などによっても大きく異なる。そのため建物の施設機能や入居テナントごとにも、原単位などを求めていくことも必要となるが、データ入手の制約がある。

　このため、審査案件の多くが、前述のように、建物全体の貨物車原単位で推計することをベースとしているが、物販、飲食などの商業施設やその他集客施設・機能などが、大きな床面積を占めるような場合は、別途、類似施設や従前施設でのデータなどをもとに、個別に推計されている。

　審査では、用いる原単位や原単位を説明する指標が、開発する建物の機能や性格などに対応して、駐車需要を十分に説明するものであるかをチェックする。その際、重要となるのは、データのもととなっている建物・機能等と当該建物・機能との類似性であり、明確なかたちでの類似性の根拠の提示を求めている。また、類似性が確認されても、次項（4）で示すよう、データのとり方などから、そのまま使うのは不適切である場合もあるので、データの取得方法などのチェックもしている。

　これまで述べてきたように、大丸有地区での駐車需要推計に用いる原単位の変遷は、**表 6.4** に整理される。審査の始まった当初は、人トリップ／ha の原単位を用い、その後、入庫台数／ha の原単位、さらに回帰式で原単位を求めるというよう

に変遷してきた。これは、一つ一つの建物の特性に応じてより的確に駐車需要を把握しようとしてきたもので、そのために必要なデータ収集とその分析を進めてきた結果としてある。今後とも駐車に関するビッグデータの収集・活用も含め、より良い駐車需要推計が行える環境整備を進めている。

表6.4　駐車需要推計のための原単位使用の変遷

時期	駐車需要推計のために用いた原単位	適用例
2004 ～ 6 年ごろ	建物に発生集中する人のトリップの原単位（人 /ha） （大規模マニュアルに示された原単位と算定方法に基づく）	6 件
2007 ～ 8 年	建物駐車場に入出庫する自動車の原単位（台 /ha） （地区内他建物調査データの平均値を使用）	4 件
2009 年～ ～ 2011 年 2012 年～	建物駐車場に入出庫する乗用車原単位を、商業床率回帰式で推計 （地区内大小ビル混在データでの回帰式） （類似性を考慮した大規模ビル等データでの回帰式）	4 件 7 件

注1：入出庫原単位（台 /ha）は、乗用・貨物車別に用いているが、商業床率の回帰式で推計しているのは乗用車の原単位のみ。貨物車の原単位は、類似建物の平均値などを用いている。

注2：需要推計に用いた原単位の変遷は、大丸有地区の建物の駐車特性がより精緻に反映されるよう、データ収集と分析を進めてきた結果そのものとなっている。

（4）データベースの考え方（従前施設データ、類似施設データ）

大丸有地区では、交通条件は、ほぼ同一とみなしてよいことや、開発する建物の性格も本社機能等を中心としたオフィス中心の建物であり、駐車需要の推計のほとんどで、地区内の建物の駐車関連データが用いられている。ただ、建物規模や入居テナントの機能・性格などにより、駐車場利用状況はかなり異なっていることがあり、利用に際しては、細心の注意が必要である。

1）従前ビルの実績データ

自社ビルなどの建て替えの場合、従前ビルの交通実態・駐車場利用データなどは、駐車需要推計に有効なデータとなるが、調査日の活動特性や、従前ビルでは、車両の入庫制限（車高や車種）などから、データに偏りがあったりすることもある。また、自社ビルの建て替えでも、建物の従前と従後では、規模や床利用のされ方が異なってくるので、従前データの利用に際しても十分留意する必要がある。

2）新築ビル実績データ

新規開発ビルの駐車需要推計には、新しい建物（新築ビル）の実績データを用いるケースが多々見受けられる。新築ビルは、旧来の建物とは床スペースの使い方や入居テナントの性格が異なったりして、駐車場の利用状況も異なるということに配慮したものである。新築ビルの実査データを使う場合も当然のことながら類似性を十分見極めることが必要である。さらに、新築ビルの場合は 100% 稼働していない場合もあるため、そのデータの活用に際しては、稼働状況にも配慮する必要がある。

3）類似性に対する判断

類似性の判断は、概して次のようなことから判断される。

① 建物の規模

② 建物の立地位置の特性（交通アクセス性、地区の性格など）

③ 建物の機能（事務所、商業、宿泊、等）とその構成

　その他に、入居するテナントの性格（大規模本社機能中心、単機能か雑居型か、等）や共用部分の大きさなどにも配慮することも必要となる。

（5）原単位と計画原単位の考え方

　駐車需要の推計に使用される入庫原単位等は、活動の平均的な１日の実態調査データからの原単位や、いくつかの建物の原単位の単純平均や回帰式から推計された原単位であったりする。これらの原単位によって推計された駐車需要は、いずれも平均の駐車需要であるとされる。駐車需要は、日によって変動するし、イベントなどによっては、極めて大きな需要となったりする。平均的な原単位を使って推計した駐車需要に対応した駐車場では、２日に１度は満杯状況が生じ、逆に、すべての需要を満足するように計画した駐車場では、普段は使われることのないスペースを多く抱えた過大な駐車場となる。このため、変動の大きさをどこまで吸収できる台数の駐車場とするか、その根拠となる需要変動の大きさをどう見込むかということが課題となる。

　大丸有地区の多くの駐車場計画では、この需要変動に対応して適切に計画するための原単位を、計画原単位と称し、

　計画原単位＝平均的な原単位×α（αは、安全率、割増率、等と称している）とし、「α」は、年10番目日駐車台数と平均的１日駐車台数の比（割増率）を用いている[9]。この計画原単位を用いることは、年に10日は、推計値を上回ることもありうるとしたものであり、97%（355/365 ＝ 0.97）の日では、カバーされているとするものである。

　この需要変動に対しては、計画原単位を大きくして、整備台数を増やすだけでなく、次に示すような混雑時などでの運用策を組み合わせ、需要弾力性を大きくしていくことが重要である。

① 駐車場内他部門（貨物車と乗用車、ホテル用とオフィス用など）での相互利用（ピーク時の時間的ずれでの空きスペースの利用）

② 駐車場間をつなぐ車路の地下ネットワーク化も含め、隣接駐車場との連携により相互利用を可能とする運用

9　この計画原単位を用いることは、年10番目日駐車台数を用いた推計となり、さらに、そこからピーク時の駐車台数を求め、それを計画台数としている。このことは、交通計画において、年10番目時間交通量を計画交通量として用いていることと同等のことと考えることができる。（なお、道路計画の設計交通量は、年30番目時間交通量となっている。附置義務駐車場の削減においては、削減しても問題が生じないことが原則であるため、年10番目と高めにしている。ちなみに、大丸有地区の主要建物の日入庫台数における10番目と30番目の差は、3%前後となっている。）

こうした需要変動への対応策を採り、需要変動に弾力的に対応できる場合、平均的な駐車需要に対する割増率は、相対的に小さくてもよいと判断される。

実際の審査案件では、割増率は、類似ビルのデータが用いられることが多く、審査では、建物の類似性のチェックとともに、運用面でどのような施策が行われているかをチェックし、計画原単位としての妥当性を判断している。

ちなみに、他事例での安全率などの考え方・採り方は次のようになっている。

① 大規模マニュアル（発生集中原単位）：平均原単位＋標準偏差×α（$\alpha = 0.5$）（53~70% のカバー率となる）

② 大店立地法指針（駐車場入庫集中台数）；1 分当たり平均到着台数× 1.6（入庫待ちの台数を算定するために、自動車の到着台数をポアソン分布で想定し、1 分間の集中台数の分布の 95% が収まる範囲として設定）

(6) ピーク時駐車台数（需要台数）の推計

駐車場の整備台数は、通常、ピーク時の駐車台数をもとに決められる。このピーク時駐車台数の求め方には、1 日の入出庫台数をもとに、時間帯別の入庫と出庫の差し引きによって最大残留（駐車）台数を求める方法と、ピーク時入庫台数と平均駐車時間から必要駐車需要台数（必要駐車マス数）を求める方法とがある。

1）時間帯別入出庫からの駐車台数

類似ビルや従前ビル駐車場の入出庫の時間分布データから、時間帯別入庫・出庫台数を求め、その差し引きから最大残留台数を求め、これを必要駐車台数（需要台数）とする方法である。

$$D_t = D_{t-1} + I_t - O_t$$

D_t；t 時刻の残留台数（駐車需要）

I_t；t 時間帯の入庫台数

O_t；t 時間帯の出庫台数

ここで求められる残留台数は、厳密にいえば、時間帯最後の時刻に、瞬間的に残留（駐車）している台数である。時間帯の幅の取り方によっては、短時間駐車車両が多く、かつ均等に入庫していないような場合では、必要な駐車場台数の根拠とするには、無意味な値となることも生じうる。

通常、時間帯幅は、1 時間とし、比較的長時間駐車の多い乗用車駐車場などの需要推計に用いられている。実際の駐車場での乗用車の入出庫データの分析からは、30 分幅、あるいはそれ以下で求める方がピーク対応としては妥当であるという結果も得られている。より短い幅では、時間帯別入出庫データの取得の問題も生じるし、ピーク時のごく短時間瞬時の需要対応での駐車場台数整備が、現実的であるか

どうかといった問題も生じる。

2）ピーク時の入庫台数と平均駐車時間からの駐車台数

ピーク時の入庫台数とその平均駐車時間から、駐車需要を求める方法で、比較的駐車時間の短い車両が多い場合などでは、この方法が用いられている。貨物車駐車場では、この方法での推計が多い。

$$ピーク時駐車需要台数＝ピーク時入庫台数÷（60÷平均駐車時間（分））$$
$$＝１日入庫台数×ピーク率÷（60÷平均駐車時間（分））$$

ここで求められる数字は、ピーク時間帯に入庫した車両が、平均的な駐車時間で出庫していくことを前提とした場合に必要とする駐車マスの数である。想定した平均駐車時間を超えるような長時間駐車の車両が多くなったりすると、入庫待ちが生じる可能性がある。

審査案件のほとんどの需要推計では、乗用車駐車場は、時間帯別の入出庫台数の差し引きから、貨物車駐車場は、ピーク時入庫台数と平均駐車時間から推計する方法が採られている。一部、貨物車の需要推計を、入出庫台数の差し引きから求めていたケースもあった。この場合、入庫台数と平均駐車時間からの推計によって需要台数をチェックするよう求めている。

なお、貨物車駐車場計画は、館内の配送計画に合わせて必要とする駐車台数を確保する必要がある。貨物車の駐車時間は、建物館内での配送方法によって大きく異なるため、館内配送計画に合わせた平均駐車時間を用いての駐車需要（駐車マス数）の推計が重要となっている。

■「届ける物流」からみた、高層建築物の進化への期待 ■

　現代の快適で便利な都市生活は、オフィスへの日用品の宅配、住宅への食料品の宅配、市街地を周回する移動販売など、「自らは移動せずに商品を届けてもらうサービス」に支えられている。このような実態を買い物交通の視点でみると、スーパーや店舗まで出かけて商品を持ち帰る「人の交通」の時代から、人は移動せずにネット通販や移動販売など商品を届けてもらう「物の交通」の時代へと変化していることになる。この変化の結果、都市計画や高層建築物の設計も進化を求められている。

　第一の都市計画では、物流用の駐車施設や荷さばき施設の計画がある。近年、人手不足などの理由で、年末などの繁忙期には配送を断られることもある。また、階段しかない建物での引っ越しには割増料金がある。これらと同じように、近い将来、貨物車が駐車できないようなビルは、繁忙期の配送を敬遠されたり、追加料金を要求されることも起きるだろう。このような建築物ではテナントや住民に嫌われかねないか

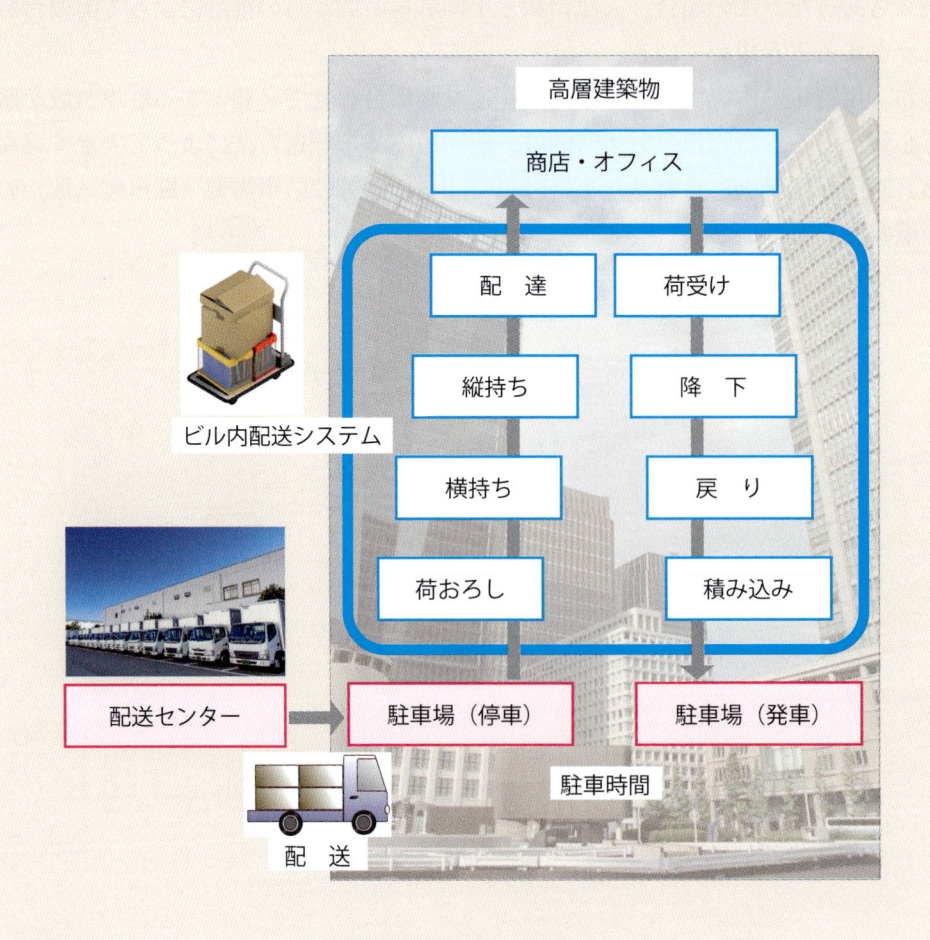

ら、駐車施設や荷さばき施設の計画も、時代に合わせて充実させなければならない。

　第二は、貨物車が駐車して荷おろししてから各フロアーまで届ける搬送システムである。「人」は駐車場で車を降りてから自ら移動してエレベータに乗ってくれるが、「物」は最終到着地のフロアーまで搬送しなければならない。この搬送を現在のオフィスビルやマンションでは人手に頼ることが多いが、一部の病院や工場のように建物内の搬送システムを設けて、各フロアーまで自動的に届けても良い。荒唐無稽と思うかもしれないが、実は「水を1階まで汲みに行くのは大変だから、水道管を各フロアーまでつなげること」と同じ感覚である。そして現代の若者がアパート選びの条件にコンビニをあげるように、近い将来各フロアーや住戸まで商品が自動的に届くことが、オフィス選びやマンション選びの条件になるかも知れない。

　都市計画や建築設計の専門家は、現在の消費者行動の変化や物流危機を卸小売業者や物流事業者の問題とみなして、自らには無関係と考えることが多い。しかし、「届ける物流」が将来も増加するのであれば、都市計画や建築設計においても「物流への配慮が付加価値」となるはずである。

　「昔は、駐車場から人手で物を運んでいたビルがあった」などと述懐するときが、もうすぐやって来るように思っている。

流通経済大学　苦瀬 博仁

日本郵便実施の館内物流（大手町プレイス）

第7章 地域ルールの適用効果

7-1 地域ルールの適用効果の構図

（1）地域ルールの適用効果の仕組み

　附置義務駐車スペースの減免は、建物の建設費を大幅に削減できる。その削減分の一部を有効に活用して、より良い自動車交通環境を創出することが地域ルールの目的であることを前章までに詳説してきた。もともと附置義務駐車スペースは、建物の大きさに相応しい駐車スペースを準備してこなかったことから設けられた制度である。しかし、都市鉄道網の発達や情報技術の進歩から、場所によっては自動車交通の活用度が変化してきた。最低基準であった附置義務駐車スペースの利用率が、大丸有地区では3分の1以下まで落ち込む建物も出てきた。このことから前章までに、附置義務駐車スペースの減免の必要性、減免の条件、既存建物との調和、減免数の審査の方法などを、地域ルールという仕組みで行うことを縷々述べてきた。

　本章では、大丸有地区で実施してきた地域ルールの適用結果、その効果がどのように、地域に反映しているかを整理した。具体的には、

① ビル開発への適用効果

② 負担金活用の効果

に分けて、事業費、開発事業者、駐車場利用者、一般来街者、交通管理者、および入居者・地権者の立場からのプラス効果を整理して、**表7.1**にまとめた。

　また、**図7.1**に示すように、

① 建物事業主側の地域に対する貢献とその効果

② 負担金の活用による地域への貢献とその効果

③ 地域づくりへの貢献

といった地域ルール適用による効果を整理した。このような地域ルールの運用効果の構図を次項以下で、詳説する。

（2）附置義務駐車台数削減と負担金

　駐車場の整備台数が削減された建物は2019年9月までで21件あり、**表7.2**に示すとおりである。このうち、すでに供用開始されている建物の駐車場は18件となっている。

表 7.1　大丸有地区駐車場地域ルールの効果

	事業費	開発事業者	駐車場利用者	一般来街者	交通管理者	入居者・地権者
（A）ビル開発への地域ルールの適用						
・建物、地域特性を踏まえた駐車台数の設定						
・付置義務駐車場整備台数削減（乗用車大幅削減・貨物車強化）	大幅削減	◎経済的効果				〈建物入居者〉
・自動二輪車駐車場の適切な整備	費用増	○ビル機能向上	○利便性向上	○歩行環境改善	○路上駐停車排除	○利便性向上
・自転車駐車スペースの整備	費用増	○ビル機能向上	○利便性向上	○自転車利用環境改善	○路上駐輪排除	○利便性向上
・貨物車駐車場・荷捌きスペースの充実	費用増	○ビル機能向上	◎物流事業者	○歩行環境改善	○路上駐停車排除	◎配送サービス向上
（普通貨物車対応梁下高（3.2 m）、車路幅員、車マス）			（配送の効率化）		（道路交通円滑化）	（⇒効率的業務活動）
（積み下ろし、運搬、保管等スペース確保）						
・機能性、安全性、利便性を備えた駐車場	費用増	○ビル機能向上	◎安全性・利便性向上	○歩行環境改善	○路上駐停車排除	◎安全性・利便性向上（就業環境向上）
・出入り口位置の配置（入出庫し易さ、アクセス性、道路交通・歩行者への影響少、安全性）						
・車寄せの設置						○利便性向上
・乗用車と貨物車の分離			◎物流事業者			
・身障者用駐車場位置の安全・アクセス性						
・場内歩行通路の安全性、アクセス性						
・地区全体のための取り組み（地域への貢献、地域協力）						
・駐車場の一般開放		○ビル機能向上	○利便性向上	○歩行環境改善	○路上駐停車排除	
・駐車場のネットワーク化（含、隣接駐車場間の連携）	費用増	○ビル機能向上	○利便性向上	○歩行環境改善	○路上うろつき交通排除 ○駐車容量弾力性強化	
（B）負担金活用の効果	（負担金供出）					
・駐車場内の整備						〈一般地権者〉
・管制機器、警報、サイン等の整備			○安全性向上			◎経済的効果 ビル機能向上
・屋外（道路、公開空地等）における整備						
・路面の補修				○歩行環境改善	○事故防止効果	◎経済的効果 機能改善
・車止めバリケードの整備				○歩行環境改善	○事故防止効果	
・駐輪等抑止のための装置の整備				○歩行環境改善	○路上駐輪排除	
・駐輪施設の整備				○自転車利用環境改善	○路上駐輪排除	

　審査で承認された 21 件の建築物駐車場では、条例に基づく附置義務駐車台数の合計は 8,612 台であったが、地域ルールを適用した結果、減免された附置義務駐車台数は 35.3% の 3,039 台で、実際に整備された駐車台数は 5,573 台となった。

　仮に地域ルールがないまま、大丸有地区の再開発が進んだ場合、減免された約 3,000 台分の余剰駐車スペースを、東京都附置義務条例による乗用車の駐車スペース 1 台当たり 2.5m × 6m で換算すると、約 4.5ha に相当する。これに、車路などのスペースの縮小分も加えると、削減面積はさらに多くなる。4.5ha は丸の内ビルディングの延床面積の 3 割弱、約 12 階分のフロア面積に相当する広さである。

　一方、整備費については、首都圏の公共駐車場の自走式地下駐車場の場合、1 台当たり 2,000 万円から 3,000 万円の整備費がかかると言われている。ここから推測しても駐車場整備費の削減額は大きいといえる。

　削減された整備費用の一部は、前述のように地域に還元するための負担金として事

（A）建物が準備する交通機能のレベルアップ

1. 駐車場機能の向上
   - ◆安全で使いやすい駐車場の実現
   - ◆貨物車駐車場、荷さばきスペースの充実
   - ◆車寄せ、短時間駐車施設の整備
2. 駐車場運用の向上
   - ◆駐車場の一般開放（時間貸し駐車場）
   - ◆隣接駐車場とのネットワーク化
3. 二輪系交通手段への対応
   - ◆二輪車駐車場の整備
   - ◆自転車駐車場の整備

（B）負担金の活用

1. 既存建物駐車環境整備事業等への助成
2. 駐車協議会による地域交通、地域駐車場運用モニタリング
   ⇒継続的な調査、データ整理によるモニタリング、
   　会議開催等、事務局運営　など

（C）負担金のまちづくりへの寄与

1. まちづくりへの協力金（千代田区への寄付）
2. 地区内道路交通の安全性、円滑性の向上
3. 歩行者優先のまちづくり推進
4. 景観整備　など

図 7.1　地域ルール適用による効果

景観整備された歩道空間

表7.2 地域ルール適用の建物一覧（2004年11月〜2018年10月）

承認番号・ビル名	供用開始	承認時期	附置義務台数（A）台	地域ルール適用による整備台数（B）台	削減減免台数（A-B）台	削減減免率 B/A（%）
①三菱商事ビルディング	○	2004.12	142	103	39	72.5
②新丸の内ビルディング	○	2004.12	458	370	88	80.8
③東京ビルディング	○	2005.03	319	225	94	70.5
④グラントウキョウノースタワー・サウスタワー	○	2006.02	805	566	239	70.3
⑤ザ・ペニンシュラ東京	○	2006.04	177	115	62	65.0
⑥丸の内パークビルディング	○	2006.08	434	282	152	65.0
⑦日経ビル・JAビル・経団連	○	2006.12	474	314	160	66.2
⑧大手町ファーストスクエア	○	2007.02	276	183	93	66.3
⑨大手町タワー	○	2008.06	412	236	176	57.3
⑩丸の内永楽ビルディング	○	2009.03	313	136	177	43.5
⑪JPタワー	○	2009.05	480	260	220	54.2
⑫大手町フィナンシャルシティ	○	2009.05	434	301	133	69.4
⑬日本生命大手町ビル	○	2010.08	145	81	64	55.9
⑭鉄鋼ビル	○	2011.12	281	209	72	74.4
⑮大手町フィナンシャルシティグランキューブ	○	2013.08	353	326	27	92.4
⑯大手町パークビルディング	○	2013.11	340	255	85	75.0
⑰大手町プレイス	○	2014.06	505	319	186	63.2
⑱丸の内二重橋ビルディング	○	2015.07	319	170	149	53.3
⑲（仮）OH-1計画		2016.02	632	357	275	56.5
⑳（仮）常盤橋計画		2016.10	1,155	681	475	58.9
㉑（仮）大手町1-4-2計画		2017.08	157	84	73	53.5
合　計			8,612	5,573	3,039	64.7

○：竣工ビル　◯：計画中・建設中（数字は承認番号）

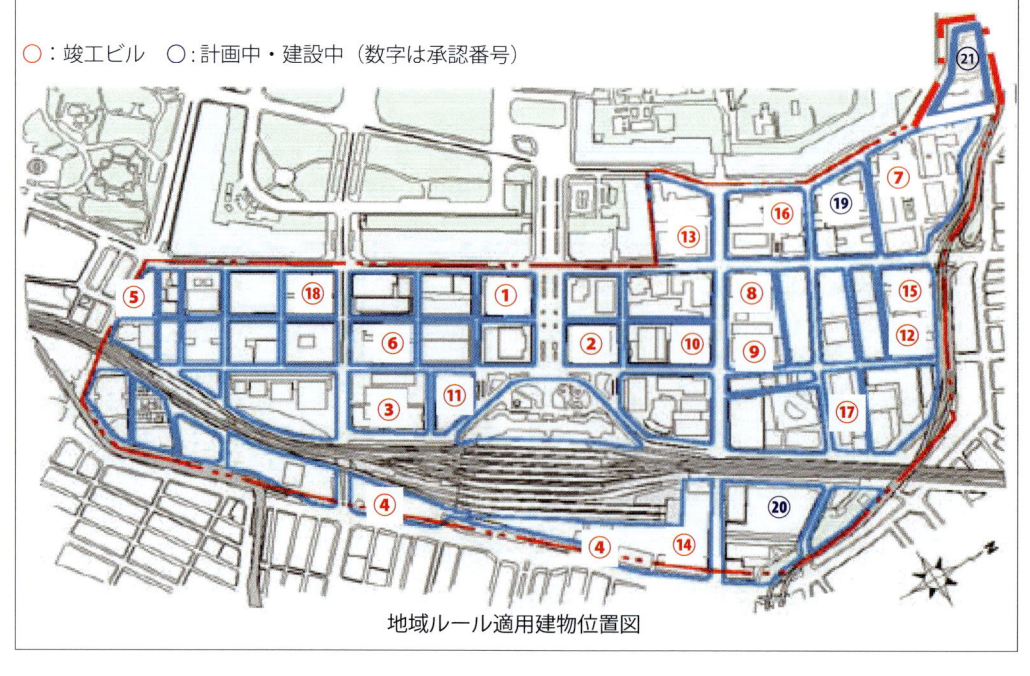

地域ルール適用建物位置図

業者から納付してもらい、それを原資として地域の交通環境改善に資する事業などに活用している。

（1）路上駐停車の減少

　地域ルール適用駐車場は、時間貸しスペースを設けるなどして誰でも利用できる一般有料駐車場を整備することが減免の前提としている。一般開放することで、地区内の多くの駐車場が利用できるため、駐車場へのアクセスが向上し、路上駐車が減少するとともに、いわゆる「うろつき交通」が減少した。その結果、地区内の車の走行台キロは、大幅に減少するものと考えられる。

　大丸有駐車協議会では、大丸有地区全体の駐車需給状況などの把握のために5年に1度（2007年、2012年、2017年）大規模な調査を実施している。調査結果から路上駐停車台数については、3時点の経年比較を、平日（**図 7.2**）、休日（**図 7.3**）別にみ

ると、平日、休日とも減少してきていることがわかる。

　平日のピーク時では2007年と2012年の比較で109台、2007年と2017年で174台が減少している。休日のピーク時で2007年と2012年の比較では81台、2007年と2017年では184台が減少しており、路上駐停車は除々に減少していることが調査結果から明らかとなった。**写真 7.1** は2006年の路上駐車の状況であり、これに対して2018年に撮影した**写真 7.2**をみると、路上駐車が減少していることがよくわかる。

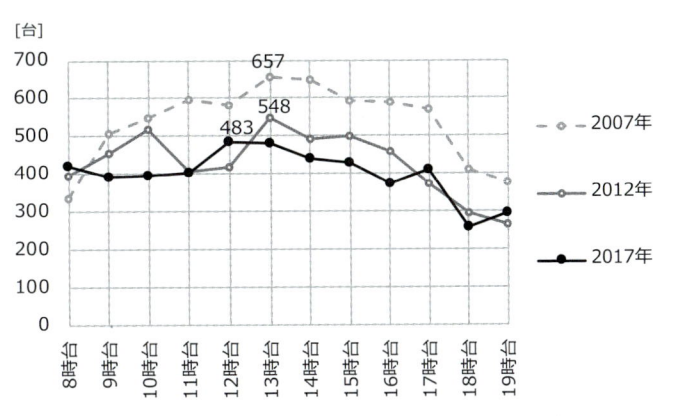

図 7.2　路上駐車停車台数の経年比較（平日）

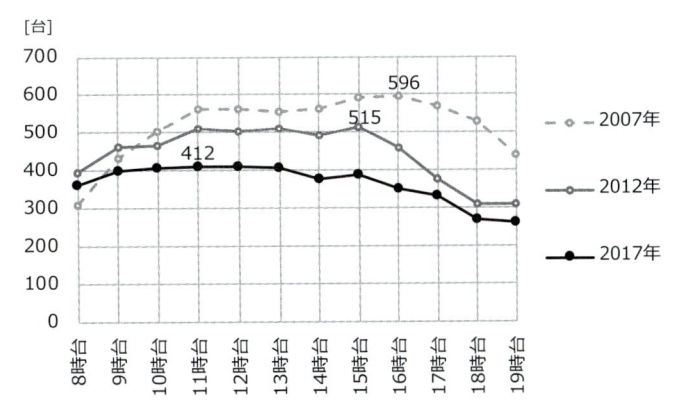

図 7.3　路上駐車停車台数の経年比較（休日）

写真 7.1　路上駐停車状況（2006 年 7 月撮影）

写真 7.2　路上駐停車状況（2018 年 10 月撮影）

（2）地域の駐車場連携による効果

　大丸有地区を車で訪れる場合、通常は自分の目的施設のある建物の駐車場を利用する。しかし、その駐車場が満車で入れない場合、近隣の駐車場や地下でネットワーク化されている駐車場が連携して受け皿となってくれることから、地域で駐車需要を取り込むことが可能となった。

　また、**写真 7.3** のように自動二輪車駐車場や自転車駐車場が整備されたことで、路上に放置されやすかった二輪車の受け皿が整ってきた。大丸有地区が抱えている自動車や二輪車の駐車需要を、目的施設のある建物駐車場だけが担うのではなく、大丸有地区に立地する駐車場が連携して地域の受け皿となることで、路上駐車や道路上の放置二輪車の削減につながり、まちの景観を改善する効果となって現れている。

（3）良質な駐車場整備による効果

1）車寄せ

　地域ルールを適用する建物には車寄せの整備を推奨している。道路に面した建物の地上レベルに車寄せを整備することにより、タクシーを含む乗用車に対する人の乗降を路上ではなく敷地内に取り込むことができるため、路上における駐停車車両

写真 7.3　左：自転車駐車マス、右：自動二輪車駐車マスの事例

写真 7.4　地下に整備された車寄せの事例

写真 7.5　建物 1 階に整備されたタクシー乗降場の事例

の削減につながるとともに、利用者の安全性や利便性の向上にもつながっている。

　一方、車寄せは、企業の VIP やホテル宿泊客等のよりプライベートな利用も可能とするために、**写真 7.4** のように地下に車寄せを整備するケースも多く見られる。

　また、タクシー乗車需要の多いビルでは、**写真 7.5** のようにグランドレベルにタクシー乗降場や待機場を整備し、警備員を配置してタクシーの誘導を行う事例もみられる。

2）貨物車入出庫のための梁下高の確保

　物流の専門家をはじめ、駐車場の専門家、都市交通の専門家など学識経験者からの意見を採り入れ、必要となる荷さばき駐車スペースの整備台数を確保することや、貨物車から貨物を降ろすための荷おろしスペース、おろした貨物の仕分けスペース、貨物を配送するための動線などを整備計画に反映させている。

　また、既存の古い建物では梁下高 2.1m 程度しか確保されていないものも多く、車高の高い貨物車の入庫が制限されていた。しかし、地域ルール適用駐車場では、おおむね 3.2m 以上の高さが確保され、おおよそ 2 トンロングの貨物車までが入庫可能となった。

　以上のように貨物車のサイズや荷さばきに配慮した建物設計が図られるとともに

館内共同物流を行うビルも増えはじめ、貨物車の駐車時間短縮などに効果が現れている。近年物流業界の人手不足が深刻化するなかで、物流効率を考えると、4トンを超える大型の貨物車の駐車スペースを整備することも有効であり、今後地域ルール適用申請する建物から大型貨物車駐車スペースの提案が出てくることを期待したい。

3）バスの乗降場

最近供用開始した地域ルールを適用した建物では**写真 7.6** のようなリムジンバスなどの乗降場を地上に設けた事例がみられた。

また、今後供用開始される常盤橋計画[1] では、その建物の高さが 400m 弱で高層部に展望室を設けることで、多くの見物客が観光バスで訪れることが想定されていることから、グランドレベルに複数台のバス専用駐車場を整備する予定である。この計画では、貸切

写真 7.6　グランドレベルにリムジンバス等の乗降場を整備した事例

りバスなどが予約を入れて駐車できるスペースを整備することで、建物周辺における路上での貸切りバスの乗降が減少するものと期待されている。

4）車両通路地下ネットワーク化

地域ルールでは、需要推計に基づき必要な駐車場台数を整備している。需要推計には、想定される一定の需要変動にも対応できるよう割増率（安全率）などが織り込まれているが、イベントや特定日など突発的に収容しきれない駐車需要が生じる場合もある。こうした場合、隣接する建物の駐車場がその需要の一部を取り込むことができれば、駐車需給のバランスは保たれる。こうした駐車場間の連携が、地下の通路でビルからビルへ連続して移動できる地下ネットワーク化でなされれば、地上交通に影響することなく、集中した需要を分散でき、極めて有効である。

地下ネットワーク化によって、利用者には当該駐車場が満車でも、地下通路で隣接する駐車場へ移動して駐車することができ、地区内では地上で駐車場を探す、いわゆる「うろつき交通」の減少につながり、グランドレベルでの地区内道路の交通量の削減といった効果も現れている。また、隣接する駐車場とのネットワーク化により、各々の駐車場の最大ピークに合わせて整備しなくてもよいという効果も得られている。

1　常盤橋計画：地上 61 階、高さ 400m 弱の超高層ビルを含む 4 棟を新設する計画。2027 年に全体が完成する予定。

また、一方通行規制や概して左折での入出庫の多い大丸有地区では、**図 7.4** のアクセス向上のイメージで示したように、a 方向と b 方向からの A ビルへのアクセスは、大きく迂回を余儀なくされていたが、A ビルと B ビルの駐車場を地下通路でつなぐと迂回する車の走行距離（台・km）は大幅に減ることになる。この考えのもとで、**図 7.5** のように「丸の内永楽ビルディング（永楽ビル）」⇔「日本工業倶楽部会館・三菱 UFJ 信託銀行本店ビル」⇔「新丸の内ビルディング」⇔「中央パーキング」⇔「丸の内ビルディング」、「大手町フィナンシャルシティノースタワー・サウスタワー」⇔「大手町フィナンシャルシティグランキューブ」で地下ネットワーク化が実現している。

最近の例では、丸の内二重橋ビルディング（丸の内二重橋ビル）[2] と国際ビルヂングが地下でつながり、駐車場間の連携によって駐車需給の調整が可能となってい

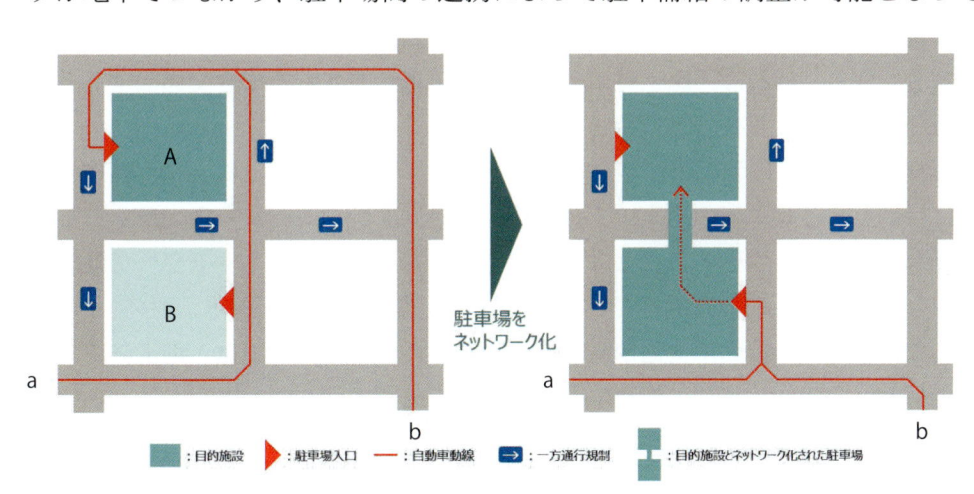

凡例　:目的施設　:駐車場入口　:自動車動線　:一方通行規制　:目的施設とネットワーク化された駐車場

図 7.4　アクセス向上のイメージ

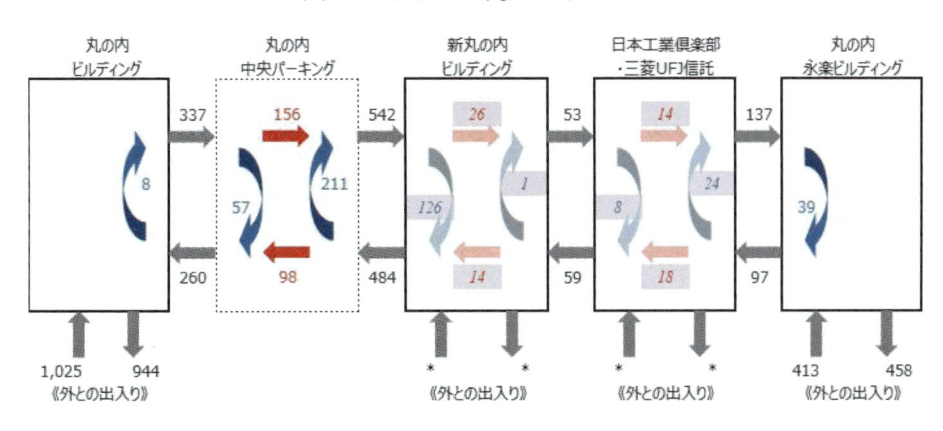

注：赤の矢印・赤字は、施設内を通過した台数。青の矢印・青字は同一方向に戻った台数。新丸ビル、日本工業倶楽部・三菱 UFJ 信託では、出入の調査をしていないため、網掛け・斜字の台数は一度外に出ている台数を含む可能性がある。

図 7.5　地下ネットワーク駐車場間の利用台数

2　地域ルールを適用して、2018 年 11 月に俊工した。

写真 7.7　地下駐車場ネットワークの例（丸の内中央パーキング⇔新丸ビル駐車場）

る。特に丸の内二重橋ビルでは、東京会館のバンケット利用客等の有無よって、駐車需要に大きな差が生じると予測されていることから、駐車場間の連携によって駐車需要を取り込めれば、路上駐車の削減や駐車場を探すうろつき交通による渋滞の解消などに寄与するものと期待される。

　写真 7.7 のように駐車場が地下でネットワーク化されることにより、駐車場利用者は目的とする駐車場の出入口ではなく、行きやすい出入口から入出庫することが可能となり、駐車場へのアクセスが向上する。さらに、地下ネットワーク駐車場に駐車した車両は、地上に出ることなく地下で移動して目的の建物への移動が可能となるため、地上の自動車交通が減少する。たとえば物流業者では、地上に出ずに地下を移動して目的の複数の建物に向かうことで時間の節約にもつながる。

　また、過去の調査では駐車場が地下ネットワーク化したことで、永楽ビルから丸ビルまでの駐車場出入り台数を 1 〜 2 割削減したことが確認され、それに伴い地上の交通量も削減したと考えられる。なお、永楽ビルから新丸ビルまでの地下ネットワークには 1 日当たり延べ約 2,000 台が利用している。

　一方、地下ネットワークでの移動は公道での移動ではないことから、道路交通法が適用されないため、事故が発生した際の賠償など法的な課題が残っている。事故を起こさないよう、スピードを出させないなど、駐車場内のルールの確立も必要である。

5）既存ビルの地域ルール適用申請

　竣工後 10 年以上経過した既存ビルにおいても、地域ルールを適用して駐車台数を削減しているケースもあった。

　申請のあった既存ビルでは、整備台数の約 7 割が**写真 7.8** のような二段機械式駐車施設であったため利便性に問題があったこと、荷さばき駐車施設が附置義務施行前に整備された駐車場のため荷さばき駐車施設が不足していたことなどが、地域ルール適用申請の背景にあった。

　この例では、駐車需要の実態を周辺路上駐車や荷さばき駐車の状況を含め精査し

た結果、駐車場台数は約3分の2に削減が可能と判断された。余剰となったスペースの一部は、容積に余裕があったことから、倉庫・現場事務所用途に転換することが可能となった。また、二段機械式駐車施設を取り払うことによって、使いやすさと安全性の確保を図り、荷さばき駐車スペースの車室サイズを見直すことにより、安全性と荷さばき作業環境の向上が図られ

写真 7.8　二段機械式駐車場の例

た。収容力の余力を活用して、荷さばき駐車スペースを増やすとともに、地域の物流交通に伴う駐車需要を受け入れることで対象となったビル周辺の道路交通環境の改善に寄与することが評価され、既存ビルの駐車場の台数を削減することができた。

7-3　負担金の活用

（1）負担金の活用方法

地域ルールを適用して附置義務駐車台数が削減された建物の事業者から納付された負担金収入の 20% を地域ルールの運営費に充当し、40% を上限として千代田区へ寄附金として納付しており、まちづくり支援の一環に必要な資金として活用している。残る 40% は大丸有地区の駐車環境や交通環境の改善につながる事業に対して助成を行っており、税金や公的な補助などに頼ることなく地域の駐車環境の改善に貢献している。

負担金収入の 20% を地域ルールの運営費等事務局の活動費としているが、そのなかには大丸有地区の駐車特性の分析や、駐車原単位の把握、物流効率化の実態把握、荷さばき駐車場のガイドライン作成など、継続的な調査・研究にも活用している。これら継続的な調査・研究によって蓄えられたデータは、地域ルールの適用に当たって審査する際の参考資料となっている。

（2）駐車環境整備事業助成金

駐車環境整備事業助成金は、大丸有地区全体（周辺地区含む）および個々の駐車場における交通の円滑化と安全性、利便性の確保のために、駐車環境整備事業を実施しようとする駐車協議会会員会社[3] に対し、2009 年 11 月より助成金を交付している。

3　一般社団法人大手町・丸の内・有楽町地区まちづくり協議会会員・準会員・賛助会員をいう。

助成金の申請に対し、適切な事業であることの審査および助成金交付の承認は、運営委員会に諮られて執行されている。

　助成の対象となる事業は、公益性を有する事業として「駐車環境整備事業の助成金に係る予算の執行に関する要綱」第2項で定めている次の事業を想定している。

① 　地区における移動の利便性向上に係る事業

　　（例）交通サービスの充実、歩行者ネットワークの充実など

② 　路外駐車場の利便性向上に係る事業

　　（例）駐車場案内・予約システムの導入、駐車場のネットワーク化など

③ 　駐車場、道路の安全性の確保に係る事業

　　（例）駐車場の改善、自費工事等による道路の改善など

④ 　荷さばき駐車施設の整備事業

　　（例）館内共同集配の導入、荷さばき駐車施設の整備など

⑤ 　路上駐車の抑止に係る事業

　　（例）路上駐車の抑止に資する設備整備など

⑥ 　自動二輪、自転車の駐車施設整備に係る事業

　　（例）駐車場内での自動二輪駐車施設整備、ビル外溝や駐車場内での駐輪施設整備など

⑦ 　その他駐車環境の改善に係る事業

　　（例）駐車場需要のデータ収集のための設備整備、EV 用急速充電器の整備など

⑧ 　交通に関する実証実験に係る事業

　　（例）自動運転の実証実験など

　2018 年 10 月末までの実績として、助成金の申請は 19 件、そのうち 15 件の事業に対し、総額で約 6,700 万円が交付された。駐車環境整備事業のおもな事例は次のとおりである。

① 　放置駐輪防止事業

　丸の内ビルディング（丸ビル）・新丸の内ビルディング（新丸ビル）の丸の内仲通り側歩道に放置されている自動二輪車・自転車の駐輪を防止し、歩道の安全性および街区の美観を確保することを目的とした事業である。この事業は**写真 7.9** のようにベンチとプランターで形成する居心地のよい憩いの空間を、丸の内仲通り側の歩道部に設置し、**写真 7.10** のように二輪車の放置のできない環境を創出し、快適な歩行空間に生まれ変わった。これは、地域ルールを適用する駐車場には二輪駐車場の整備を推奨したことで周辺の再開発ビルに自転車と自動二輪の駐車場が整備できたことから実現できたものである。

写真 7.9　設置されたストリートファニチャー（左：丸ビル・右：新丸ビル）

写真 7.10　放置駐輪の状況（左：丸ビル・右：新丸ビル、2004 年ごろ）

②　駐輪場整備

　丸ビル・新丸ビルの外構部へ駐輪場を設置することで、自転車来館者へ駐輪場所を提供するとともに、丸ビル・新丸ビルの外構、特に仲通り側への自転車の違法駐輪を防止し、歩道の安全性および街区の美観を確保することを目的とした事業である。助成金で整備した駐輪施設は、**写真 7.11** のように丸ビル外構部 2 か所 18 台、新丸ビル外構部 2 か所 16 台である。

③　車路誘導標識等更新

　既存駐車場管制システムが経年により老朽化し、信号灯の視認性が低下しているため、更新を実施し安全性の向上を図るための事業である。既存車路管制システムの操作盤および信号灯を更新した。あわせて視認性・安全性の悪い箇所に**写真 7.12** のようなカーブミラーや注意を促す信号灯を増設した。

④　歩行者専用サイン整備事業

　丸の内仲通りでは、道路を歩行者に開放するために車両交通規制時間を設けている。その交通規制看板を毎日隣接ビルより出し入れし、車両の進入がないようにしている。2015 年度より丸の内仲通りにおける車両交通規制時間が変更され、車道内の活用等が進んでおり注目が高まっていることから、既存の交通規制看板の更新

写真 7.11　整備された駐輪施設（右：丸ビル、左：新丸ビル）

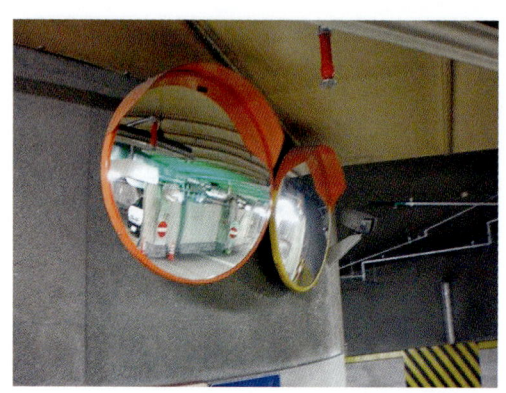

写真 7.12　更新・増設されたカーブミラーおよび信号灯（有電ビル）

写真 7.13　歩行者専用サイン（交通規制看板）

を補助事業として協力した。歩行者専用サイン（交通規制看板）の視認性を高め、歩行者および車両の安全につながるとともに、路上駐車の改善を目的とした事業で、丸の内仲通りの 5 ブロックにおいて、**写真 7.13** のような車道に設置する歩行者専用サイン（交通規制看板）を更新し配置した。

（3）寄附金の活用による地域交通施設支援

　事業者が納付した負担金の 40% は、まちづくり事業への協力金として 2017 年 10

月末までにおよそ 5 億 2,000 万円を千代田区へ寄付
している。寄附金の一部は 2014 年 10 月 1 日からス
タートした「千代田区コミュニティサイクル事業実証
実験（愛称 "ちよくる"）」に活用され、現在では他区
と連携して区界を超えた「広域実験」へと取り組みが
広がっている。

　コミュニティサイクル事業実証実験を実施するにあ
たり、ハード面では**写真 7.14** のようなサイクルポー
トの設置や電動自転車の購入が必要となるが、これら
ハード面に対する資金の一部に大丸有駐車協議会から
の寄附金が活用されている。

　2019 年 7 月現在の実証実験の規模は、サイクル
ポート 82 か所 844 ラック、稼働自転車約 800 台が整
備されている。また、実証実験の開始当初（2014 年
10 月）は千代田区内での貸し出しと返却に限定され

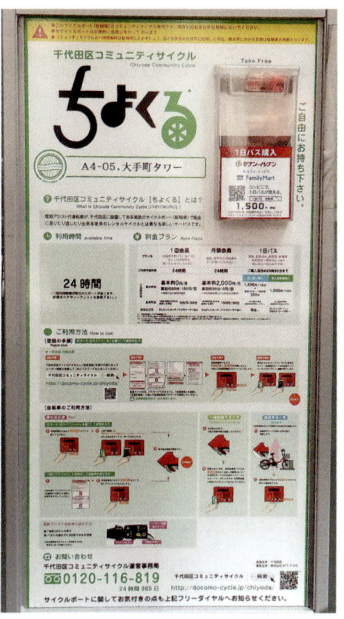

「ちよくる」の案内表示

ていたが、2019 年 7 月現在コミュニティサイクル事業実証実験を展開している 10
区（千代田区・中央区・港区・新宿区・文京区・江東区・品川区・目黒区・大田区・
渋谷区）で相互に貸し出しと返却が可能となっている。

　現在では実証実験中ではあるが、広域実験へと面的な広がりを見せており、今後コ
ミュニティサイクルが公共的な交通手段として定着し、事業として採算が見込められ
れば、自転車による回遊性の高まりによる「街の魅力の向上」、「地域・観光の活性
化」、「放置自転車対策」、「自動車から自転車への転換による CO_2 排出量の削減」、
「環境意識の向上」、「健康増進」などの効果が期待されている。

　なお、寄附金の活用先を千代田区から神田地区や秋葉原地区への投入を打診された
が、本地域ルールは、便益を受けたビル事業の一部を地域に還元するという趣旨から
考えて、大丸有地区の千代田区が分担する事業に投入すべきとの見解を示した。

写真 7.14　コミュニティサイクルとサイクルポート

（4）事務局の活動費

1）総会・地域ルール運営委員会の開催

　事務局の業務として、大丸有駐車協議会の総会を年1回開催している。これは大丸有地区の地権者や立地企業で構成される「大丸有地区まちづくり協議会」の会員会社（＝大丸有駐車協議会会員会社）を招集して実施するものであり、これによって住民参加を担保している。

　運営委員会では学識経験者を委員長とし、大丸有地区の住民である「大丸有地区まちづくり協議会」の代表、団体、駐車場事業者の代表、駐車場管理者等が委員として参加しているほか、国土交通省、東京都、千代田区、警視庁、所轄警察署にオブザーバーとして参加してもらい、助言や協力を求めている。このように、官と民で構成された運営員会を年4回程度開催し、官民一体での運営を実践している。駐車協議会における調査・研究など各種事業の承認と報告、整備事業助成金の審査と報告、地域ルール適用駐車場の供用開始1年後の現地確認などを実施している。

2）継続的な調査・研究の取り組み

　2004年の大丸有駐車協議会設立以来、地域ルールを運営するうえで需給バランスのチェックが必要であることから、必要なデータの蓄積や地区の特性を把握するためのモニタリング調査・研究の取り組みに負担金が活用されている。これまで取り組んだ調査・研究の成果の一部は、大丸有駐車協議会ホームページに「大丸有地区の特性」として紹介している。その主な調査・研究内容は、次のとおりである。

① 駐車需給に関する調査

　大丸有地区で供給されている駐車場の利用状況と、大丸有地区における路上駐車台数を調査することで、需給関係のバランスや地区の駐車特性を把握している。

　調査は平日と休日の2日実施し、平日・休日による地区の駐車特性を把握している。調査は大規模となるため、5年に1度実施することとし、これまでに3回の調査が行われた。この成果は大丸有駐車協議会ホームページにて「大丸有地区の特性」として公表しており、一部は巻末の資料編に整理してあるので参照されたい。今後は過去3回の調査結果を比較分析し、より一層駐車環境特性の把握に努めていくことが見込まれている。

② 荷さばき駐車施設整備ガイドライン策定

　大丸有駐車協議会の設立から数年間、地域ルール適用申請の審査を行ったなかで、荷さばき駐車施設の整備台数に対して明確な指針がなかったため、附置義務条例による荷さばき施設の整備台数10台で地域ルール適用申請されるケースが見受けられたことから、設立後4年目の2008年に「大丸有地区の駐車場計画における荷さばき駐車施設整備のガイドライン」を策定した。

　このガイドラインは荷さばき駐車施設整備台数の需要推計に必要な考え方を示し、地域ルール適用申請する事業者に活用されてきたが、ガイドラインの策定から

10年近くが経過し、物流効率化による大型貨物車での集配送など、時代の変化に対応するため、ガイドラインを見直す必要があると判断し、2016年から見直しに着手し、2018年に改定した。今後も時代の変化に応じた荷さばきガイドラインに改定を重ねていくことになる。

③　自転車利用実態調査

2011年3月11日に発生した東日本大震災後、目に見えて自転車による移動が増加した。大丸有地区でも、東日本大震災をきっかけにそれまで以上に自転車や自動二輪車で地区に流入する通勤者が増加していたため、自転車や自動二輪車の路上や民地における放置状況などを地区全域で調査した。その結果、中央区からの利用者が多く、ついで港区や台東区、江東区からの利用者が多いことがわかった。また、**写真7.15**のように同時に実施した自転車利用者へのヒアリング調査から、自転車利用の目的では通勤が最も多く、ついで業務、買い物の順であった。

その後、先述のコミュニティサイクルの実証実験が開始され、自動二輪車の駐車施設が主に再開発ビルで整備が進んだことなど、自転車等二輪車における交通環境が改善されたことから、本調査は継続調査とはならなかったが、交通環境の悪化した事象に対して、その実態を把握する意義は大きかった。

3）その他事務局業務

継続的な調査・研究や総会・運営委員会の開催のほかに、供用を開始した地域ルール適用駐車場から、運用状況をチェックするため年1回「定期運用報告」の提出を義務付けている。また、前述のとおり供用開始1年後に現地確認を行い、地域ルール適用申請通りに供用されているかの確認と、附置義務駐車台数が削減されたことによって、常に満車状態で駐車場が不足し、路上に車両が溢れていないかなどを確認することを目的としている。

写真7.15　自転車利用者へのヒアリング
（2013年5月）

「定期運用報告」を毎年提出することによって蓄積される駐車場の運用状況のデータを活用し、駐車需要を検討する際の基礎資料ともなっている。

また、建築設計コンサルタントからの駐車場設計時における相談受付や、地域ルールに基づいた駐車場設計の指針などのアドバイスも行っている。

運用されているコミュニティサイクル

（1）地区内道路交通の安全性、円滑性の向上

大丸有地区では、地域ルールの運用により単に駐車マスを減らすということだけでなく、駐車場の計画、運用の工夫やそれらがもたらす効果が、他のまちづくりの施策や整備等と連携することにより、間接的な効果も含め、まちづくりの推進にも大きく寄与している。

地域ルールの運用は、基本的には民地内の建物や外構部で車等が通行や駐車する部分に関わるものであるが、その効果は道路における交通の安全性、円滑性の向上にも広く寄与するものである。

これは、前節で述べたように車寄せ等の整備によって、路上での駐停車が削減できることや、駐車場同士のネットワーク化が進められ、車が道路に出ないで地下通路で移動できるという直接的な効果がある。そのほか、車の利用者が車を降りた後の移動のストレスを少なくすることによって、駐車場の利用を促進し、結果的に路上の駐停車を抑制し、さらには道路交通の安全性、円滑性に寄与していると考えることができる。

この歩行者の移動ストレスの軽減は、4-1 節の「大丸有地区のまちづくり」のなかでも触れたように、この地区で進めている地上・地下の歩行者ネットワーク整備の方針が根本にあるものの、このほかに無料循環バス「丸の内シャトル」の運行や、地区内の駐車場料金やサービスがほぼ共通化していることなども間接的ではあるが、有効に働いているものと考えられる。

大丸有地区では、2003（平成 15）年より地区内の企業等からの協賛金によって**写真 7.16** のような無料の循環バス「丸の内シャトル」を運行しており、年間約 67 万人の人が利用している。車両は「低公害」「低騒音」「低床」のハイブリッドバスを使用している。このバスの運行は来街者の回遊性向上にもつながり、駐車場間の無駄な移動を抑え、道路交通量の抑制にも効果を持つものと考えられる。

図 7.6 は「丸の内シャトル」の運行ルート図であるが、1 周 35 ～ 40 分のルートを 12 ～ 15 分間隔で運行しており、朝夕は通勤利用、日中は観光利用なども多く、幅広く利用されている。現在、大丸有駐車協議会では、「丸の内シャトル運行委員会」に参画するとともに、運行費用の一部を負担している。

駐車場運営や料金については、地区として統一的なルールを定めている訳ではない。たまたまこの地区で多くの駐車場管理を行っている施設管理会社が「丸の内パークイン」という名称で、19 か所、約 4,000 台分の駐車場を運営しており、原則として共通料金、共通サービスの運用をとっていることから、結果として地区内の料金がほぼ共通化し、利用者にとってわかりやすい状況になっている。ちなみに 2018 年現

写真 7.16　無料循環バス「丸の内シャトル」と乗り場

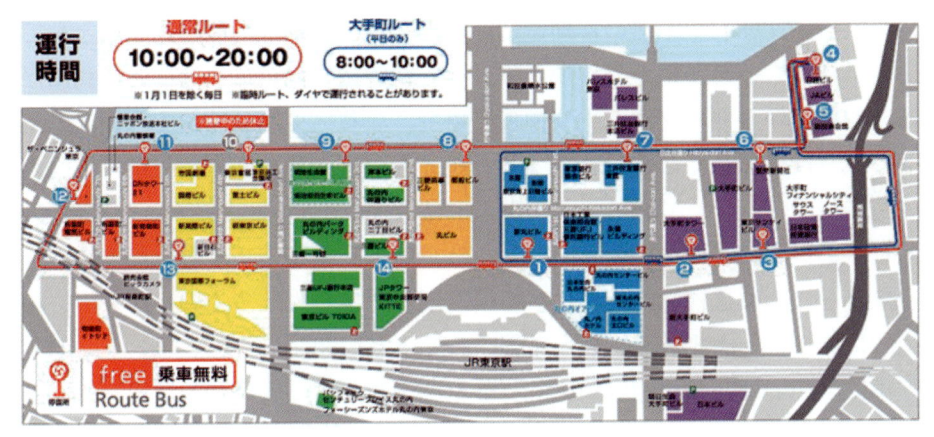

図 7.6　丸の内シャトル運行ルート図

在の料金は**図 7.7** のとおりである。

　この図を見ると、長時間利用に対する定額（打ち止め）料金サービスを 2 段階で行っているが、第 1 段階（2,800 円）は買い物客のエリア内回遊の促進を期待するものであり、第 2 段階（5,600 円）は業務系利用（工事車両等）を期待するものである。また、実験的に 1 時間無料のサービスを施したが、収入総額が増加したことから、「丸の内カード」の導入を定常化した。丸の内パークインでは、エリア内の多く

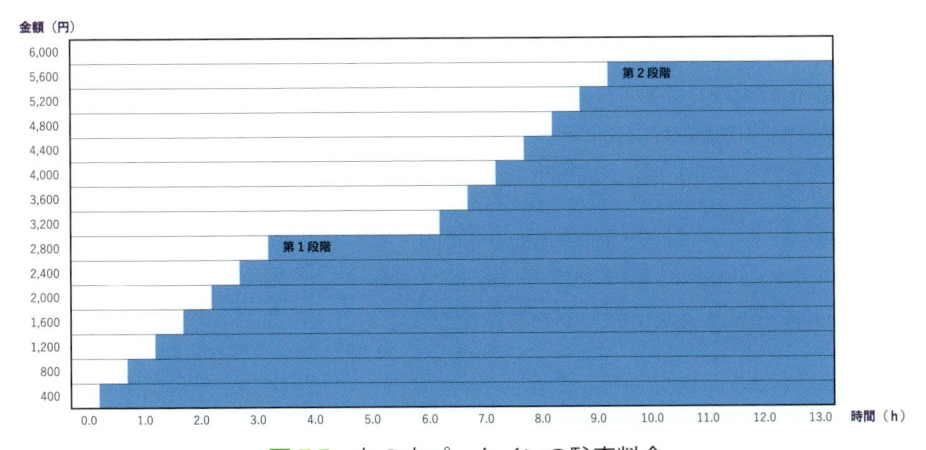

図 7.7　丸の内パークインの駐車料金

の商業施設が加入するポイントカード「丸の内カード」を発行し、その特典として駐車料金の最初の1時間を無料とするとともに、買物の金額に応じた追加無料サービスの仕組みができあがった。このことは、結果として短時間の駐車場利用の促進に効果を上げることにもなった。

（2）他交通との結節性の向上

前項では、駐車場を利用する人が、車を降りた後で地区内を移動する際のストレスの軽減について述べたが、同じく車を利用してきた人が他の交通に乗り換えるケースも考えられる。比較的短距離の移動としては自転車、中距離的な移動手段として路線バスや地下鉄、もっと長距離の移動手段として新幹線や長距離バスなどの利用が考えられる。駐車場から他の交通に乗り換える場合、なるべくバリアの少ないスムーズなルートで乗り換えられることが理想であるが、現在、大丸有地区で駐車場を備えた駅や他の交通施設と直結しているような駐車場はない。

しかし、最近のビルの建て替えに際しては、地下レベルでビルと近傍の地下鉄駅コンコースとをつなぐ接続通路を整備する事例が多くみられ、多くのビルで雨にぬれずに鉄道駅にアプローチするルートが確保されるようになっている。

自転車については、千代田区が大丸有駐車協議会からの寄付金を活用し、コミュニティサイクル「ちよくる」のサイクルポートを整備しており、大丸有地区内にも8か所ほど設置されている。また、バスに関しても、1階に大きめな車寄せを整備し、空港リムジンや夜間高速バスの運行サービスを行うビルもあり、さまざまな交通手段との結節性向上が図られている。

（3）歩行者専用道路化への寄与　～仲通りのプロムナード化～

大丸有地区を南北方向に有楽町から大手町まで貫く仲通りは、1903（明治36）年に公示された「市区改正新設計」に伴って生まれた道路である。その後の幾多の変遷を経て、まちづくりガイドラインのなかで、「ゆとりと賑わいにあふれる歩行者空間として整備する」方針を定め、現在では大丸有地区を代表する賑わい軸となっている。

仲通りは当初の赤煉瓦時代には、幅員が7間（約13m）であったが、これが昭和30年代以降の再開発の機には、丸ノ内総合改造計画[4]に基づいて、現在の幅員21m（歩道6m・車道9m・歩道6m）に拡幅されている。そして、**写真7.17**左のような仲通りの風景がその後約40年続くことになるが、2000年以降に次の建て替えのフェイズに入ると、再度変貌を遂げることとなる。

仲通りに面するビル1階部分にカフェやブランド店舗などを誘致し、仲通りを、

4　丸ノ内総合改造計画：1959年に三菱地所が丸の内を本格的、かつ近代的なビジネスセンターに再整備するために策定した計画書。

出典：丸の内百年のあゆみ　三菱地所社史下巻／左

写真 7.17　昭和 40 年代ごろ（左）と平成 20 年ごろ（右）の仲通り

丸の内と有楽町を介し、日比谷、銀座方面までつながる賑わいの軸として、生まれ変わらせることとしたのである。

　2002（平成 14）年の丸ビル建て替えを皮切りに、仲通りは幅員構成を歩道 7m・車道 7m・歩道 7m と歩行者空間を拡幅する方向で見直し、自動車通行も双方向通行から北行きの一方通行に改めた。歩道部分には、レンガ色系の自然石を貼り、ベンチやパブリックアートを配置して、写真 7.17 右のとおり歩行者が気持ちよく歩ける環境が整えられていった。

　また、仲通りを活用して 1999（平成 11）年に始まった「東京ミレナリオ（**写真 7.18**）」は、光の祭典として年末の風物詩ともなり、最大来場者数 330 万人を数え、東京駅復原工事着工の 2005（平成 17）年まで計 7 回開催された。

　さらに 2008（平成 20）年ごろからは、地元住民が道路など公的空間を適切な管理をしながら活用していくエリアマネジメントの機運が高まり、仲通りでも時間を区切って車両を通行規制した。**写真 7.19** のようにフードイベントや盆踊り、リレー競技や綱引き大会など各種イベントを実施している。また、2014（平成 26）年からは、平日の午前 11 時から午後 3 時、土日祝日の午前 11 時から午後 5 時までを車両規制して、事実上の歩行者天国とする社会実験を継続している。**写真 7.20** に見られるこの木製車止めは大丸有駐車協議会の提供する助成金を活用して作製したものである。

　現在の仲通りは時間限定で歩行者に開放しているが、将来的には原則 24 時間の歩行者開放を目指している。そのために、各ビルは「駐車場出入り口を仲通り側には設けない」という不文律を守っており、現在も**図 7.8** のように、ほぼすべての駐車場出入り口が東西方向の道路に

写真 7.18　東京ミレナリオ

写真 7.19　仲通りを活用した各種イベント

面して設けられている。このように、大丸有地区では、早い時期からエリアの将来像に共有し、駐車場計画をコントロールしながら、少しずつ歩行者プロムナード実現に向けてのまちづくりを進めている。

（4）道路空間整備への寄与　～行幸通り馬車道の実現～

写真 7.20　車両規制をして歩行者専用化する社会実験を実施

　前節の仲通りと並んで、大丸有を代表する通りである「行幸通り」は、幅員 73 m を有し、現在、東京都でも最大幅員の道路である。1903（明治 36）年の「市区改正新設計」で幅員 40 間、一等一類の道路に位置づけられている。

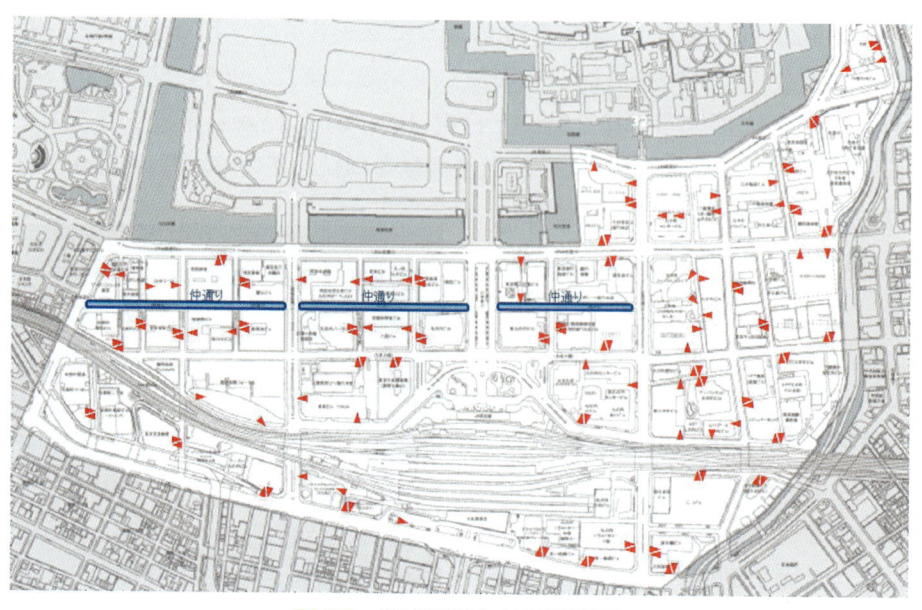

図 7.8　駐車場出入り口配置図

その後、この行幸通りでは、昭和 20 年代後半ころからの丸の内での駐車場不足の対応策として、地下に日本初の公共地下駐車場である「丸の内第一自動車駐車場」（地下 2 層、520 台）が作られた。丸の内に居を置く民間企業が出資・設立した「丸ノ内駐車場株式会社」により整備され、1960（昭和 35）年に開業したものである。**写真 7.21** は当時の工事写真であるが、地上からの開削工法で実施されている。

その後、1999（平成 11）年になると同年に東京都知事に就任した石原慎太郎により発表された「危機突破・戦略プラン」のなかの「魅力ある首都東京の創造」のリーディングプロジェクトとして、東京の顔となる景観を創り上げるため、東京駅舎復原、丸の内地上広場再整備、行幸通り再整備を一体として進めることが打ち出された。**図 7.9** は、当時の整備予想図である。

しかし、行幸通りをリニューアルして景観整備を進めるに当たっては、大きく 2 つの課題をクリアする必要があった。ひとつは、行幸通りを常時は豊かな歩行者空間とし、国事行為としての外国大使赴任の信任状奉呈式を実施する際には、大使を皇居へお連れする馬車列が安全に通過できる通路とするために、**写真 7.22** に見られる地下駐車場からの入出庫動線である出入口ランプを、移動し遠ざける等の対応が望まれていたことである。そして、もうひとつは、行幸通りを格調高い景観として再整備するために、

出典：THE 丸の内 100 年の歴史とガイド

写真 7.21　丸の内駐車場の工事風景

出典：東京駅周辺トータルデザイン検討会資料

図 7.9　検討時の整備予想図

写真 7.22　再整備前の行幸通り

できれば完成時当初の4列植栽の並木の姿へ復元するということであった。

　これらの課題については、複数の計画案が作られ比較検討が行われたが、最終決定案は出入り口ランプを廃止し、2層の駐車場の地下1階部分を歩行者専用の地下通路にリニューアルし、地下2階部分を都市計画駐車場（220台）として残す計画であった。そして、駐車場への入出庫は、**図7.10**、**図7.11**のとおり南側の丸ビルと北側の新丸ビルと接続させて機能を確保するというものであった。このように、丸ビル、行幸通り地下、新丸ビルの3つの駐車場を接続して一体として運用することで、全体

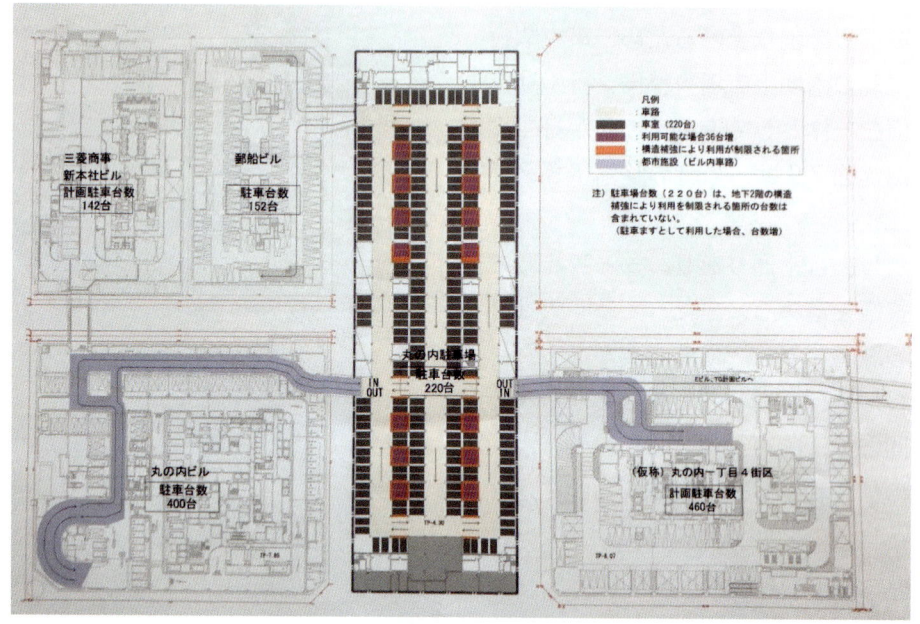

出典：三菱地所資料

図 7.10　行幸通り地下2階平面図（再整備後）

出典：三菱地所資料

図 7.11　行幸通り断面図（再整備後）

で需給の平準化が図られ、行幸通り地下部分の駐車スペースが、520台から220台に減らすことが可能となった。併せて行幸通り地下1階部分は駐車場から歩行者通路や並木樹木の植木桝として用途転換し有効に活用することができた。

　行幸通りの馬車道としての景観整備や地下歩行者通路の整備が、地域ルールで推進する駐車場ネットワークの方策を用いて実現できたのである。この接続された両ビル内の車路は、現在、千代田区の都市計画において駐車場とともに指定され担保されている。

　このように、東京を代表する景観造りの重要な場面で、エリアでの駐車場マネジメントが活かされている。現在、この行幸通りは、諸外国の大使が赴任した際に、皇居で執り行われる信任状奉呈式に大使を東京駅貴賓室から馬車でお連れする重要なルートになっている。**写真7.23** は行幸通りを進む馬車列である。本地域ルールの狙いである「駐車施策からのまちづくり」が目に見えるかたちで示されたひとつである。

写真 7.23　信任状奉呈式に向かう馬車列

参考文献

1) 丸の内百年のあゆみ　三菱地所社史　上・下巻、1993.3
2) THE 丸の内　100年の歴史とガイド、三菱地所㈱、1991.3
3) 創立60周年記念誌　〜駐車場整備の変遷〜、（一社）全日本駐車協会、2017.7

大丸有地区で実施された附置義務減免は、地域ルールを用いて実施された。その考え方は、第2章で詳説しているが、最も神経を使った点は、①新旧ルールの違いの是正、②減免による負担減を極力地域にどう還元できるか、ということであった。

地域ルールが適用される前と後との新旧ルールの違いは、建築物の高さや容積の規制が緩和されて、かつ附置義務割合が緩和されたことである。新旧それぞれのルールに基づいて建てられたビルが混在する状況で、完全な平等の実現は不可能であるが、両者が納得できる範囲の仕組みづくりが必要である。ただし、旧ルールの建物も申請して、同様な手続きを踏めば、附置義務スペースの減免は可能である。ただ、駐車空間の再利用は、書類の保管庫かトラック貨物の保管・仕分程度に限定されるため新たな費用をかける効果が見出しにくい。

したがって、新築建物は減免された分の一部を負担金に、同時に、貨物車の出入りができる空間づくり（梁下高と幅員の確保）やタクシーや送迎車の車寄せ、自転車や自動二輪車の駐車場、隣接ビルとの通路の建設など、地域内の路上駐車の排除や交通量の削減に寄与する設備の充実を求めたものであるが、設計者にこの意図が十分理解されていないきらいがある。

要するに、建設費用が予算内であれば、駐車場の空間は他の建物付属物などと同様に最小単位、最小範囲で、空間的に納めるという扱いにしか見えない点に課題が残されている。地域ルールを構築する考え方としては、

従来の附置義務計算式から試算される駐車台数の建設費
− 地域ルールに基づき予測される駐車台数の建設費
≧ 減免数 × 100万円 ＋（梁下高 ＋ 通路幅員 ＋ 車寄せ ＋…）費用

である。

この駐車スペースの減免では、たとえば地下3層、4層がまるごと削減できれば、莫大な工事費の削減となる。したがって減免台数による負担金を100万円／台とし、ある一定以上の削減数となると300万円／台を想定して準備してきた。しかし、その境目の判断が合理的に示すことが難しいため、現時点でも実行できていない。

一方で社会貢献や地域貢献となる施設の量や質を一律に示すことはできない。一建物からの負担金は、そのまま使用するわけでなくプールして用いる。したがって、減免台数の大きさに関わりなく、100万円／台のまま現在に至っている。

また、都心部の駐車需要は、高額な駐車料金（実際には現状の駐車料金）による前提条件下での値である。東京都の場合、TDM（交通需要マネジメント）の主要な政策のひとつに駐車管理政策が組み込まれている。都心部では確たる根拠に基づくものではないが、高額な駐車料金による運用が望まれている。このことが大前提なので、貨幣価値に配慮しつつ駐車料金をコントロールする必要がある。それゆえに現行の大丸有駐車協議会の役割は大きい。こうした判断を正確に行うために、駐車調査をし、分析を行い、各駐車場が地域ルールに沿った運用をして問題が生じていないかをモニタリング（観察・記録）し、半永久的に運用管理を行うことは重要な課題である。

このような持続体制を維持するには当然ながら費用が伴う。現在は、建設完了時に支払われる負担金で維持している。いまのところは連続的に建物が建設されているので、負担金のストックがあり、運用管理ができているが、現在の制度では、駐車場の運用管理には、将来半永久的に持続する保証はまったくないのである。

8-2 大丸有地区における駐車の課題

大丸有地区まちづくり協議会の交通に対する考え方の共有化が重要である。地域内のそれぞれの建物が、勤務者と来訪者の足（交通）の対応をするのではなく、地域全体で対応することが最重要課題であることは言うまでもない。高価格の土地で、1台当たり約25㎡の空間を必要とする自動車は極力削減しなければならないが、物流関連と高齢者・障がい者の交通は、当面自動車に依存せざるを得ない。自動運転車に代わっても、起終点のスペースは必要不可欠であるが、情報のコントロールと駐車場の運用によって、駐車スペースの削減は可能である。しかし、これまでの駐車場の計画ではこの点の考察や検討はあまり見られなかった。また、勤務者の労働の種類や来訪者の出発地の距離や所要時間、あるいは時間帯によって、交通の質は著しく異なる。したがって、自動車（乗用車、貨物車）、自動二輪車、バス、タクシー、自転車および徒歩といった交通手段それぞれに目を配る必要がある。

上空から望む大丸有地区

また、今後、AI 技術の発展に伴う生活行動の変化や自動運転、自動配送などの流れが遠からず現れると思われる。このような変化に対して、どのように対応すべきかなどは、やはり地域ルール内全体として考えておく必要がある。

8-3　附置義務減免審査の課題

附置義務減免審査は、地域ルール策定協議会の会長付きの専門委員会で実施していたが、現在は専門の担当者 3 名と会長とで厳正な審査を実施している。当初は、交通工学の専門機関に外部審査をお願いしたいと考えて準備をしていたが、行政側からは、外部審査の前例がなく、地域ルール策定協議会に関係行政の委員が参加している、という理由で許可が出なかった。これに対して、「第三者の目を通したシステムにしてほしい」と策定協議会会長の立場から要望し、審査のための専門委員会を会長付きに設置していただいた。

その後、渋谷や新宿東口の地域ルールにおいて外部審査が受け入れられた。これに加えて、現行の専門委員会以上の人材を、1 地域ルールで確保することは極めて困難である。したがって、将来的には、外部審査に移行することを視野に入れておく必要があると考えている。

「駐車」という行為は、地域ごとの土地利用、地理的位置、周辺の産業、あるいは過去からのインフラ整備度によって、地域ごとにその駐車特性は異なる。したがって、駐車の将来需要の予測方法は、

① 同地域の同タイプの建物の駐車実態データ
② 同種の建物の駐車実態データ
③ 都市規模別、土地利用別などの全国あるいは同タイプの地域のデータによる定式化による予測データ

の順に信頼性が高いと考える。そのため、同じ地域内では、後発の予測値がより正確な値に近くなる。このため、地域ルールの管理運用下で調査したデータの有効活用は、意義あることである。したがって、地域ルールの運用管理を永続的に続ける意味においても財源のひとつとして「データの販売」も視野に入れるべきであると考えている。

8-4　地域ルールの課題

地域ルールの成功のカギは、「住民参加」が原則である。大丸有地区は幸いなことに大丸有地区再開発計画推進協議会（2012 年から一般社団法人大手町・丸の内・有

楽町地区まちづくり協議会）という地区全体で再開発に向かう組織があり、合意形成が図られていた。その一方で、新たなビル建設の際の駐車場などの計画については、建設する企業の責任者と、建設事業担当の責任者および設計者の間に認識のズレがあり、結果として充分な配慮がなされているとは言えない。

　それぞれの実質的な事業責任者は、計画された費用やスケジュール内で建物を完成させること、設計者は、与えられた空間と費用のなかで計画とデザインのとりまとめをすることが業務である。よく言えば役割分担だが、その結果、電気、ガス、水道、情報、通信、高層化に伴うエレベーターなどビルの機能を支えるインフラ施設については、安全面や環境面を重視した行政で規定する基準に適合していればよく、駐車スペースも同じ位置づけであることに気づかされた。しかし、駐車需要には増減の幅があり、その需要の質が一定していない。また、イベントなど非日常的な特需高や駐車料金の割引制度によって、駐車需要は変動する。この点が前述した、ほかのインフラ施設と異なるところである。

　したがって、単に駐車場という空間をつくるだけでなく建物の車トリップに対する考え方が明確でなければ、必要以上の駐車スペースの準備が必要となる。このように地域ルールを用いて新たな施設を準備することへの心配りが欠けていたと思われる。設計者の範疇か施主側の範疇か明確ではないが、施主と設計者の間のコミュニケーション不足が要因と考える。両者間でコミュニケーションを含め、まだ改善の余地は大きい。

　以上のような仕組みのなかで、大丸有地区の地域ルールでは、これまで 21 件のビルの審査（2019 年 10 月 1 日現在）を行った。従来の制度では、8,612 台の駐車スペースが必要であったが、実際は 5,573 台の整備となり、3,039 台分の減免が実施された。また、歩行者や自動車の地下ネットワークができつつあり、グランドレベルの交通量はかなり減少した。これにより道路空間にも余裕ができたため、歩行者専用道設置の可能性も生まれ、現在実証実験が行われている。また、他の区間も歩行者専用道とまではならなくても、歩道の拡張や自転車の専用道やレーンへの配分が可能となろう。

　地方の中小都市の人口と同程度のビルへの出入りが毎日あるが、これまでは、その対応が欠けていたと考えざるを得ない。附置義務駐車制度も独立した一敷地の建物に対するものであり、1 万人を超すような人の出入りは考えられていなかったことは想像に難くない。鉄道や地下鉄などの交通網、ビル群としての関係が認識されずに、1 ビルごとに考えられたもので、地域という概念がこれまでなかったといえる。大丸有地区の地域ルールは、「地区のなかの 1 つのビル」として機能するように、駐車スペースの最小化とその対応、それぞれの駐車場の有効活用、来街者が使いやすい運用などを図り、最小限必要な駐車スペースで最大の効用を生むよう、「地域」として考えなければならない。

それには、地域内の自動車の走行距離を最小化し、駐車後の移動を快適にするとともに安全にも配慮しなければならない。具体的には、車⇔歩行、車⇔バス、車⇔自転車のシステムを構築するために、①路上駐車の路外化、②快適な歩行空間の創出、③循環バスや自転車の使いやすさ、を実現する必要ある。

これまで、一部負担金の活用で、駐車場の改善、歩きやすい歩道のための路面修理、レンタサイクルのステーションなどに補助してきたが、地域としてのコンセンサスがいまだ明確になっているとは言えない。

以上述べたこれまでの大丸有の実績と課題から、今後のあるべき姿を簡単に整理する。**図 8.1** から地域内の全駐車車両をすべて収容してもまだ 44% もの空きがあることがわかる。この値は、「一般有料駐車場」のスペースだけで「専用駐車場」のスペースを加えると、さらに大きな「空きスペース」がみられる。これをいかに削減するかが重要である。日本では、新たな工夫がなされた審査案件は極めて少ないが、たとえば、専用駐車場と一般有料駐車場の駐車スペースを共用化すれば、さらに多くの駐車スペースを削減することが可能である。

また、せっかく「スーパーブロック」の開発をしても、1 面からの出入りなど 4 面にある道路を効率よく使っていないため、車寄せの場所が使いにくく、タクシーの待機待ちのスペースも少なく、路上での車の乗降を無くすことができないでいる。

具体的な地域ルールの運用を開始してから 2019 年で 15 年目を迎えた。「建物の地域貢献」「地域の中の建物」を考慮した駐車場の建設と運用が必要である。減免による節約の一部を地域への貢献として強く押し出さねばならない。しかし、大丸有地区の地域ルールの成果を単純にうらやむ動きもあり、附置義務駐車スペースの緩和だけに目が向けられて、「地域貢献」のことは考えない流れがある。

このような動きのなかで、附置義務緩和を無条件にカットするなどの東京都条例の変更がなされ、またこの動きが、全国的に都市再生事業のなかで展開されている。こ

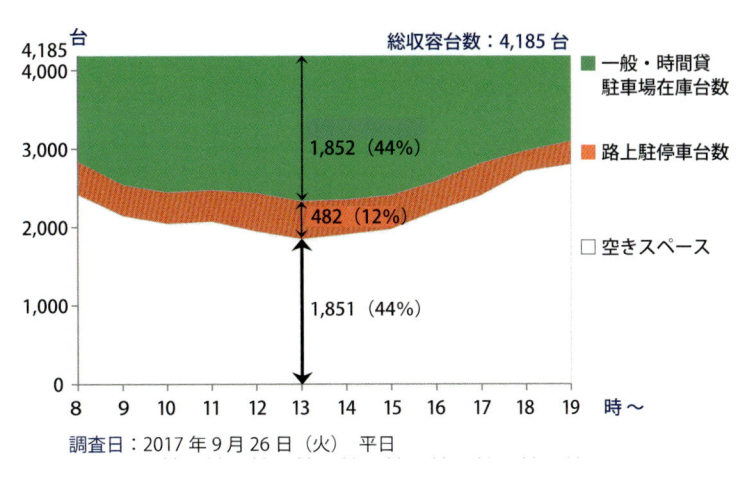

図 8.1 駐車スペースの時間変動図

の政策は、単に駐車スペースを減免するだけの改訂であり、貨物の積みおろし、および自動二輪車や自転車の駐車の路上からの排除や、タクシー客の乗降を建物敷地内で行う車寄せの義務化を促進するものではない。すなわち、単にビル建築費の低減のみを求めるもので、地域ルール構築の思想に逆行する影響も大きく、大丸有地区の今後の継続性が危ぶまれている。

　いずれにしても、「ビルの地域貢献」「地域の中のビル」の思想の下での交通システムの構築、引いては駐車施策からみたまちづくりがあってはじめて世界の範たる「オフィスビル街」が誕生するのである。大丸有地区が、世界の大都市の有数な業務地区であるロンドンやニューヨークに双肩するためには、「駐車政策が育むまちづくり」が前提と考えている。現在の大丸有地区では、このような交通インフラ整備の考え方の下、地域ルールを与えられた条件下で運用する努力を重ねているところである。今後もこの考え方を堅持して、わが国、アジア、そして世界のモデル地域に成長することを目標に努力している。

■ 資　　　料 ■

■ 資料1　データに見る大丸有地区の駐車特性 ■

1-1　大丸有駐車協議会が実施した調査

検討課題	調査項目	第1期 2004.11～ 2005.10	第2期 2005.11～ 2006.10	第3期 2006.11～ 2007.10	第4期 2007.11～ 2008.10	第5期 2008.11～ 2009.10
駐車需給に関する実態調査	駐車施設調査			●		
	路外駐車場利用実態調査			●		
	路上駐停車実態調査			●		
駐車需要推計諸元に関する実態調査	駐車需要推計原単位等調査					●
	来街者交通特性調査（ヒアリング）		●	●	●	
	貨物車駐車特性調査		●	●	●	
特定課題に関する実態調査	自動二輪車駐車実態調査	●				
	自転車駐輪実態調査					
実態調査データ等を用いた検討	駐車需給バランス			第1回		
	乗用車の駐車需要推計に関する留意点					
	荷さばき駐車場整備の手引き				策定	
	実態調査データ集					

図 1-1-1　大丸有駐車協議会が実施した調査

大丸有地区の街並み

第6期 2009.11〜 2010.10	第7期 2010.11〜 2011.10	第8期 2011.11〜 2012.10	第9期 2012.11〜 2013.10	第10期 2013.11〜 2014.10	第11期 2014.11〜 2015.10	第12期 2015.11〜 2016.10	第13期 2016.11〜 2017.10	第14期 2017.11〜 2018.10
			第2回	5年間 の変化			第3回	10年間 の変化
検討会	検討会	とりまとめ		分析	分析	分析		
				分析	分析	検討会	検討会	改訂
とりまとめ	→需要予測へ反映							

1-2 大丸有地区の地域ルール適用施設の位置

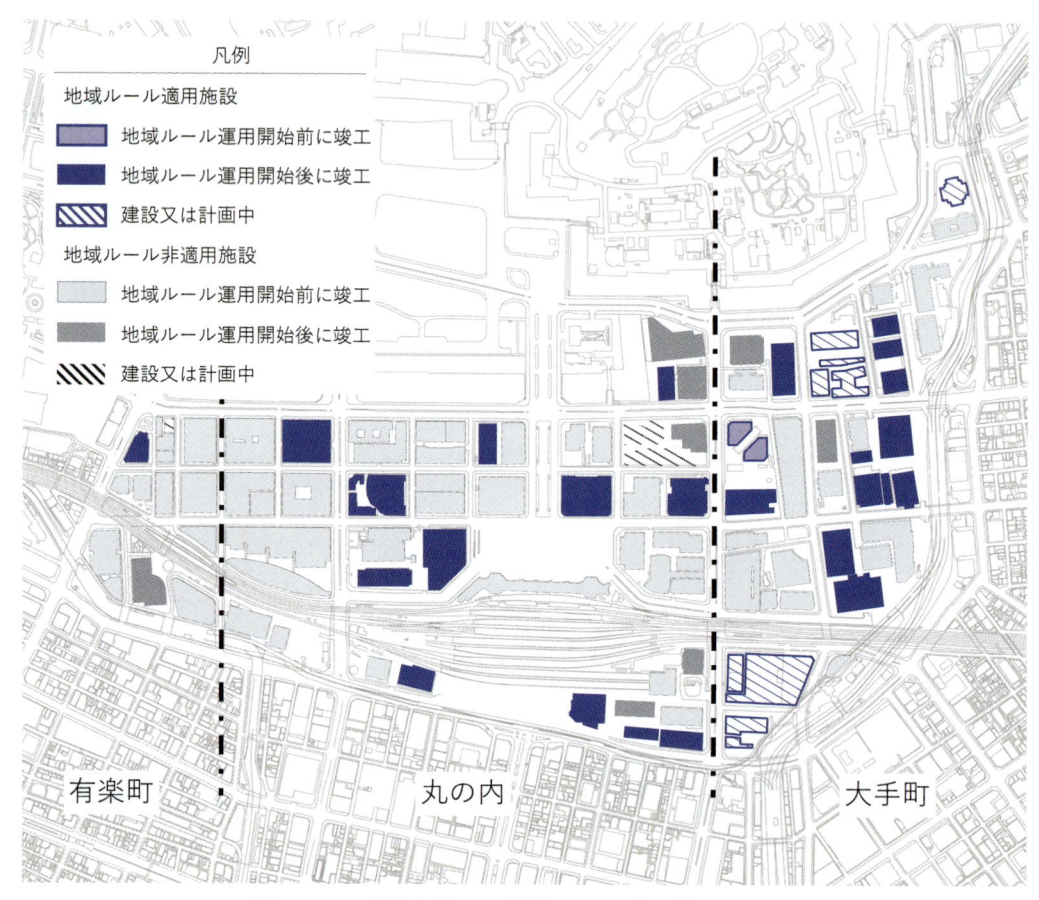

図 1-2-1　大丸有地区の地域ルール適用施設の位置

大丸有地区の地域ルール適用施設を上空から望む

1-3 駐車場整備台数

　大丸有地区には約 1.1 万台の駐車場が整備されている。これは、横浜ランドマークタワーの約 8 倍、御殿場プレミアムアウトレットの 2 倍以上に相当する。内訳をみると、一般・時間貸しが 43.4%、定期貸し・その他（自社・来客用、用途不明等を含む）が 51.2%、荷さばき専用利用駐車場（荷さばき駐車スペース）が 5.4% となっている。

　2007 年からの経年変化では、整備台数は約 1.1 万台であまり変わらず推移している。これは年々、地域ルールを適用している施設が増加し、本来附置義務によって整備する必要があった台数からの削減分が増加しているためである。

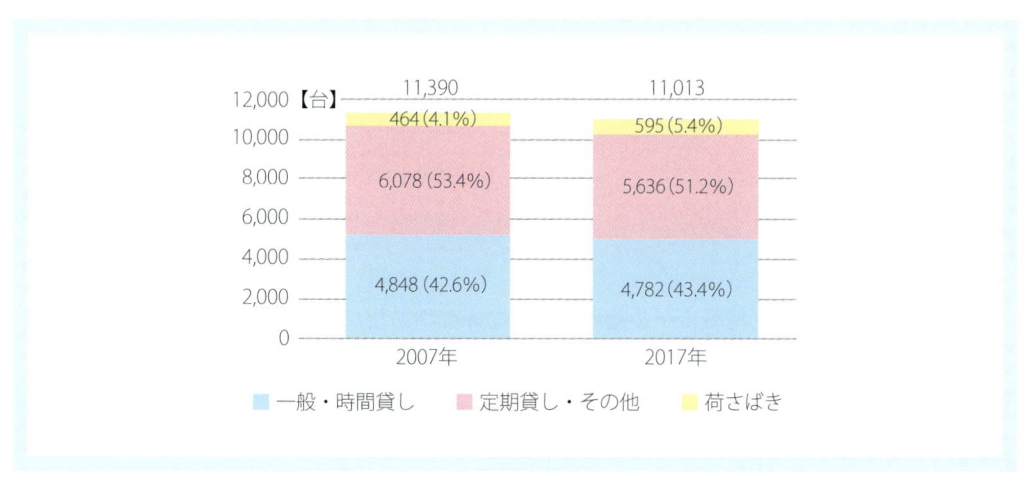

図 1-3-1　大丸有地区全体の駐車場整備台数と利用方法による内訳

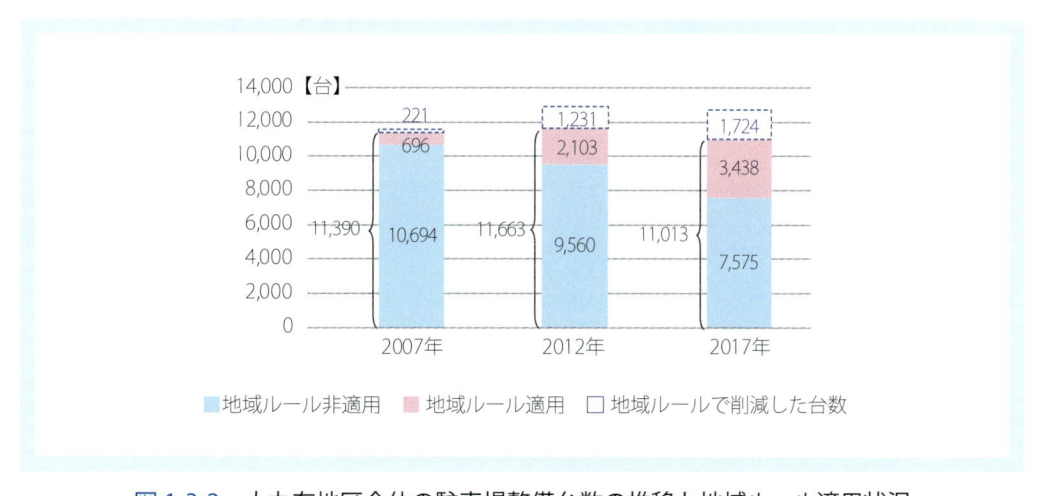

図 1-3-2　大丸有地区全体の駐車場整備台数の推移と地域ルール適用状況

地域ルールを適用して駐車場を整備したビルは、適用していないビルと比較して、単位床面積あたりの駐車場整備台数が少ない。つまり、年々開発が進み、容積の大きなビルが増加している割には、地域ルールの適用により、駐車場の整備台数が増加していないということを意味している（図1-3-3）。

　荷さばき専用利用駐車場（荷さばき駐車スペース）は、現在、地区全域で約600台が整備されている。このうち、半数以上は地域ルールの適用を受けた建物の荷さばきスペースであり、台数、機能とも充実したものとなっている（図1-3-4）。

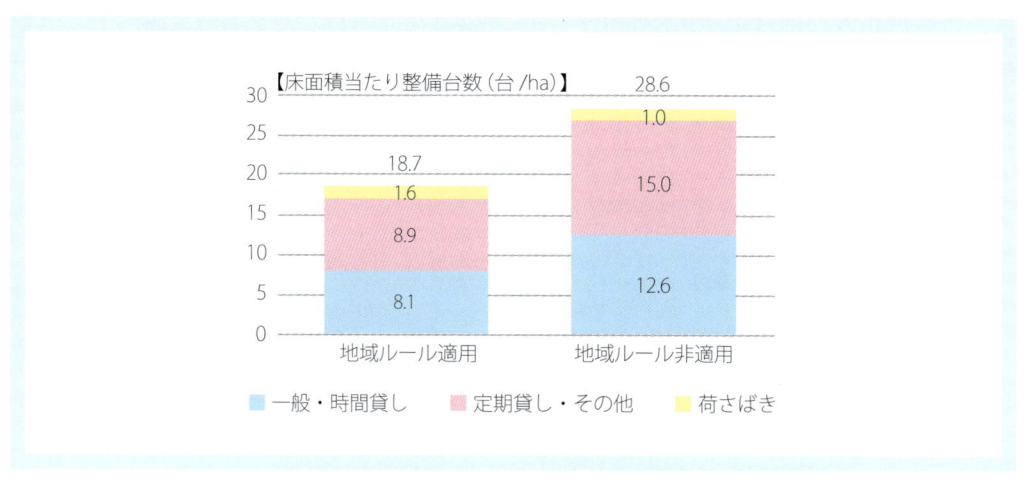

図 1-3-3　地域ルール適用有無別の床面積あたり駐車場整備台数

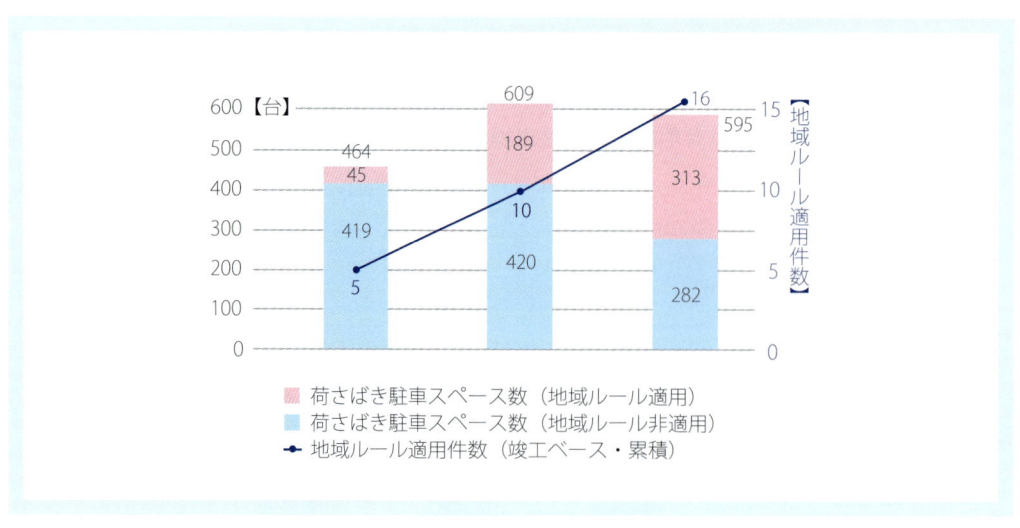

図 1-3-4　荷さばき駐車スペースの整備台数と地域ルール適用件数の推移

1-4 駐車場の利用状況

　大丸有地区の一般・時間貸し駐車場の1日の入庫台数は、平日が約8,000台、休日が約5,000台と平日の方が多い。一方で、ピーク時の駐車台数（瞬間的な在庫台数）は、平日・休日ともに約1,800台と同程度である。平日は、業務交通や荷さばきなどの短時間利用が多いため回転率が高く、休日は買い物などの長時間利用が多いためと考えられる。

表 1-4-1　1日の駐車場利用台数とピーク時の駐車台数の関係

	平　日	休　日
一般・時間貸しの収容台数（集計対象分）	4,185台	4,040台
1日の入庫台数（8〜20時）	8,091台	5,034台
単純回転率	1.93	1.25
ピーク時の駐車台数（瞬間的な在庫台数）	1,852台（13時台）	1,835台（13時台）
ピーク時駐車率	44.30%	45.40%

※一般・時間貸しの収容台数：調査への回答、データ取得ができた施設に限った合計
※単純回転率＝1日の入庫台数／一般・時間貸しの収容台数
※ピーク時駐車率＝ピーク時の駐車台数／一般・時間貸しの収容台数

大丸有地区の平日（左）と休日（右）の様子

ピーク時の駐車台数（瞬間的な在庫台数）は、図1-4-1、図1-4-2のとおり、平日・休日ともに約1,800台と同程度であるが、入庫や出庫の時間分布は、大きく異なる。

　また、大丸有地区の特色として、各ビルの駐車場に入庫する車両の半数以上が貨物車というところが多く、7割を超える施設もある（図1-4-3）。

　貨物車の多くは荷さばきのために入庫する車両であるが、地域ルール適用建物では貨物車の荷さばき駐車スペースの利用率が高く、需要に合わせた荷さばき駐車スペースが確保されている（図1-4-4）。

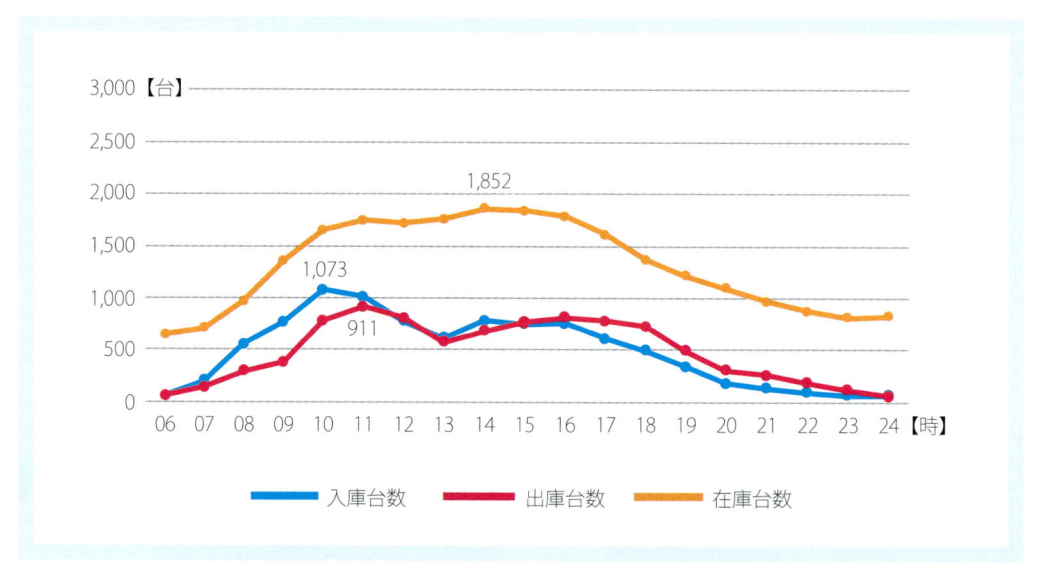

図1-4-1　地区全域における時間帯別入出庫および在庫台数（平日）

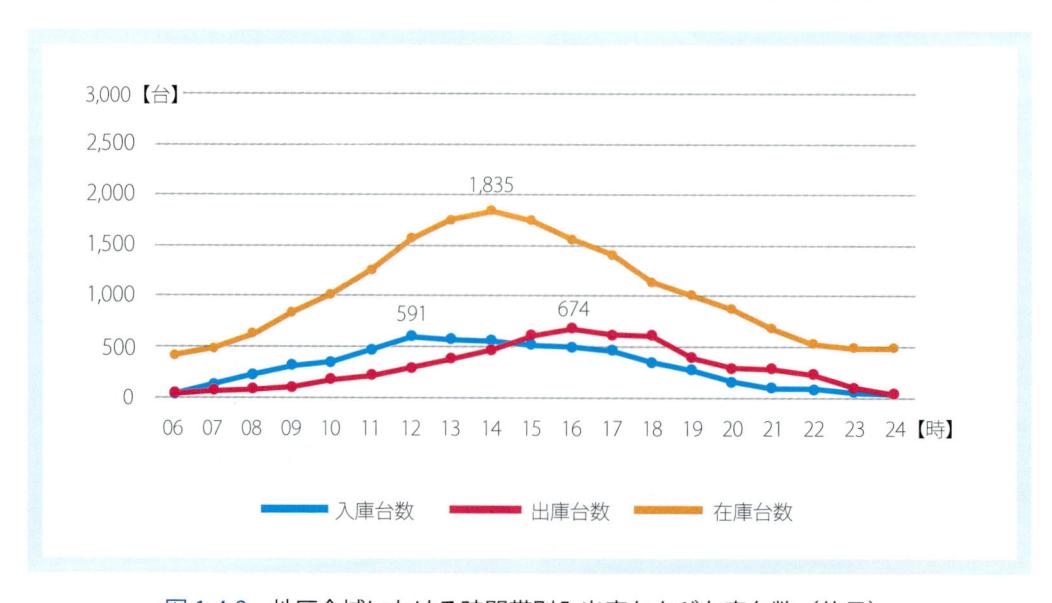

図1-4-2　地区全域における時間帯別入出庫および在庫台数（休日）

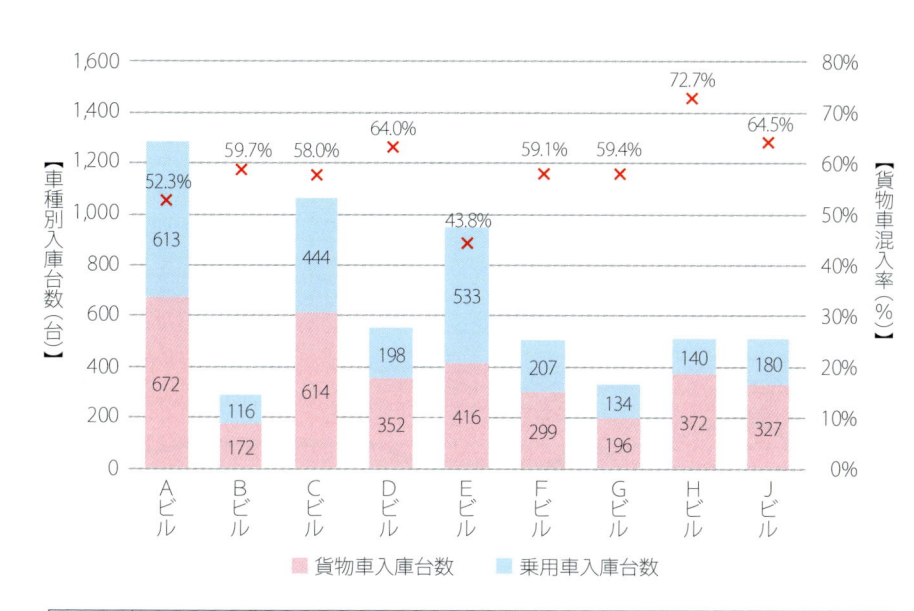

図 1-4-3 大丸有地区内の施設別の車種別入庫台数・貨物車混入率と各ビルの特性

	地域ルール適用	用途	延床面積(ha) ※	店舗面積(ha)	店舗面積率
A ビル	○	オフィス、商業、会議・ホール	7.34	1.71	23%
B ビル		オフィス、商業	2.40	0.38	16%
C ビル		オフィス、商業、ホテル	—	—	
D ビル	○	オフィス、商業	8.30	0.55	7%
E ビル	○	オフィス、商業	10.35	1.57	15%
F ビル	○	オフィス、商業、美術館	11.94	0.67	6%
G ビル	○	オフィス、商業	4.84	0.27	6%
H ビル	○	オフィス、商業、会議・ホール	9.31	0.93	10%
J ビル	○	オフィス、商業、ホテル	21.78	0.39	2%

※：共用部・駐車場面積除く

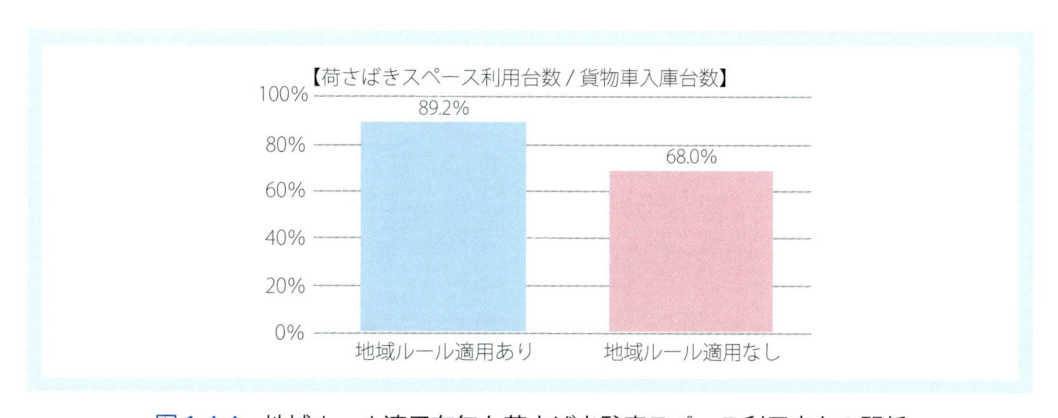

図 1-4-4 地域ルール適用有無と荷さばき駐車スペース利用率との関係

1-5 路上駐停車

　大丸有地区内の路上駐停車（バス・タクシーを除く）は、10 年前から 3 割ほど減少し、平日ピーク時の 12 時台で約 500 台、休日ピーク時の 11 時台で約 400 台となった。また、貨物車に限ってみても路上駐停車は減少傾向にある。

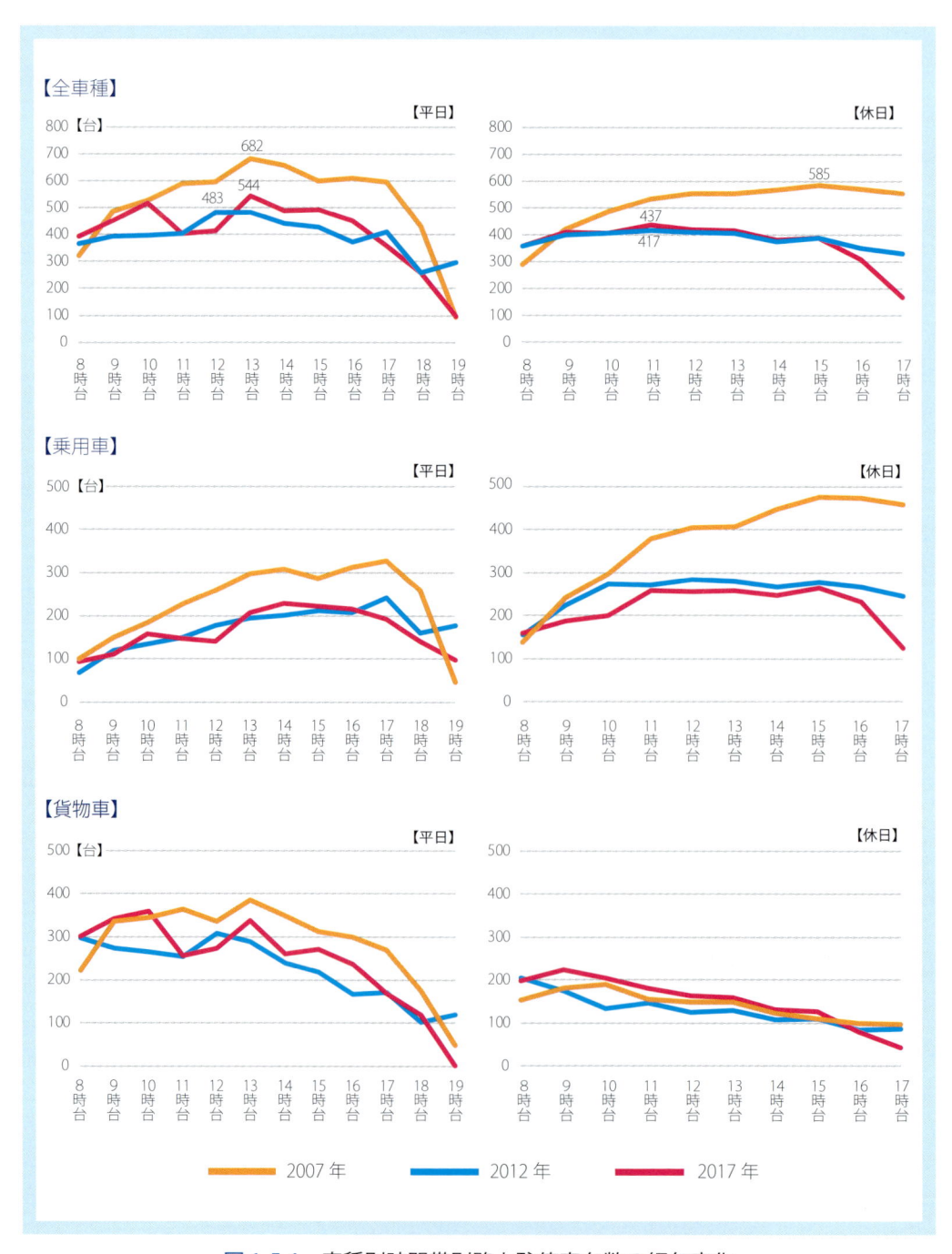

図 1-5-1　車種別時間帯別路上駐停車台数の経年変化

1-6 需給バランス

大丸有地区では、毎年、地域ルール適用施設から運用状況の報告を受けている。データを見ると、附置義務台数より少ない整備台数でもピーク時駐車台数よりも十分に多い（図 1-6-1）。なお、附置義務の緩和により駐車場が不足するなどの支障は生じていない。

地域ルールを適用したビルはすべて、以下の関係が成り立っていることがわかる。

附置義務台数＞整備台数 ＞＞ピーク時駐車台数

ただし、運用状況報告は年間の特定の 1 日のデータであるため、一定の日変動があることを踏まえると、年間のピーク日の状況を確認しておく必要がある。

また、一般・時間貸しと定期・その他等を含めた地区内の全駐車場の需給バランスをみると、ピーク時の空きスペースは全体の約 17% 程度と計算できる（図 1-6-2）。

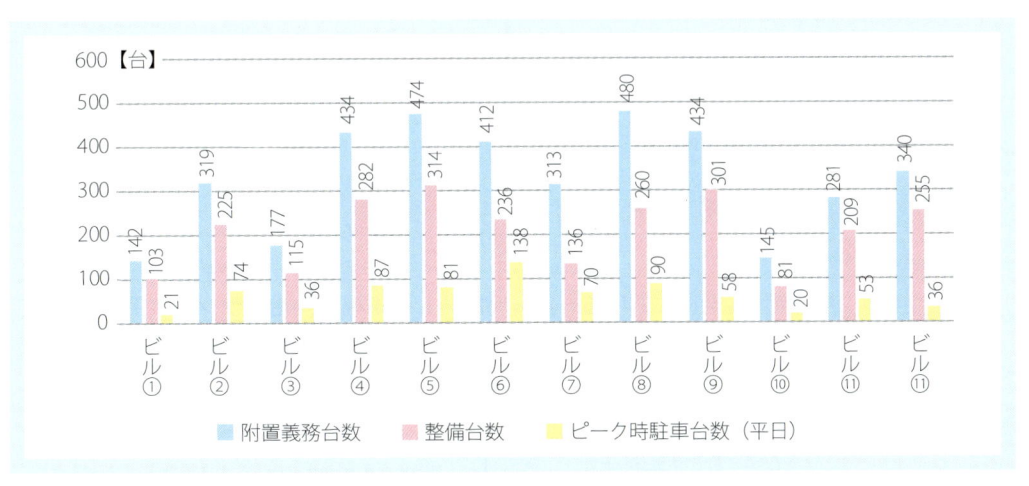

図 1-6-1 地域ルール適用ビルの附置義務台数・整備台数・ピーク時駐車台数（2017）

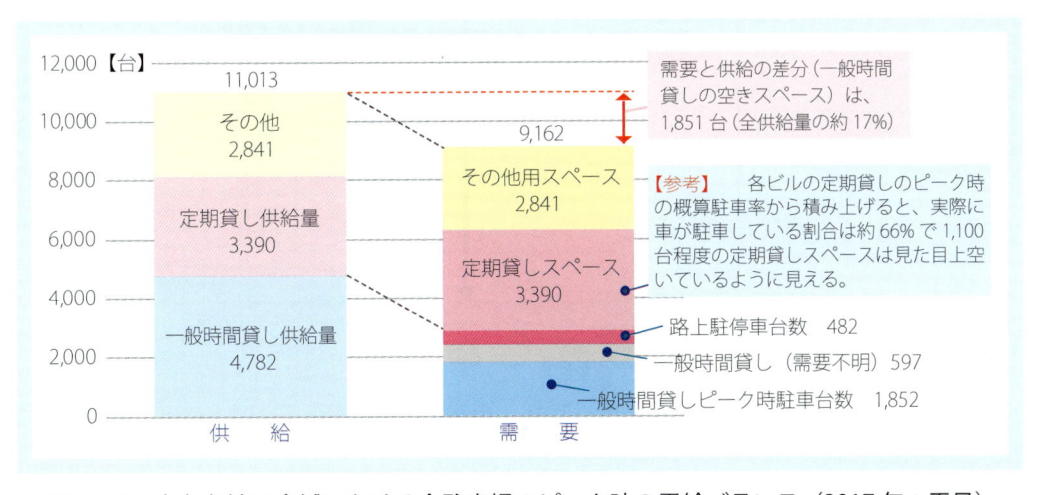

図 1-6-2 大丸有地区全域における全駐車場のピーク時の需給バランス（2017 年：平日）

一般・時間貸しに絞ってみると、地区全体の駐車場の整備台数（供給量）は、平日・休日ともに、ピーク時の駐車場在庫台数（当該時間帯に駐車している台数）に路上駐停車台数を加えた台数（需要量）を十分に上回っている。

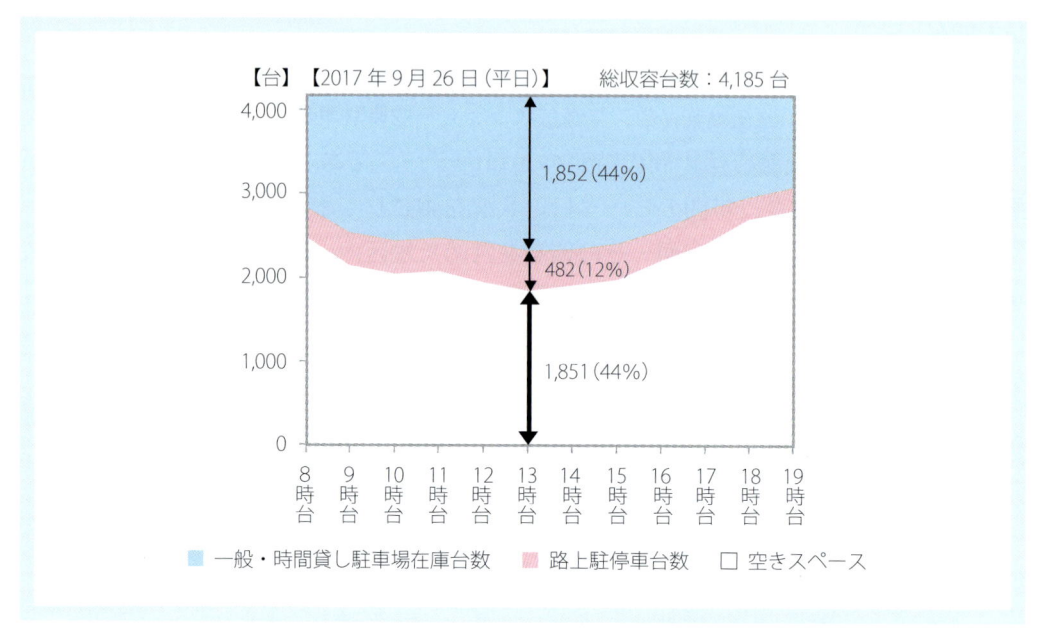

図 1-6-3　大丸有地区全域における一般・時間貸し駐車場の需給バランス（平日）

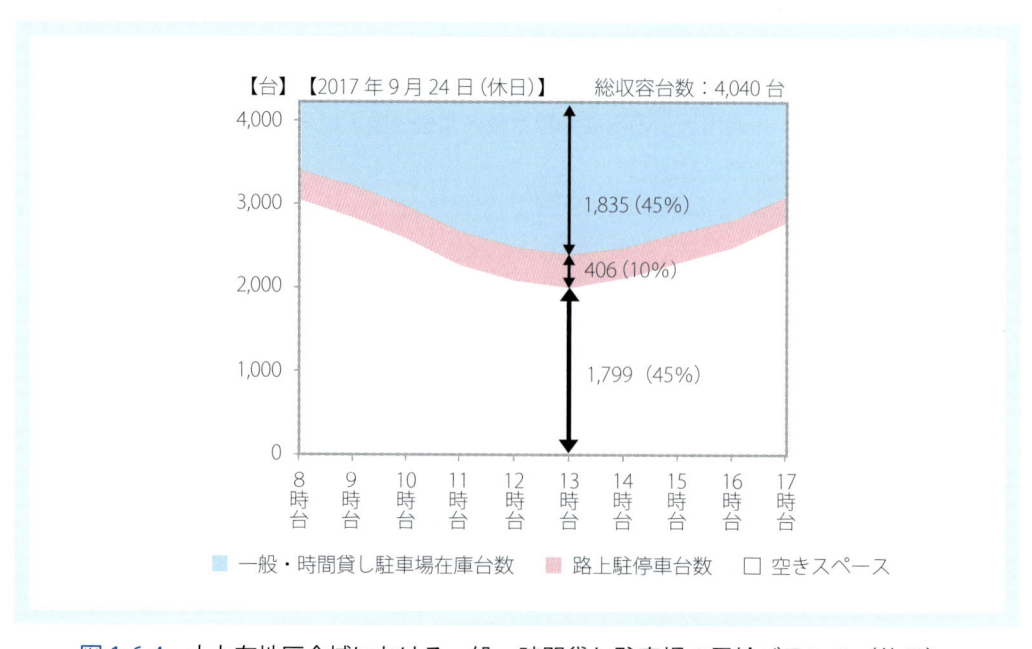

図 1-6-4　大丸有地区全域における一般・時間貸し駐車場の需給バランス（休日）

ピーク時の駐車スペースの利用率（ピーク時在庫率：駐車台数が整備台数に占める割合）は、地域ルール適用ビルの方が適用していないビルよりも高い。地域ルールを適用し的確な需要予測を行うことで、過剰な駐車場整備を抑制し、需給バランスの適正化に貢献している。なお、調査は、開業後5年以上経過したビルの一般・時間貸し駐車場のみを対象としている。

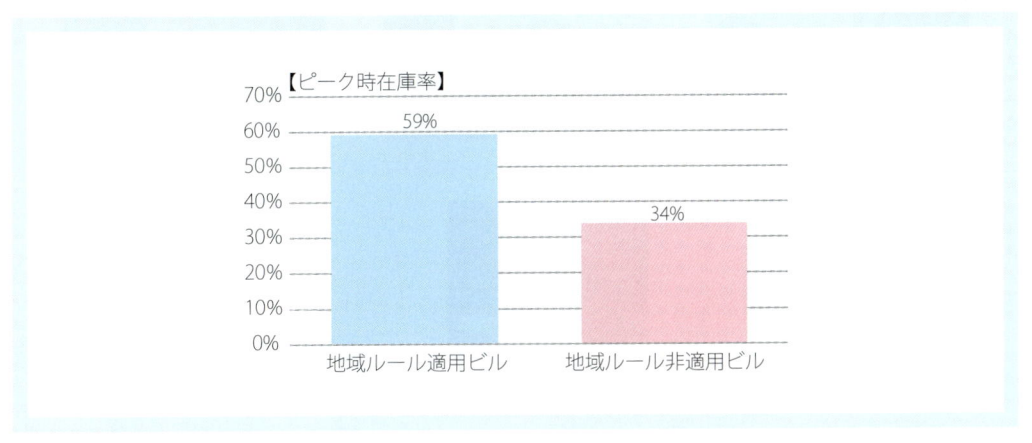

図 1-6-5　地域ルール適用有無別の一般・時間貸し駐車場の駐車スペース利用率
（2017 年：平日）

ピーク時の駐車スペースの利用率は地域ルール適用ビルの方が高くなっている

一般・時間貸しの需給バランスを地区別に見ても、十分に空きスペースがあり、一般・時間貸し駐車場は、地区によらず、十分な量が整備されている。

　調査を実施した地区の位置、区分は下記のとおりである。

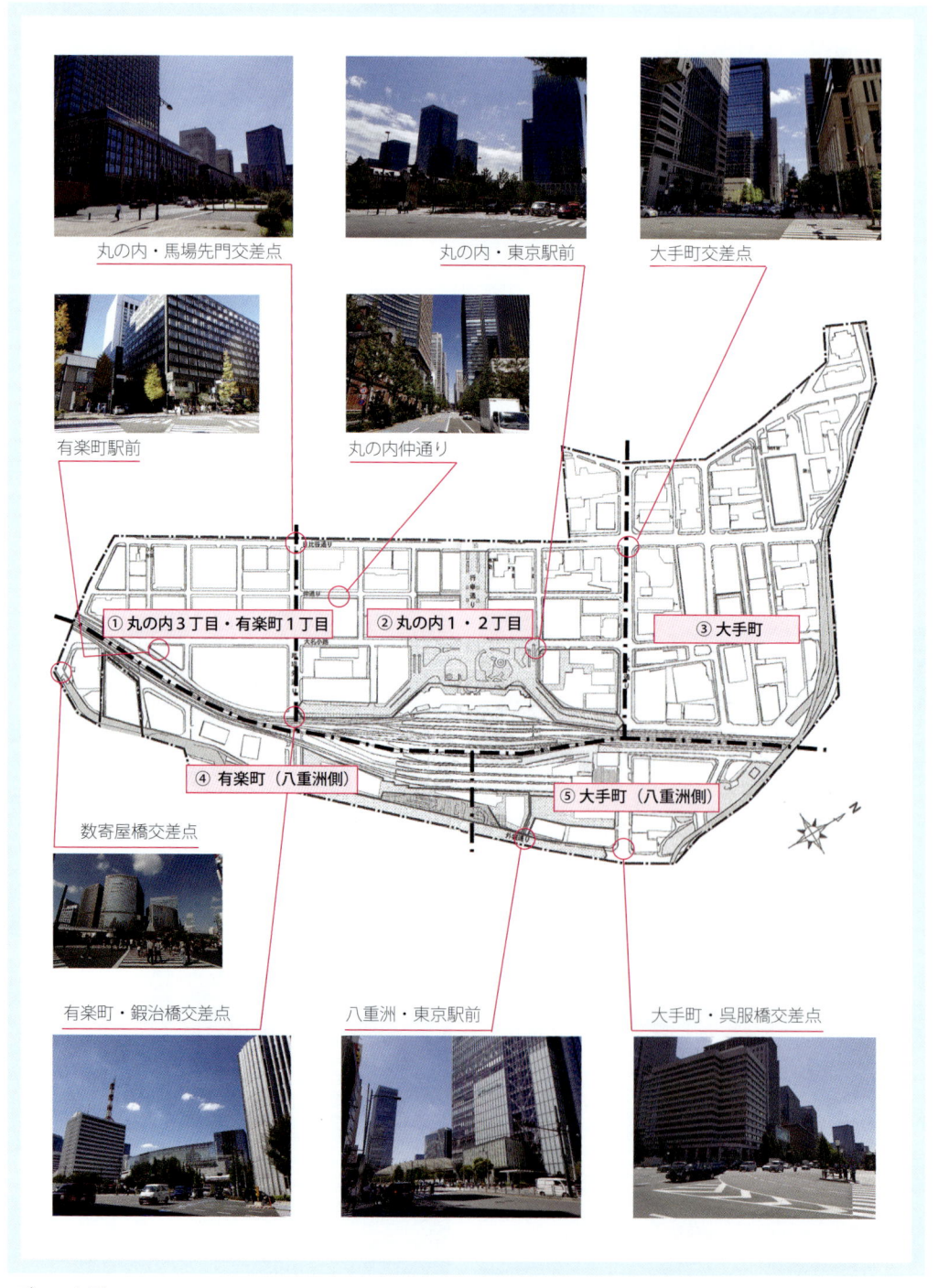

ブロック図

調査を実施した地区の位置・区分と周辺地域

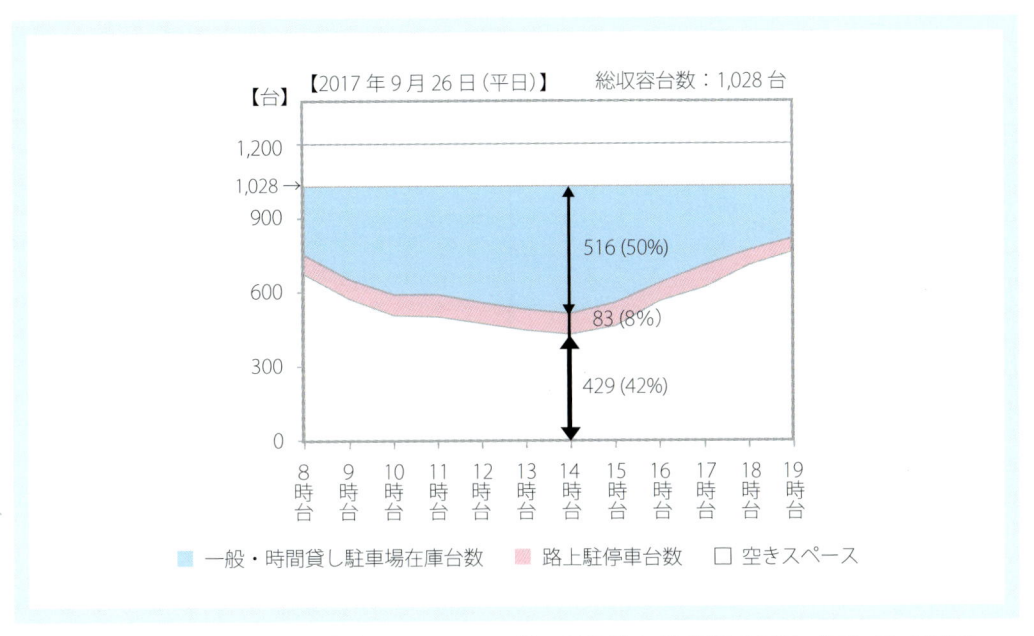

図 1-6-6　丸の内 3 丁目・有楽町 1 丁目の一般・時間貸し駐車場の需給バランス（平日）

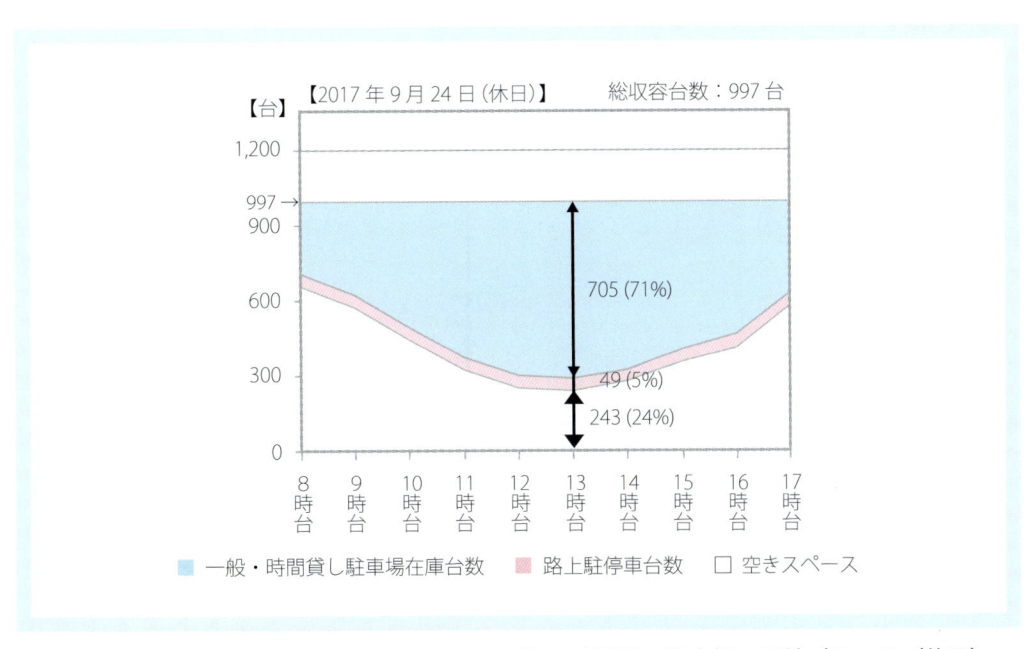

図 1-6-7　丸の内 3 丁目・有楽町 1 丁目の一般・時間貸し駐車場の需給バランス（休日）

② 丸の内1・2丁目地区

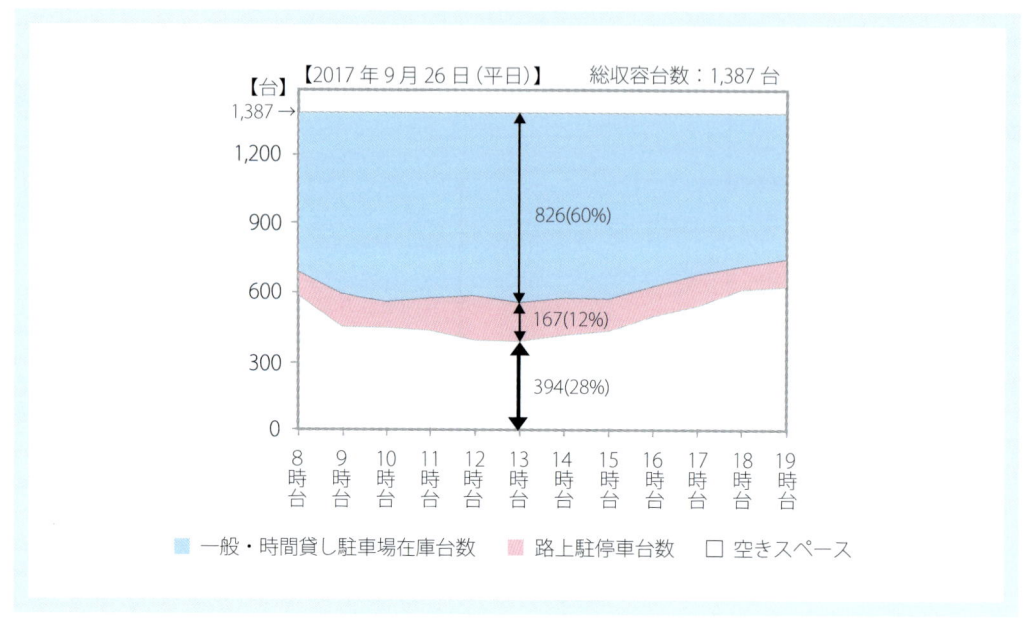

図 1-6-8　丸の内1・2丁目地区の一般・時間貸し駐車場の需給バランス（平日）

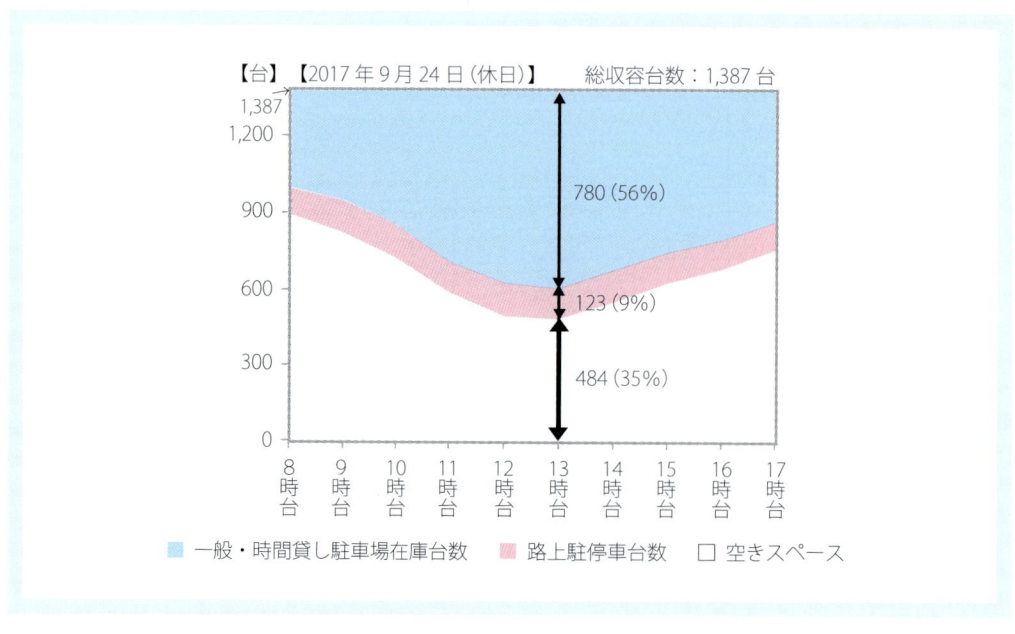

図 1-6-9　丸の内1・2丁目地区の一般・時間貸し駐車場の需給バランス（休日）

③　大手町地区

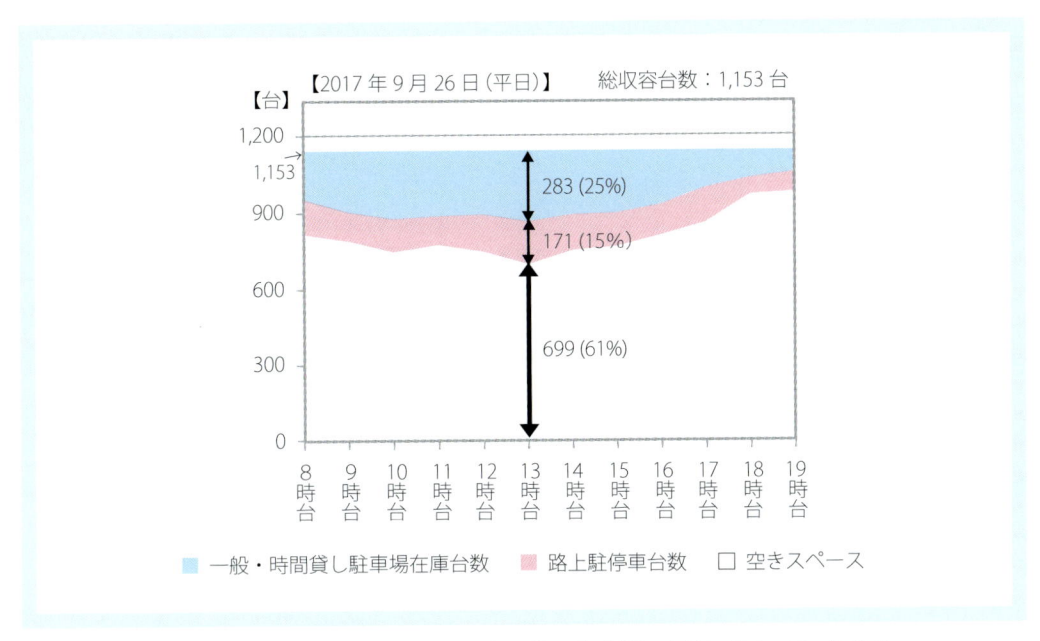

図 1-6-10　大手町地区の一般・時間貸し駐車場の需給バランス（平日）

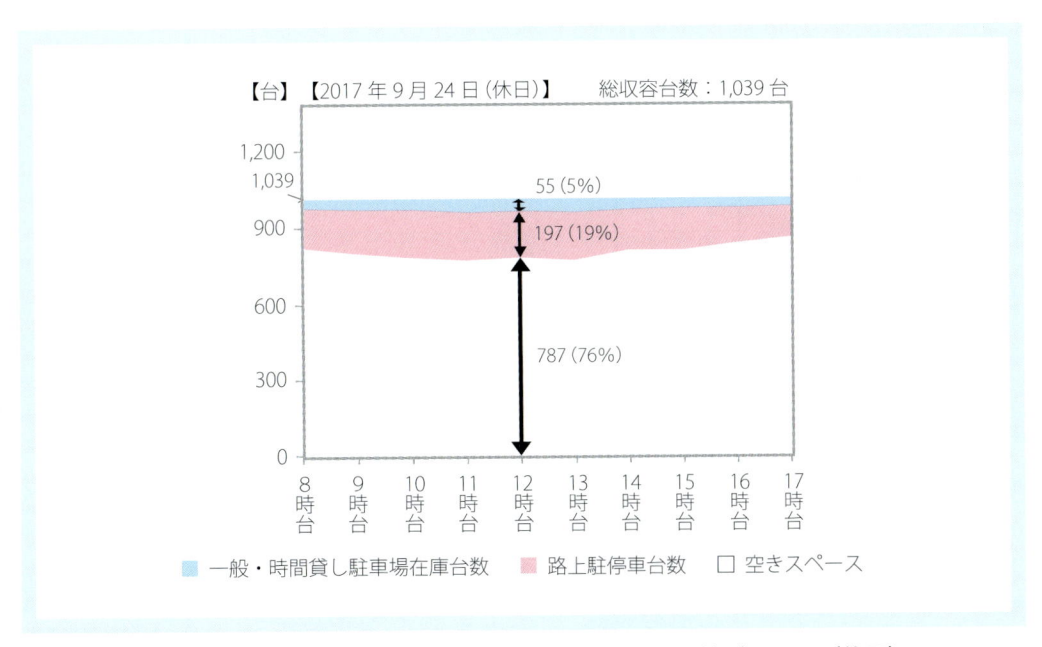

図 1-6-11　大手町地区の一般・時間貸し駐車場の需給バランス（休日）

④ 有楽町（八重洲側）地区

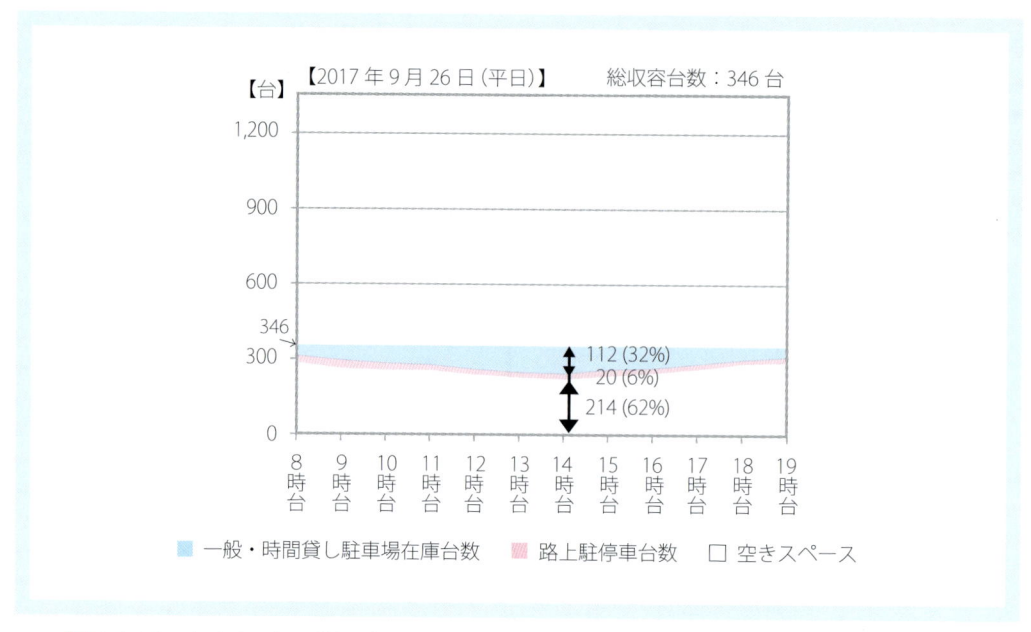

図 1-6-12　有楽町（八重洲側）地区の一般・時間貸し駐車場の需給バランス（平日）

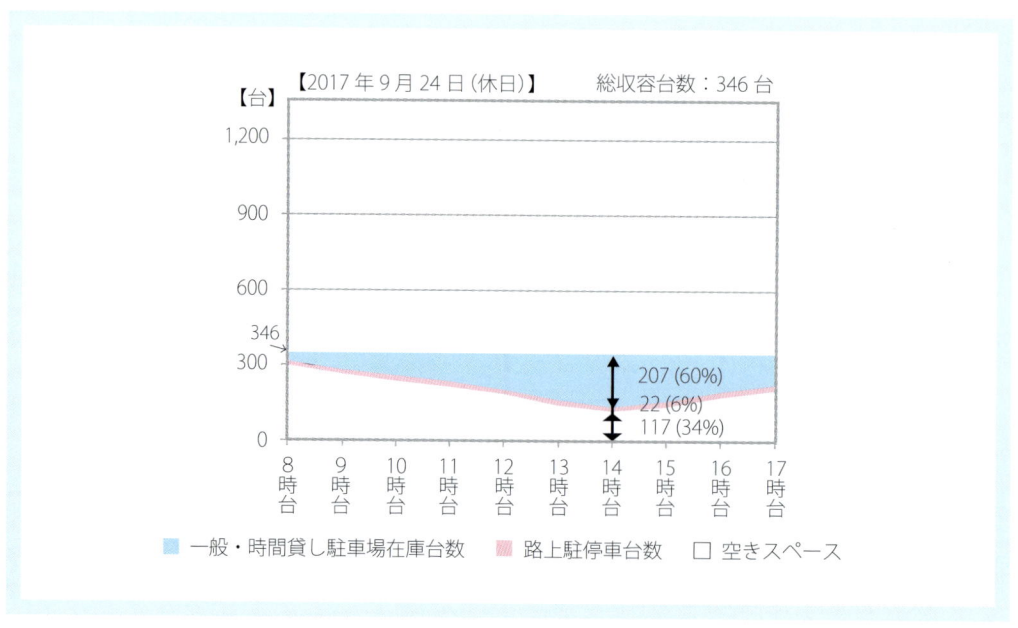

図 1-6-13　有楽町（八重洲側）地区の一般・時間貸し駐車場の需給バランス（休日）

⑤ 大手町（八重洲側）地区

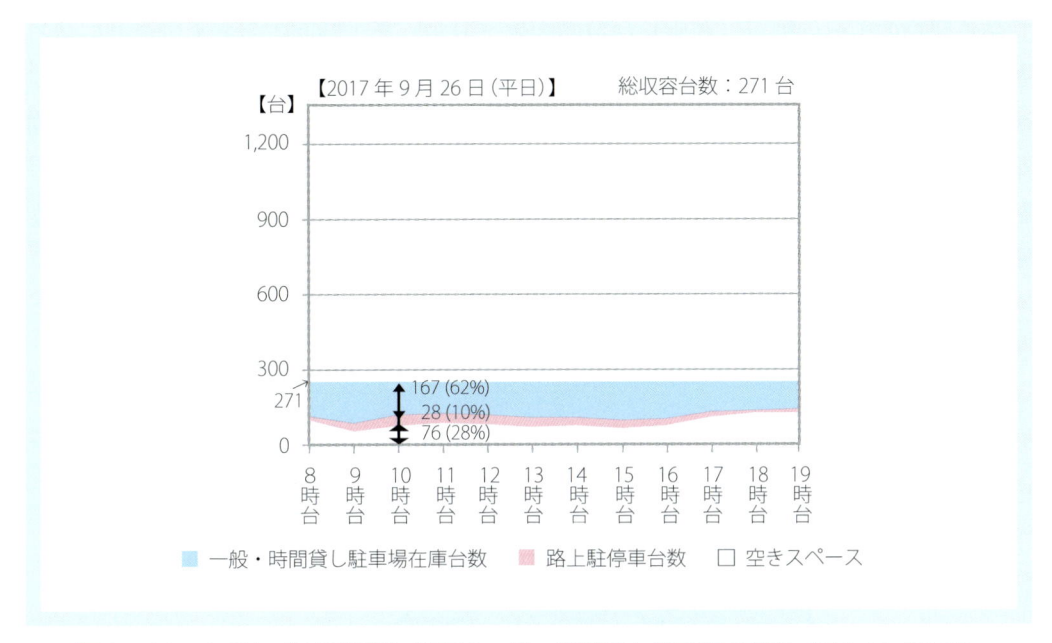

図 1-6-14　大手町（八重洲側）地区の一般・時間貸し駐車場の需給バランス（平日）

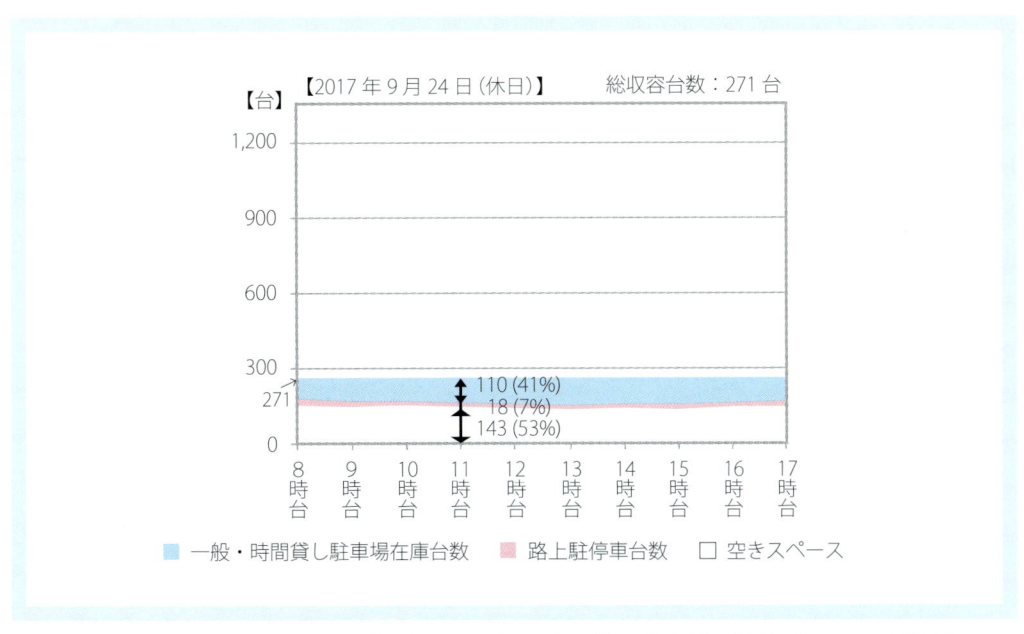

図 1-6-15　大手町（八重洲側）地区の一般・時間貸し駐車場の需給バランス（休日）

1-7 需要変動

　ある建物の1日の駐車（在庫）台数の変化（分布）を1時間ごとと1分ごとに見ると図1-7-1のようになっている（1時間単位での入出庫データと1分単位での入出庫データから算出）。乗用車（一般・時間貸し、定期貸しなど）のピーク時間帯と貨物車（荷さばき）のピーク時間帯は異なっている。このピーク時間帯の差を生かして、駐車スペースの用途を時間帯によって使い分けるなどの運用を行うことで、さらに効率的な駐車場整備を行うことができる。

　また、分単位の駐車台数の分布では、短い時間に、高い駐車需要の集中が見受けら

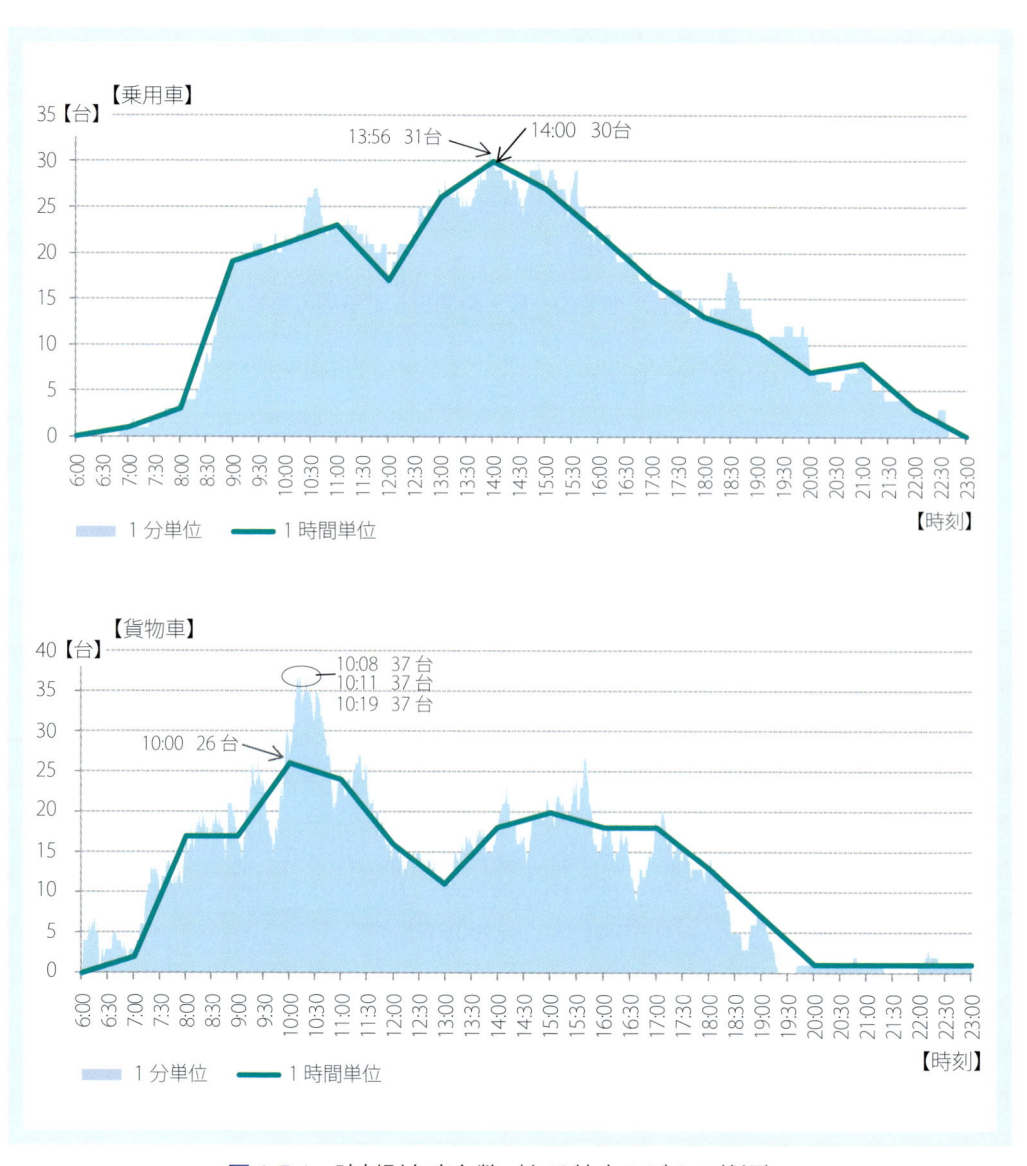

図 1-7-1　時刻別在庫台数（ある特定のビルの状況）

れ、一時的な入庫集中に対する手立てを用意することの必要性も示している。

　1年のうちの平均的な日の駐車需要を基準とすると、年間の駐車需要の最大値は、1.12 〜 1.24 倍程度となっている（図1-7-2）。このため、需要予測や駐車場計画では、年間のある平均的な1日の調査結果から把握される駐車需要に対して、それを一定程度上回ることを見込んだ安全率の考え方を取り入れた検討が必要である。

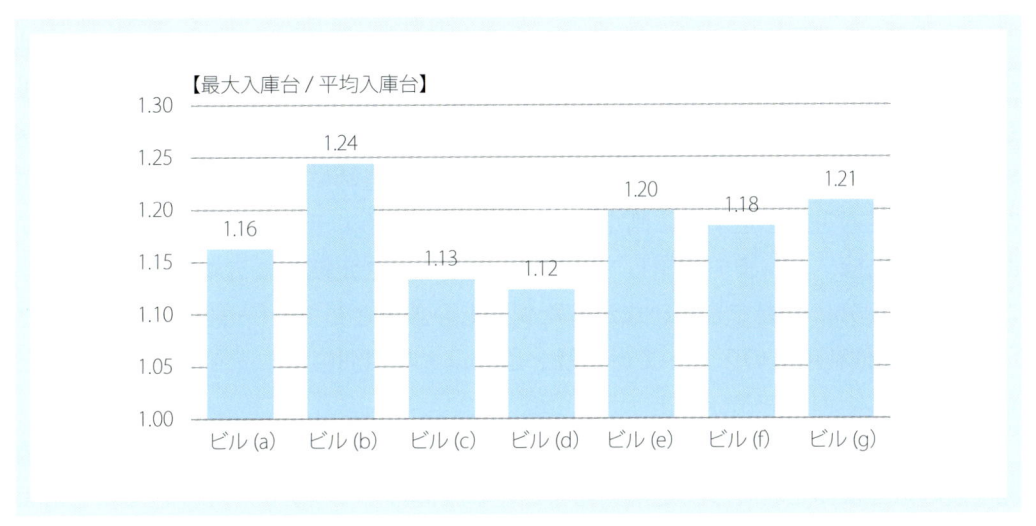

図 1-7-2　ビル別入庫台数（1日）の年間の平日平均値と年間最大値との比（2017年）

1-8　データから見る地域ルール適用の効果

（1）附置義務による駐車場整備台数を減免

　大丸有地区では、再開発の進展により延床面積が増加している一方で、駐車場整備台数は横ばいである。地域ルールを適用して駐車場を整備したビルは、単位床面積あたりの駐車場整備台数が少ないため、地域ルールの適用効果により整備台数を増やさずに済んでいる。当地区の駐車場の約半数を一般・時間貸しとして一般に開放しており、当地区を訪れる人の駐車ニーズに応えている。

　また、地域ルールの適用により、需要予測に基づいて必要な台数の荷さばきスペースが整備されてきているほか、自動二輪車と自転車の駐車場整備も進んでいる。

（2）路外駐車場への受け入れにより路上駐停車を削減

　大丸有地区内の路上駐停車は、10年前から3割ほど減少している。また、貨物車に限って見ても路上駐停車は減少傾向にある。これは、地域ルールの適用によって、使いやすい路外駐車場および荷さばきスペースの整備が進んだことで、駐車場内への誘導が進んでいるためと考えられる。

（3）データに基づく需要予測により駐車場の需給バランスを改善

　地域ルール適用施設では、附置義務台数を緩和した整備台数よりもピーク時駐車台数は少なく、附置義務の緩和による駐車場の不足等の支障は生じていない。また、

ピーク時の駐車場在庫台数が整備台数に占める割合も、地域ルール適用ビルは比較的高い。このことからも、的確な需要予測によって、過剰な駐車場整備を行うことなく、より適正な規模の駐車場整備が進められていることがわかる。

地域ルール適用施設では、貨物車の荷さばき駐車スペース利用率が高く、的確な荷さばき需要予測に合わせて荷さばきスペースを整備した効果が現れている。

（4）今後の調査の方向性

地域ルール内の駐車需要は、新旧ルールの混在、駐車料金による変動、あるいは他交通手段の整備によって変動する。また、来街者のアクセス交通手段の良し悪しにより、地域内業務に影響を及ぼすことになる。したがって、駐車需要を常時監視し、適切にコントロールする手を打つことが望まれる。そのためには、駐車の利用実態および地域内の交通実態を定期的に測定し、その変化を含めてデータ的に把握する必要がある。それには、これまで実施してきた調査を引き続き定期的に実施するとともに、これまでに十分に把握できていなかった調査上の課題として、「一般・時間貸し」と「定期・その他利用」の区別ができ、月・週・日・時間別にデータを把握できることが望まれる。

これに対応する調査の方向として、各ビルの駐車場出入口にナンバープレートの情報を読み取る機器を設置し、定期契約などの車両情報とマッチングをかけることにより、その車両が「一般・時間貸し」か「定期・その他利用」かの把握を正確にすることが望ましい。この区別がつけば、一般有料駐車場と専用駐車場の一括運用などにより、さらに駐車スペースの減免が可能になる。また、これらの情報は、365日、24時間継続してデータを取得できることから、そのような利用形態別の時間変動や日変動などの特色についても詳細な分析を行うことが可能となり、建物に出入りする貨物や書類の発送や配送のシステム合理化の運用が可能となる。

このため、大丸有駐車協議会は、AI時代に相応しい上述した調査機器を設置することに助成し、随時モニタリングした情報を定期的に提供してもらうことで、地域ルールが最小の施設で最大の効果を生む運用を常時監視し、それぞれの駐車場に運用のアドバイスをする役割もあると考えている。そのため、駐車場に出入りする際の監視装置の普及に努力していくこと、さらに詳細な分析に効率的な駐車場の運用実施に手を貸すことができるようにならなければならないと考えて、今後努力していこうと考えている。

より効率的な駐車場の運用実施を目指す

■ 資料2　世界の都市の駐車場政策・附置義務駐車場 ■

2-1　整理事例の一覧

　近年の世界の各都市における駐車場政策のなかで、新規性のあるものや駐車場政策のトレンドを把握するうえで参考となるものとして、表2-1-1の事例について紹介する。これら各事例の概要が理解できるよう、①背景・目的・ねらい、②施策概要・施策の特色、について整理する。

表 2-1-1　整理事例の一覧

	分　　類	事例概要	代表的な都市
1	駐車場整備台数の低減に関する事例	最低整備量要件を最大整備量要件に変更する事例	メキシコシティ
		整備量に対応して公共交通促進策を義務付ける事例	サンフランシスコ
		最低整備要件撤廃と統合的な駐車場施策の事例	ミネアポリス
2	駐車場をとりまく新技術に関する事例	自動駐車システムの導入事例	パリ
		リアルタイムでのデータ収集・管理に関する事例	ヴヴェイ
3	駐車需要の将来の方向性を示唆する事例	用途変更を見据えた駐車場設計の事例	シンシナティ

2-2　各事例の紹介

2-2-1　駐車場整備台数の低減に関する事例

（1）最低整備量要件を最大整備量要件に変更する事例：メキシコシティ（メキシコ）

　①　自動車社会が続いてきたメキシコでも、自動車の利用抑制が求められるようになってきている。本事例は、駐車場を作らせる方針から、作りすぎない方針へ転換することを意図している。

　②　駐車場の整備台数の規制として、不動産開発に伴う駐車場の最低整備量要件を最大整備量要件に変更している。表2-2-1に示すように、用途ごとに駐車場整備の最大数を定めている。これに併せて、駐車場最大整備量の50%以上を供給する場合には、開発事業者に課金することで整備台数をより低減させる制度が導入されている。

車社会メキシコシティの渋滞

表 2-2-1　用途ごとの最大数（一部）

土地利用			駐車場の最大数
都 市 部			
住宅地域			
住宅	単一世帯及び複数世帯	住宅1戸ごと	1戸につき3
商業地域			
供給・倉庫		市場	建物 $200m^2$ につき1
		生鮮食品の倉庫	建物 $200m^2$ につき1
		非生鮮食料品や家財の倉庫	建物 $200m^2$ につき1
		ガソリンスタンド	土地 $200m^2$ につき1
		展示会及び臨時見本市	土地または占有面積 $100m^2$ あたり1
必需品・専門用品店		$100m^2$ を超える以下の店（食料品、パン屋、ミニスーパー雑貨等）	建物 $25m^2$ につき1
		$100m^2$ を超える建材・木材販売店	土地 $150m^2$ につき1
コンビニエンスストア		コンビニエンスストア	建物 $25m^2$ につき1
百貨店		百貨店	建物 $25m^2$ につき1
ショッピングセンター		ショッピングセンター	建物 $25m^2$ につき1

（2）整備量に対応して公共交通促進策を義務付ける事例：サンフランシスコ

① サンフランシスコ市では自動車に過度に依存しないことを狙いとした TDM 施策が数多く行われており、2016 年 7 月には『STANDARDS FOR THE TRANSPORTATION DEMAND MANAGEMENT PROGRAM』が示された。

② この基準においては、今後マンションなどを建設する開発業者には駐車場の整備台数に応じて代替的な移動手段を導入する義務を課している。これにより、駐車場を無尽蔵に作ることを規制する施策となっている。

本事例で注目すべき点は、事業者にとってわかりやすい明確なポイント制度を導入したことにあり、各交通モードのバランスを取ることの重要性が広く伝わりやすい。ポイント制度の要点は、次のとおりである。

・開発する用途と整備する駐車場台数に応じて、ターゲットポイントが定められている（表 2-2-2）。

・事業者は、このターゲットポイントを超過するよう、ポイントの付された TDM メニューリストから、開発に合わせて適切なメニューを選択し、実行する。

・TDM メニューリストでは、それぞれの

出典：STANDARDS FOR THE TRANSPORTATION DEMAND MANAGEMENT PROGRAM

図 2-2-1　サンフランシスコの TDM プログラム

TDM メニューのポイント（たとえば「歩行環境改善」は 1 ポイント、「自転車駐車場整備」は 1 〜 4 ポイント、「配送サービス提供」は 1 ポイントなど）と、各開発用途への導入の適否などが示されている。

表 2-2-2　土地利用定義ごとのターゲットポイント

TABLE 2-1: LAND USE CATEGORIES AND TARGETS

Land Use Category	Typical Land Use Type	# of Parking Spaces proposed by Land Use	Target
Ⓐ	Retail	Base number: 0 < 4	Base Target: 13 points
		Each additional 2*	1 additional point
Ⓑ	Office	Base number: 0 < 20	Base Target: 13 points
		Each additional 10*	1 additional point
Ⓒ	Residential	Base number: 0 <20	Base Target: 13 points
		Each additional 10*	1 additional point
Ⓓ	Other	Any # of parking spaces	3 points

* For each additional parking space proposed above the base target, the number of parking spaces will be rounded up to the next highest target. For example, a project within Land Use Category C that proposes 21 parking spaces is subject to a 14 point target.

出典：STANDARDS FOR THE TRANSPORTATION DEMAND MANAGEMENT PROGRAM

（3）最低整備要件撤廃と統合的な駐車場施策の事例：ミネアポリス

① 　ミネアポリスにおいては、都市内における歩行者中心の空間デザインを進めることを目的として、『ミネアポリス 2040 計画』（2018 年 12 月策定）で駐車場整備要件の撤廃を示している。

② 　その他にも、地上への駐車場建設を控えることや駐車場出入り口における歩行者との錯綜を最小限に抑えることが求められる等、自動車利用を控えるための施策が統合的に進められている点が特色となる。

出典：ミネアポリス 2040

図 2-2-2　「ミネアポリス 2040 計画」の表紙と示されている歩行者中心のイメージ

2-2-2　駐車場をとりまく新技術に関する事例

（1）自動駐車システムの導入事例：パリ（フランス）

①　パリ＝シャルル・ド・ゴール空港では、駐車場での事故削減や省スペース化を狙いとして、2017年2月から自動駐車ロボットが導入され、実験を兼ねて運用されている。

②　自動駐車ロボットを用いた場合、ドライバーの乗降がなく、クルマを限られたスペース内に隙間なく駐車できるため、従来の駐車方法と比較すると最大で50％程駐車台数を増加させることが可能と試算されている。

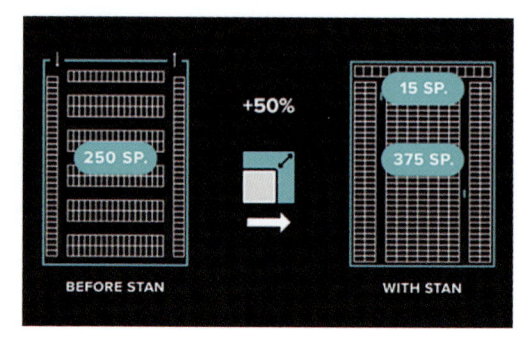

出典：Stanley Robotics ホームページ

図 2-2-3　自動駐車ロボットと駐車台数増加のイメージ

（2）リアルタイムでのデータ収集・管理に関する事例：ヴヴェイ（スイス）

①　スイス企業 Parquery では、既存駐車場での駐車需要の把握や、料金の未払い防止などを狙いとして、スマートパーキングソリューションの導入を進めている。

②　駐車場内のドライバーの行動に関する情報をリアルタイムで把握でき、利用者への通知にも活用される。ヴヴェイの Grande Place 駐車場には422台分の駐車スペースがあるが、スマートパーキングソリューションでは2台のカメラのみを用いた静止画像の分析により、自動車に関するデータを収集し管理することが可能となっている。

出典：Parquery ホームページ

図 2-2-4　スマートパーキングソリューションの駐車判定

2-2-3 駐車需要の将来の方向性を示唆する事例

（1）用途変更を見据えた駐車場設計の事例：シンシナティ

① 2-2-1 の「駐車場整備台数の低減に関する事例」のように、駐車場整備台数を低減させる方向での制度変更がなされるなか、将来的に駐車場から転換することを考慮した建築物の設計事例がみられるようになった。

② たとえば、シンシナティの大規模事務所ビルにおいては、地上部 3 フロア分の駐車場について、将来的にオフィスに転用可能なデザインで設計がなされている。ICT 技術や自動運転技術の進展を考慮すると、将来的に別の用途への転換を見据えた柔軟な駐車場設計の必要性が高まっていることが、本事例によって示唆されている。

出典：Gensler 社

図 2-2-5　駐車場廃止を考慮したオフィス設計

3-1　大手町・丸の内・有楽町地区駐車場地域ルールのてびき

大手町・丸の内・有楽町地区
駐車場地域ルールのてびき

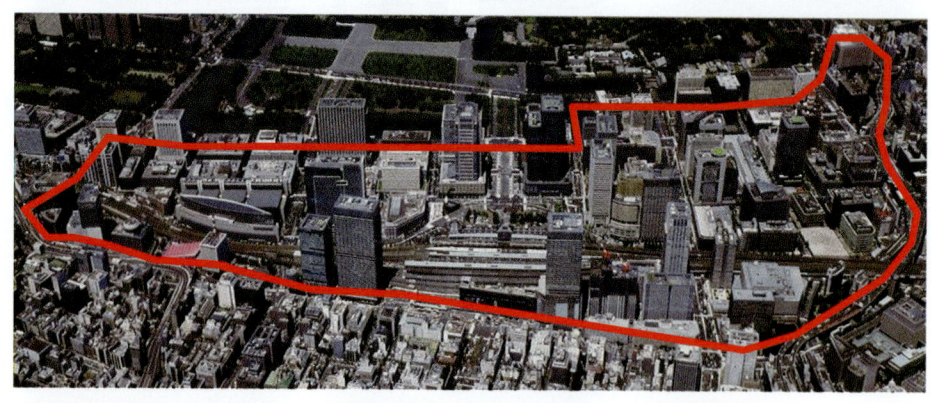

大丸有駐車協議会
（大手町・丸の内・有楽町地区駐車環境対策協議会）

この「大手町・丸の内・有楽町地区駐車場地域ルール」は地元住民の発意に基づき、千代田区で定める手続きに則り策定し、２００４年１１月より運用をしています。この地域ルールによって、個々の施設において、適正な規模で良質な駐車場整備を図るとともに、併せて地域への貢献となる施策を推進し、円滑で安全な交通環境の実現を目指します。

目　的

①公共交通機関が整備され、すでに駐車場に余裕のある大丸有地区の地域特性を踏まえ、適切な駐車場整備を行います。

②地域として、路上駐車の排除や駐車場への誘導などに取り組み、交通の円滑化と安全性の確保を図ります。

適用の範囲

〔地域ルールの対象地区〕

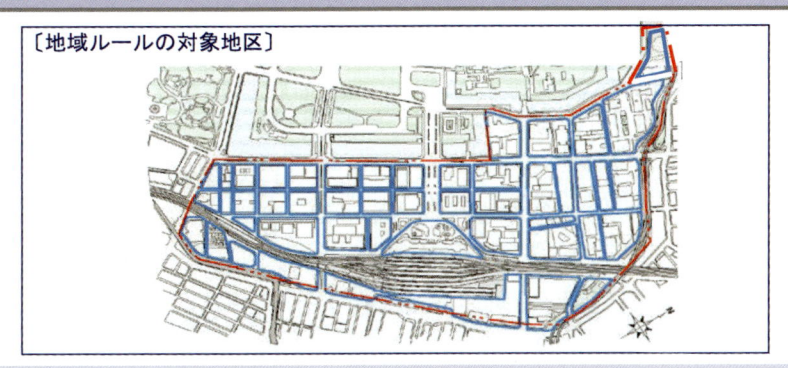

緩和申請にあたって・・・(1)必要な駐車対策等

本地域ルールを使って緩和申請を行う場合には、以下の駐車対策等の検討が必要となります。

〔個々の建築物における駐車対策〕
① 利用しやすい駐車場の構造、及び歩行者等の安全性に配慮した駐車場内の動線計画、出入り口位置の配置及び車寄せなどの整備
② 適切な荷さばき駐車施設の確保や共同化に向けた荷受けスペースなどの整備
③ 自転車、自動二輪車（原付自転車を含む）などの駐車スペースの確保

〔地区全体で取り組む駐車対策〕
① 公共駐車場、隣接建物間、同一街区内、ブロック内での駐車場のネットワークの整備
② 路外駐車場の空き情報、料金情報、料金設定など利用しやすい情報の提供
③ 休日及び時間外での駐車場開放
④ 路上駐車の路外駐車場への誘導や指導
⑤ 物流の共同化
⑥ その他駐車対策に関すること

緩和申請にあたって・・・(2)駐車場整備台数の考え方

【地域ルールより】
　対象地区内における新築、増築、改築又は用途変更を行う建築物の駐車施設の台数は、以下の中で最大の数値とする。
　（１）　対象建物の用途別駐車需要台数。
　（２）　東京都駐車場条例により算出した台数に、別途定める緩和係数を乗じて算定した台数。
　　　　（緩和係数は、事務所用途：0.7、店舗用途：1.0、その他用途：個別検討）
　　　　ただし、適切な駐車対策などが講じられている場合はこの限りではない。
　（３）　大規模小売店舗立地法による商業施設駐車場整備台数

【駐車場の整備台数を決めるにあたって】
　地域ルールの考えに基づき、整備台数を決めるにあたっては、乗用車、貨物車、自動二輪車の利用状況の違いにより、それぞれ個別に検討することが必要です。

〔乗用車〕
　この地区の乗用車の駐車需要は、地域ルールの運用開始以降、実態調査などによって、この地区に相応しい原単位等が徐々に明らかになり推計の確度も高まっています。ルール適用の申請に当たっては、確実な需要推計に基づくとともに、適切な安全率等を備えた整備台数となっていることが必要です。

なお、この整備台数は、さらに以下に掲げるような項目の実施が確認される場合には、ルールのただし書きを適用し、係数により算出した台数を下回ることを可能としています。
　　① 隣接駐車場とのネットワーク化（実施または将来可能性の確保）
　　② 車寄せ施設の整備
　　③ ２段式機械駐車設置可能な車室天井高さの確保
　　④ 道路境界から駐車場入り口遮断機までの誘導距離の確保
　　⑤ その他、低減に寄与する事項の担保

〔貨物車〕
　当地区においては、地域ルールの運用開始以降、その後の実態調査などによって、「貨物車が、駐車場への入庫台数の５〜７割を占めている。」「ピーク時における荷さばき専用駐車施設は10台では不足し、一般駐車マスへ誘導し運用されている。」などの状況が確認されていることから、貨物車は乗用車と別に、館内の集配システム（共同集配、直納、縦持ちなど）等の状況を充分考慮して、実態に即した需要推計を行い整備台数を決めることが必要です。

〔自動二輪車〕
　平成18年の駐車場法の改正により、自動二輪車の駐車場整備が規程されたことを受け、ルールの適用に当たっても、国の標準条例を参考にしつつ、自動二輪車の需要予測を行い、それに応じた駐車マスの整備を進めています。

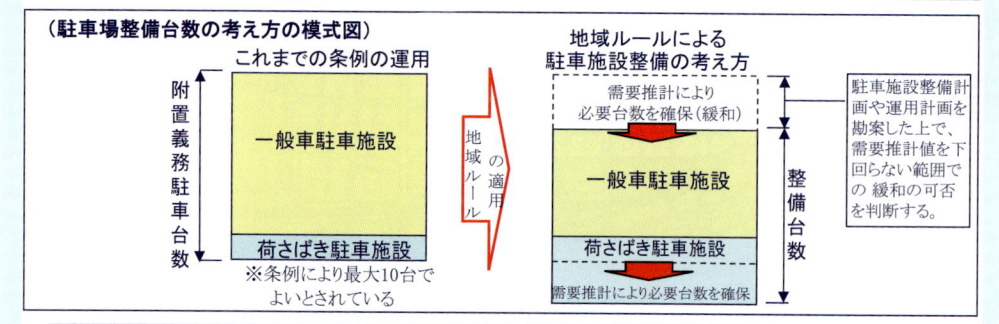

（駐車場整備台数の考え方の模式図）

緩和申請にあたって・・・(3)審査の流れ

　地域ルールの申請に対する審査は、専門委員会が、需要推計に基づく駐車場整備台数の妥当性について評価するとともに、駐車場配置計画、動線計画、運用計画の内容についても安全性、利便性、円滑性等の視点から評価し、その評価結果に基づき、地域ルール策定協議会が協議し、決定します。

緩和申請にあたって・・・(4)地域ルール適用後の義務

　本地域ルールの適用を受けた者は、駐車場の供用開始以降にも以下の義務があります。
　　・駐車場の供用開始以降、毎年1回、駐車場の運用状況を報告する。
　　・地域ルールに係る義務が履行されない場合には、条例に定める附置義務台数に復帰する。
　　　（申請時に確約書を提出して頂きます。）

審査手数料・負担金

〔審査手数料〕
　　・1申請物件につき180万円（消費税別）を審査終了後、策定協議会へ納入して頂きます。
〔緩和に伴う負担金〕
　　・東京都駐車場条例による付置義務台数を基準として、削減する台数について1台当たり100万円（非課税）を建物竣工までに、駐車協議会へ納入して頂きます。
　　・削減台数が、3割を超え、かつ駐車場が地下1層に収まる場合には、3割を超えた台数については、1台につき300万円とします。
　　・既存の建物について、地域ルールの適用により、台数削減を行う場合、削減後の利用転換計画等の内容により、負担金を規定額より軽減することができます。

交通環境の向上に向けて

　地区内において、駐車関連の良好な交通環境の維持、改善の目的で、公益的な事業を実施しようとする本協議会の会員（但し運営員会が認める場合はこの限りではない）に対し、総事業費の1／2（上限1,000万円）の費用を助成します。また、各期で定める重点事業については、助成比率、上限額、その他の条件を運営委員会にて別途定め、事業に要した費用を助成します。

地域ルールに係る協議会組織

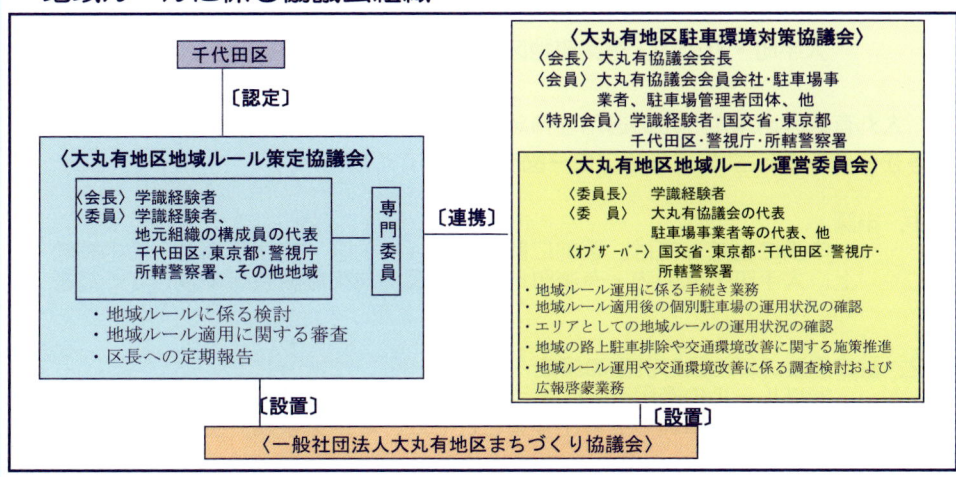

大丸有地域ルール　策定フローおよび個別審査フロー

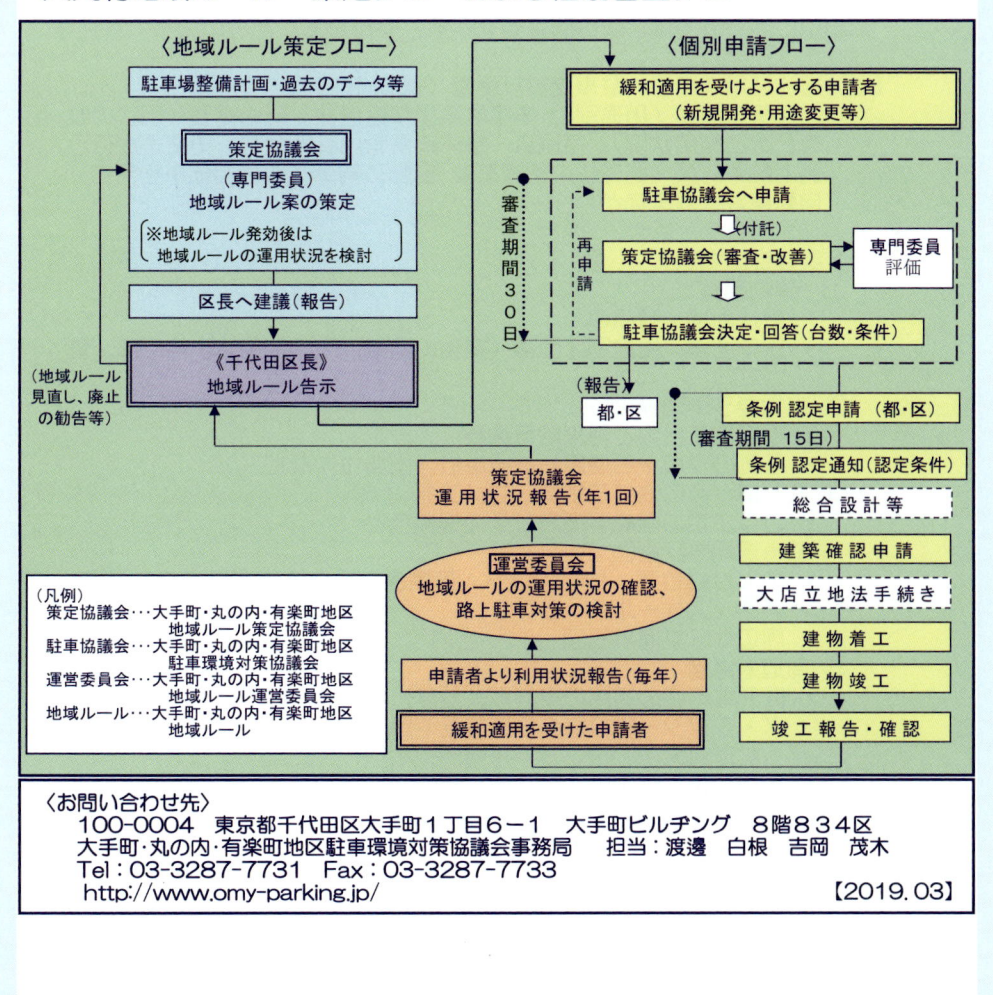

〈お問い合わせ先〉
100-0004　東京都千代田区大手町1丁目6-1　大手町ビルヂング　8階834区
大手町・丸の内・有楽町地区駐車環境対策協議会事務局　担当：渡邊　白根　吉岡　茂木
Tel：03-3287-7731　Fax：03-3287-7733
http://www.omy-parking.jp/　　　　　　　　　　　　　　　　　　　　　　【2019.03】

3-2　大手町・丸の内・有楽町地区地域ルール 適用申請の手引き

大手町・丸の内・有楽町地区地域ルール　適用申請の手引き

　大丸有地区地域ルールの適用を希望される地権者等の方は、次の方法で申請等を行ってください。（別添フロー図を参照してください。）

1．申請
　　　申請に当たっては、事前に関係機関（都・区・警視庁など）に相談の上、大手町・丸の内・有楽町地区駐車環境対策協議会へ申請してください。

2．駐車需要の算出及び計画の策定
　　　地域ルールの適用を受けようとする方は、「駐車場整備ガイドライン」を参照し、駐車需要を算出するとともに、駐車場整備計画を策定してください。

3．関係添付図書類
　　　申請に当たっては、次の図書類を作成、添付してください。

　（1）緩和適用申請書、駐車施設計画書（様式―1、2）
　　　　建築床面積（用途別）、申請駐車場整備台数、駐車需要（現状の駐車台数と利用状況）、荷捌き・身体障害者用駐車台数、申請者が行う路上駐車対策（路外への誘導策）、自動二輪車（原付自転車を含む）自転車駐車対策など

　（2）関連提出資料
　　　① 建物関係
　　　　・ 敷地面積、容積率
　　　　・ 総床面積、用途別床面積（業務、商業、その他用途、供用部、駐車場）
　　　② 車需要予測関係
　　　　・ 現況駐車台数と将来駐車需要
　　　　・ 予測のフローと使用した原単位（出典付）など
　　　③ 要整備台数に対する根拠、コメント
　　　　・ 台数決定の配慮事項及びその根拠など
　　　④ 駐車場配置計画図
　　　　・ 出入り口位置、レイアウト、荷捌き、身体障害者駐車マス配置、通路（スケール1：500）
　　　　・ 周辺地区交通計画図
　　　⑤ 周辺道路図
　　　　・ 開発地周囲の道路の車線数、分離帯の有無、地下道等の入口、バス・タクシー乗り場の位置等を明示
　　　⑥ 路上駐車対策
　　　　・ 周辺の路上駐車の状況（数、時間、用途別、目的別など）
　　　　・ 路上駐車削減対策の詳細とその根拠

　（3）確約書（様式―3）

4．審査期間
　　　標準として30日間

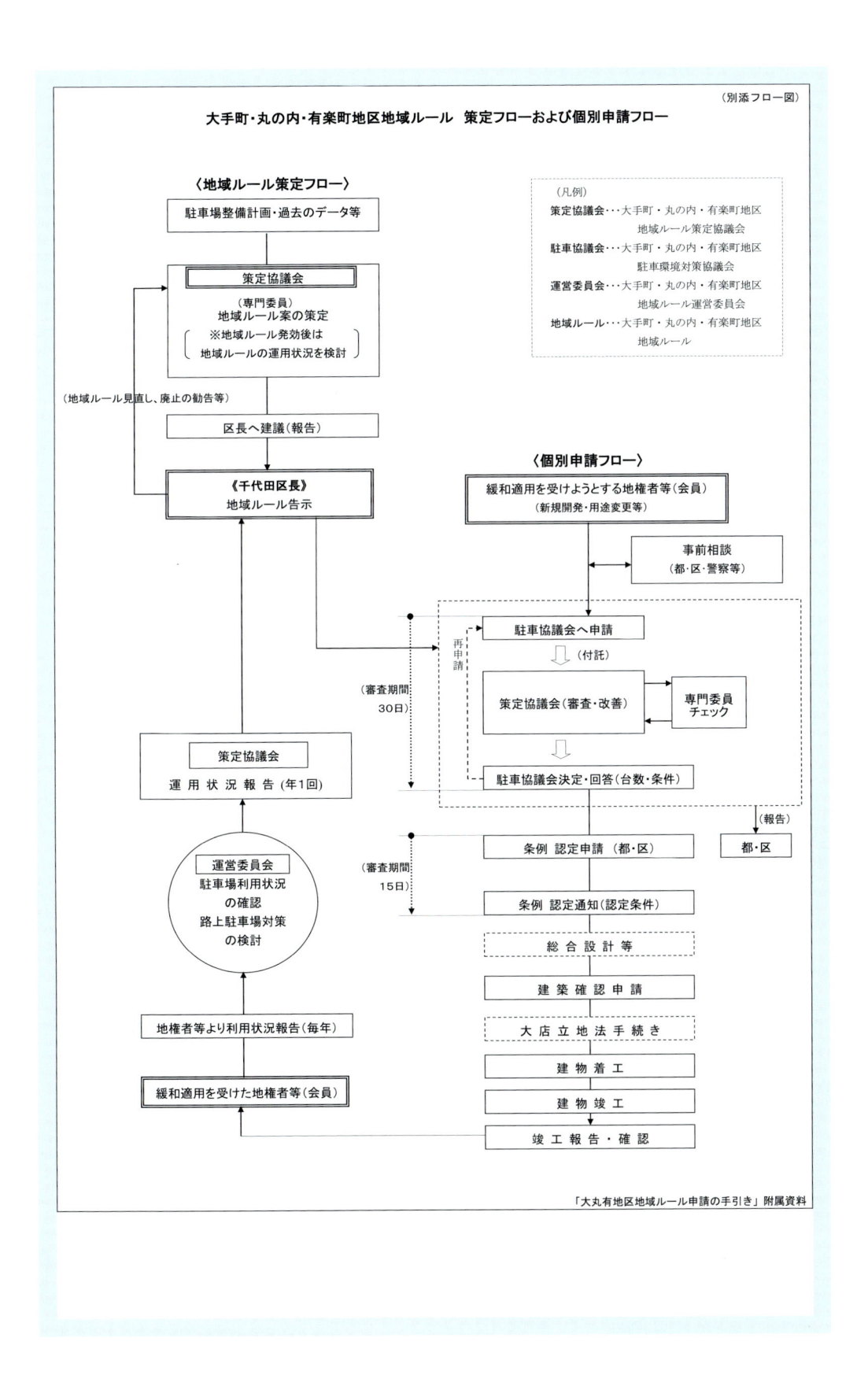

（別添フロー図）

大手町・丸の内・有楽町地区地域ルール 策定フローおよび個別申請フロー

〈地域ルール策定フロー〉

駐車場整備計画・過去のデータ等

策定協議会

（専門委員）
地域ルール案の策定

※地域ルール発効後は
地域ルールの運用状況を検討

（地域ルール見直し、廃止の勧告等）

区長へ建議（報告）

《千代田区長》
地域ルール告示

策定協議会

運 用 状 況 報 告（年1回）

運営委員会
駐車場利用状況
の確認
路上駐車場対策
の検討

地権者等より利用状況報告（毎年）

緩和適用を受けた地権者等（会員）

（凡例）
策定協議会・・・大手町・丸の内・有楽町地区
地域ルール策定協議会
駐車協議会・・・大手町・丸の内・有楽町地区
駐車環境対策協議会
運営委員会・・・大手町・丸の内・有楽町地区
地域ルール運営委員会
地域ルール・・・大手町・丸の内・有楽町地区
地域ルール

〈個別申請フロー〉

緩和適用を受けようとする地権者等（会員）
（新規開発・用途変更等）

事前相談
（都・区・警察等）

再申請

（審査期間
30日）

駐車協議会へ申請

（付託）

策定協議会（審査・改善）　→　専門委員
チェック

駐車協議会決定・回答（台数・条件）

（報告）　都・区

（審査期間
15日）

条例 認定申請 （都・区）

条例 認定通知（認定条件）

総 合 設 計 等

建 築 確 認 申 請

大 店 立 地 法 手 続 き

建 物 着 工

建 物 竣 工

竣 工 報 告・確 認

「大丸有地区地域ルール申請の手引き」附属資料

(様式－1)

緩　和　適　用　申　請　書

　大手町・丸の内・有楽町地区地域ルールの規定により駐車場付置義務の緩和を受けたいので、下記のとおり申請します。この申請書及び添付図書に記載の事項は、事実に相違ありません。

年　　　月　　　日

大手町・丸の内・有楽町地区
駐 車 環 境 対 策 協 議 会
会 長　　　　　　　　　　殿

申 請 者　住　所
　　　　　　氏　名　　　　　　印
　　　　　　電　話　　（　　　　）

〔 法 人 に あ つ て は 、 そ の 事 務 所 の 所 在 地 、 名 称 及 び 代 表 者 の 氏 名 〕

記

(1) 建 築 主 の 住 所 及 び 氏 名	電話　（　　　）
(2) 代 理 者 の 住 所 及 び 氏 名	電話　（　　　）
(3) 敷地の地名・地番	
(4) 工 事 種 別	新　築　・　増　築　・　改　築　・　用　途　変　更
(5) 地 域・地 区	1　東京都市計画千代田区駐車場整備地区　　　2　商業地域

(6) 緩和適用申請の理由

※ 受 付 欄		※認 定 番 号 欄
		年　　　月　　　日

(注意) ※欄は記入しないでください。

（様式－２－１）

駐 車 施 設 計 画 書 1 （概要）

(1)建築物の名称					
建築主の住所・氏名			電話 （ ）		
(2)敷地の地名・地番					
(3)主要用途		工事種別	新築・増築・改築・用途変更		
(4)設計者氏名		電話			
(5)敷地面積	m²	建築面積		m²	
(6)地域・地区	1 東京都市計画千代田区駐車場整備地区　　2　商業地域				

(7)延べ面積		申請部分(A)	申請部分以外の部分(B)	合　計（A+B）	※適用条項
特定用途	百貨店その他店舗	m²	m²	m²	第17条
	事務所	m²	m²	m²	第17条の2
	倉庫	m²	m²	m²	第17条の3
	その他特定用途	m²	m²	m²	第17条の4 第17条の5
	非特定用途	m²	m²	m²	第18条
	小計	m²	m²	m²	
自動車及び自転車の駐車の用に供する面積		m²	m²	m²	
合計		m²	m²	m²	

(8)駐車施設		地域ルール適用前の台数	地域ルール適用後の台数				備考
			自走式	機械式	併用式	小計	
駐車施設のある階							
駐車の用に供する面積		m²	m²	m²	m²	m²	
台数	小型車対応	台	台	台	台	台	
	普通車対応	台	台	台	台	台	
	障害者対応	台	台	台	台	台	
	荷さばき対応	台	台	台	台	台	
合計		台	台	台	台	台	

(9)条例による附置義務台数の計算	
(10)自動二輪車駐車対策	
(11)自転車駐車対策	
(12)機械装置名等	認定番号：　　　　　　　　　　　　特殊装置の分類： 特殊装置の名称：　　　　　　　　　製作会社名： ※別途、処理能力等、詳細のわかる資料を用意してください。

（注意）　小型車対応とは、幅2.3m以上×奥行き5m以上、普通車対応とは、幅2.5m以上×奥行き6m以上、障害者対応とは、幅3.5m以上×奥行き6m以上、荷さばき対応とは、幅3m以上×奥行き7.7m以上×はり下高さ3m以上、又は幅4m以上×奥行き6m以上×はり下高さ3m以上の規模を有する駐車施設をいいます。

駐 車 施 設 計 画 書 2

（駐車場整備台数の算定・駐車対策など）

駐車需要台数算定　A台	（　　　　　）台
〔算定の考え方〕	

条例による付置義務台数に緩和係数を乗じた台数　B台	（　　　　　）台
〔算定の考え方〕	
〔台数低減を考慮できる駐車対策など〕	

大店立地法基準により算出した台数　C台	（　　　　　）台
〔算定の考え方〕	

本計画における駐車対策

※上記の算定の考え方の他に詳細の分かる算定の根拠を、別途用意してください。

平成　　年　　月　　日

確　約　書

大手町・丸の内・有楽町地区
駐車環境対策協議会
会長　　　　　　　殿

住　所
氏　名　　　　　　　　　　印
電　話　　　（　　　）

　この度、大手町・丸の内・有楽町地区地域ルールに基づき、東京都駐車場条例に定める駐車場付置義務台数の緩和適用を申請するに当たって、緩和適用を受けた場合には、下記の内容を厳守することを確約致します。

記

1．本地域ルールの目的を理解し、都心地区として相応しく、安全、安心、快適な交通環境を実現するため、路上駐車の排除や路外駐車場への誘導などの対策に努めます。

2．大手町・丸の内・有楽町地区駐車環境対策協議会の規約を遵守するとともに、これに違反する場合には、認可された付置の緩和を放棄し、条例に定める附置台数に復帰します。

3．当方が原因者となる違法な路上駐車については、責任を持って対応します。

以　上

大手町・丸の内・有楽町地区駐車環境対策協議会等関係組織の変遷

4-1 大手町・丸の内・有楽町地区駐車環境対策協議会設立前・設立後の経緯

■ 協議会設立前

年		出来事
西暦	和暦	
1890 年	明治 23 年	○三菱が丸の内払下げ地を一括買収
1894 年	明治 27 年	○東京府庁舎竣工（妻木頼黄）
1894 年	明治 27 年	○三菱一号館竣工（コンドル）
1914 年	大正 3 年	○東京駅竣工（辰野金吾）
1923 年	大正 12 年	○関東大震災 ○丸の内ビルヂング竣工
1931 年	昭和 6 年	○東京中央郵便局竣工（逓信省）
1941 年	昭和 16 年	○太平洋戦争開戦
1945 年	昭和 20 年	○太平洋戦争終戦
1956 年	昭和 31 年	○地下鉄丸ノ内線東京駅開業
1960 年	昭和 35 年	○丸ノ内駐車場開業（初の民間整備の都市計画駐車場）
1963 年	昭和 38 年	○容積率制導入（高さ制限の部分的廃止）
1967 年	昭和 42 年	○東京海上ビル建て替え計画発表（美観論争）
1988 年	昭和 63 年	○「大手町・丸の内・有楽町地区再開発計画推進協議会」発足
1991 年	平成 3 年	○東京都庁舎が新宿に移転
1996 年	平成 8 年	○「大手町・丸の内・有楽町地区まちづくり懇談会」発足 ○東京国際フォーラム竣工
2000 年	平成 12 年	○「大手町・丸の内・有楽町地区まちづくりガイドライン」発表
2001 年	平成 13 年	●都市再生本部設置、制度改革の方向性の中で地域特性を踏まえた駐車場整備の適正化が打ち出される
2002 年	平成 14 年	●東京都駐車場条例改正　地域特性に応じた附置基準策定が可能となる。 ○丸の内ビルディング竣工
2003 年	平成 15 年	●千代田区駐車場整備計画検討委員会開催（5,7,9 月）

●：大丸有地区駐車場地域ルール関連の動き
○：社会の動き、大丸有地区の動き

■ 協議会設立後

年		出来事
西暦	和暦	
2004 年	平成 16 年	●千代田区駐車場整備計画改定（2 月 16 日） ●大手町・丸の内・有楽町地区地域ルール策定協議会設立（2 月 23 日）、以後、正式にルールの検討開始 ●大手町・丸の内・有楽町地区地域ルール告示（9 月 22 日） ●大手町・丸の内・有楽町地区駐車環境対策協議会設立（11 月 8 日） ●三菱商事ビルディング承認 ●新丸の内ビルディング承認
2005 年	平成 17 年	●東京ビルディング承認
2006 年	平成 18 年	●第 3 回総会（臨時）にて負担金改定 ●グラントウキョウノースタワー・サウスタワー承認 ●ザ・ペニンシュラ東京承認 ●丸の内パークビルディング承認 ●日経ビル・JA ビル・経団連ビル承認
2007 年	平成 19 年	●大丸有地区駐車需給に関する大規模調査（第 1 回）実施 ●大手町ファーストスクエア承認
2008 年	平成 20 年	●「荷捌き駐車施設整備のガイドライン」策定 ●大手町タワー承認
2009 年	平成 21 年	●大手町永楽ビルディング承認 ●JP タワー承認 ●大手町フィナンシャルシティ承認
2010 年	平成 22 年	●日本生命大手町ビル承認
2011 年	平成 23 年	●鉄鋼ビル承認
2012 年	平成 24 年	●大丸有地区駐車需給に関する大規模調査（第 2 回）実施 ●「乗用車の駐車需要推計に関する留意点」策定 ○東京駅舎復原の工事完了、開業
2013 年	平成 25 年	●大手町フィナンシャルシティグランキューブ承認 ●大手町パークビルディング承認
2014 年	平成 26 年	●大手町二丁目地区第一種市街地再開発事業承認
2015 年	平成 27 年	●（仮）丸の内 3 − 2 計画承認
2016 年	平成 28 年	●（仮）OH − 1 計画承認 ●（仮）常盤橋計画承認
2017 年	平成 29 年	●大丸有地区駐車需給に関する大規模調査（第 3 回）実施 ●（仮）大手町 1 − 4 − 2 計画承認
2020 年	令和　2 年	○東京オリンピック・パラリンピック

●：大丸有地区駐車場地域ルール関連の動き

○：社会の動き、大丸有地区の動き

4-2 大手町・丸の内・有楽町地区駐車環境対策協議会の調査・研究・事業実施の履歴

期	期間	A. 駐車環境対策等の調査検討業務 （調査・研究業務名） B. 駐車環境改善にかかわる啓発事業 （業務名）	C. 駐車環境対策に係る整備事業・助成事業 （業務名・助成金交付対象事業名）
1	2004 年 2005 年	①既存モデル駐車場の利用実態把握 ②路上駐車対策キャンペーン実施（春・秋）	
2	2006 年	①自動車利用特性調査 ②自動二輪車等駐車実態調査 ③放置車両確認事務の民間委託に伴う影響調査 ④貨物車の駐車場利用実態調査 ⑤パンフレット作成等広報活動業務 ⑥路上駐車対策キャンペーン活動業務	
3	2007 年	①駐車需給に関する調査（第 1 回大規模調査） 　（駐車施設調査・駐車場利用実態調査・路上駐停車実態調査） ②交通原単位に関する調査 ③貨物車の駐車場利用実態調査 ④荷さばき駐車施設整備に関する調査 　（荷さばき駐車施設検討会の開催（2007 年））	①事業メニューの洗い出し業務 　（路上における荷さばきベイの設置課題検討）
4	2008 年	①自動車利用特性調査 ②貨物車の駐車場利用実態調査 　（荷さばき駐車施設検討会の開催（2008 年） ⇒「荷さばき駐車施設整備ガイドライン」の策定	①事業メニューと内容検討業務 　（助成対象事業メニューの検討）
5	2009 年	①地区来街者交通実態調査 ②駐車場計画のための原単位把握と需要推計検討業務	①駐車環境に関する課題アンケートの実施 　（助成対象整備事業のニーズ把握調査） ②助成金の執行に関する要綱（案）作成
6	2010 年	①駐車需要推計のための交通原単位に関する調査（その 1） ②路外駐車場における駐車制約車両の駐車環境に関する調査（その 1）	①駐車環境整備事業助成金交付 ＊日本ビル駐車場出入口安全対策工事 ＊丸ビル・新丸ビルにおける放置駐輪防止事業
7	2011 年	①駐車需要推計のための交通原単位に関する調査（その 2） 　（乗用車駐車需要推計検討会開催（2011 年）） ②路外駐車場における駐車制約車両の駐車環境に関する調査（その 2）	①駐車環境整備事業助成金交付 ＊丸ビル・新丸ビル駐輪場設置事業
8	2012 年	①駐車需給に関する調査（第 2 回大規模調査） 　（駐車施設調査・駐車場利用実態調査・路上駐停車実態調査） ②駐車需要特性に関する調査 　（乗用車駐車需要推計検討会開催（2012 年）） ⇒「乗用車の駐車需要推計に関する留意点」の策定 ③貨物車の駐車環境対策の方向に関する研究	
9	2013 年	①駐車需給実態調査結果の比較分析に関する調査 ②自転車利用実態に関する調査 ③ホームページの開設 ④ホームページ掲載データの整理加工業務（その 1）	①交通環境整備事業推進に関する検討調査 　（助成事業ニーズ把握調査）

期	期間	A. 駐車環境対策等の調査検討業務 （調査・研究業務名） B. 駐車環境改善にかかわる啓発事業 （業務名）	C. 駐車環境対策に係る整備事業・助成事業 （業務名・助成金交付対象事業名）
10	2014 年	①駐車需給の特性と駐車場計画の課題の検証 ②駐車需要推計手法・駐車場整備計画の改善のための検討調査 ③ホームページ掲載用データ作成業務（その2） （大丸有地区の駐車環境について順次紹介） ＊大丸有地区の紹介と駐車環境の概要 ＊大丸有地区の駐車車両の特徴	①駐車環境整備事業助成金交付 ＊東京海上日動ビル駐車場安全整備プロジェクト ＊丸の内仲通り民地上歩道部の補修工事
11	2015 年	①駐車需要予測のための駐車特性分析調査 ②ホームページ掲載用データの作成業務 （その3） ＊大丸有地区の物流・荷さばき車両の現状 ＊大丸有地区における地区別の駐車特性	①駐車環境整備事業助成金交付 ＊丸の内仲通り民地上歩道部の補修工事 （Ⅰ，Ⅱ期） ＊丸ビル駐車場内車両誘導サイン整備事業 ＊丸ビル駐車場管制機器等更新工事 ＊有楽町電機ビル車路誘導標式等更新に伴う工事
12	2016 年	①乗用車等の駐車特性分析と需要予測への反映方針検討 ②貨物車の荷さばき駐車特性の分析と需要予測、整備・運用計画への反映 （荷さばき施設整備研究会開催（2016 年）） ③ホームページ掲載用データの作成業務 （その4） ＊大丸有地区の駐車特性と地域ルールの適用	①駐車環境整備事業助成金交付 ＊三菱商事ビル東側外構歩道床石補修工事 ＊丸の内仲通り民地歩道部補修工事
13	2017 年	①駐車需給に関する調査（第3回大規模調査） （駐車施設調査・駐車場利用実態調査・路上駐停車実態調査） ②荷さばき駐車施設整備のガイドラインの見直し検討及び館内共同物流の実態把握（その1） （荷さばき施設整備研究会開催（2017 年）） ③図書作成業務（その1） （大丸有駐車協議会の取り組みのまとめ）	①駐車環境整備事業助成金交付 ＊JP タワー駐車場入出庫口グレーチング改修工事 ＊歩行者用サイン設置事業（その1、その2） ＊丸の内仲通り民地上歩道部の補修工事
14	2018 年	①駐車需給実態調査結果の比較分析調査 ②荷さばき駐車施設整備のガイドラインの見直し検討及び館内共同物流の実態把握 （その2） ⇒「荷さばき駐車施設整備ガイドライン （2018 改訂）」の策定 ③駐車場整備計画の留意事項の整理等 ④図書作成業務（その2） （大丸有駐車協議会の取り組みのまとめ）	①駐車環境整備事業の助成に関する調査業務 ②駐車環境整備事業助成金交付 ＊丸の内仲通りビル駐車管制システム更新工事 ＊国際ビル地下駐車場改修工事 ＊丸の内仲通り民地上歩道部の補修工事 ＊国際ビル駐車場　駐車管制設備更新工事 ＊東京交通会館パーキングの環境整備事業

4-3 策定協議会委員の変遷

	所属・役職等	2004 年	2005 年	2006 年	2007 年	2008 年	2009 年
会長	学識経験者	高田 邦道					
専門委員	流通経済大学流通情報学部教授	苦瀬 博仁					
	東京大学教授・産学連携本部長	原田 昇					
	株式会社ついき都市企画 代表取締役	對木 揚					
	株式会社メッツ研究所 技術顧問						
委員	警視庁交通部交通規制課管理官	花田 健司					
	警視庁丸の内警察署交通課長	内藤由紀夫		小谷野伸夫		平井 郁彦	
	東京都都市整備局都市基盤部副参事	瀬川 健二	齊藤 敏		安東 季之		三木 健
	東京都都市整備局市街地建築部建築 企画課	平野 正利			小野 幹夫	山崎 弘人	
	東京都第一建設事務所管理課長	本間 秀生		中山 邦雄			
	千代田区環境土木部環境土木総務課長	首藤 正夫					
	千代田区まちづくり推進部（＊1）	山口 正紀		鈴木 豊	山口 正紀		
	千代田区まちづくり推進部建築指導 課長	木下あかね			河合 芳則		大森 幹夫
	（一社）東京駐車協会 専務理事	岡 宏樹					
	丸の内駐車場株式会社 取締役社長	宇野 治	酒井 光郎				
	株式会社グランドパーキングセンター	伊藤 進					
	三菱地所プロパテイマネジメント株式会社			瀧川 泰紀	境 紳隆	藤丘幸志郎	
	大丸有協議会幹事長（＊2）	長島 俊夫（三菱地所）					
	大丸有協議会事務局長						
	大丸有協議会街づくり検討会委員長（＊3）	松邑 和敏（東京電力）					
	大丸有協議会街づくり検討会副委員長	松田 明弘（サンケイビル）					
	大丸有協議会街づくり検討会コアスアッフ	三武 庸男（三菱地所）					

（＊1）（2004 〜 5 年）開発調整担当課長、（2006 年）地域経営担当課長、（2007 〜 10 年）都市計画課長、（2011 〜 18 年）景観・都市計画課長

2010年	2011年	2012年	2013年	2014年	2015年	2016年	2017年	2018年
					宮本 成雄			
椎名 康雄					椎名 啓雄			
齊藤　昭			小山 裕万			渡邉 準一		
土橋 秀規			江端 治朗		下田 利幸	小原 誠司	関口 智樹	
久保田浩二	山崎 浩明		木村 宣代		相羽 芳隆			
関　正明	根津 忠士			関　正明			鈴木 丈喜	
	坂田 融朗				小川　東		印出井一美	
	小川　東		武　貴志	大森 幹夫			齊藤　遵	
	伊藤　進				黒田 和孝			
	古橋 富夫		勝間田清之					
	大平落　忠			伊藤 宏樹				澤田 鉄哉
合場 直人（三菱地所）								
	金城 敦彦（三菱地所）							
	遠藤　健（サンケイビル）						桐谷　敦（サンケイビル）	
	田中裕一郎（三菱東京 UFJ 銀行）			村上 裕之（三菱東京 UFJ 銀行）	原　浩朗（三菱商事）	山尾 智聰（三菱商事）		濱尾　大（三菱商事）
	白根 哲也（三菱地所）							

（＊2）「大丸有協議会」は一般社団法人大手町・丸の内・有楽町地区まちづくり協議会の略称。

（＊3）「大丸有協議会街づくり検討会」は、2015 年 5 月より「大丸有協議会都市整備・運営部会」に変更となる。

4-4 大手町・丸の内・有楽町地区駐車環境対策協議会役員の変遷

	所属・役職等	2004 年	2005 年	2006 年	2007 年	2008 年	2009 年
会長	大丸有協議会会長	福澤　武					
理事	大丸有協議会街づくり検討会会長（＊2・＊3）	川瀬 太郎（東京電力）		松邑 和敏（東京電力）			
	〃　　街づくり検討会コアスタッフ	三武 庸男（三菱地所）					
	（一社）東京駐車協会　専務理事		岡　宏樹				
	丸の内駐車場株式会社　取締役社長	宇野　治	酒井 光郎				
	株式会社グランドパーキングセンター　取締役社長	伊藤　進					
	三菱地所プロパテイマネジメント株式会社			瀧川 泰紀	境　紳隆	藤丘幸志郎	
	NPO 法人・大丸有エリアマネジメント協会会長	小林 重敬					
	駐車協議会地域ルール運営委員会委員長	高田 邦道					
監事	大丸有協議会　街づくり検討会副会長	松田 明弘（サンケイビル）					
オブザーバー	国土交通省東京国道事務所交通対策課長	乙森 和人	篠原 正美			渡辺　稔	
	東京都都市整備局市街地建築部建築企画課長	平野 正利			小野 幹夫	山崎 弘人	
	東京都都市整備局都市基盤部交通企画課副参事（2009 年より物流調査担当課長）	瀬川 健二	齊藤　敏		安東 季之		三木　健
	東京都建設局第一建設事務所管理課長	本間 秀生		中山 邦雄			関　正明
	千代田区環境土木部環境土木総務課長	首藤 正夫					
	千代田区まちづくり推進部（＊1）	山口 正紀		鈴木　豊	山口 正紀		
	警視庁交通部交通規制課管理官	花田 健司					
	警視庁丸の内警察署　交通課長	内藤由紀夫		小谷野伸夫		平井 郁彦	
	学識経験者	宮本 成雄					

（＊1）（2004〜5 年）開発調整担当課長、（2006 年）地域経営担当課長、（2007〜10 年）都市計画課長、（2011〜18 年）景観・都市計画課長

（＊2）「大丸有協議会」は、2004〜11 年度は「大手町・丸の内・有楽町地区再開発計画推進協議会」、2012 年度からは「一般社団法人大手町・丸の内・有楽町地区まちづくり協議会」の略称。

（＊3）「大丸有協議会街づくり検討会」は、2015 年 5 月より「大丸有協議会都市整備・運営部会」に名称変更となる。

2010 年	2011 年	2012 年	2013 年	2014 年	2015 年	2016 年	2017 年	2018 年
					杉山 博孝			
	遠藤　健（サンケイビル）						桐谷　敦（サンケイビル）	
	白根 哲也（三菱地所）							
	伊藤　進				黒田 和孝			
古橋 富夫			勝間田清之					
大平落 忠			久保 人司				小原 克彦	
田中裕一郎（三菱東京 UFJ 銀行）				村上 裕之（三菱東京 UFJ 銀行）	原　浩朗（三菱商事）	山尾 智聰（三菱商事）		濱尾　大（三菱商事）
三澤 伸吾		上田　誠		菴島 洋伸		三條 憲一		五味 康真
久保田浩二	山崎 浩明		木村 宣代		相羽 芳隆			高橋竜太郎
土橋 秀規		江端 治朗			下田 利幸	小原 誠司	関口 智樹	
	根津 忠士			関　正明			鈴木 丈喜	
	坂田 融朗			小川　東			印出井一美	
	椎名 康雄				椎名 啓雄			
	齊藤　昭			小山 裕万			渡邉 準一	横山 善宏

4-5　大手町・丸の内・有楽町地区地域ルール運営委員会委員の変遷

	所属・役職等	2004 年	2005 年	2006 年	2007 年	2008 年	2009 年
委員長	学識経験者	高田 邦道					
委員長	大丸有協議会　街づくり検討会（＊3・＊4）	三武 庸男（三菱地所）					
	〃						
	（一社）東京駐車協会　常務理事	横山 敬司				石崎 寛	
	丸の内駐車場株式会社　企画部長	藤丘幸志郎					
	株式会社グランドパーキングセンター	伊藤　進					
	三菱地所プロパテイマネジメント株式会社			藤丘幸志郎			
	NPO 法人・大丸有エリアマネジメント協会　事務局長	金城 敦彦					
オブザーバー	国土交通省東京国道事務所交通対策課	今長 信浩	鎌田　貢			酒井与志亜	
	東京都都市整備局市街地建築部建築企画課	鈴木 繁康	蓮田　進	筑比地 正			三宅 雅崇
	千代田区環境土木部環境土木総務課	長田昭一郎					
	千代田区まちづくり推進部（＊1）				長田昭一郎		
	千代田区まちづくり推進部（＊2）	小俣富士雄			太田　渉	安蒜 充直	
	警視庁交通部交通規制課	小笠原澄夫			庄司 明広	原中 慎也	蛭坂　隆
	警視庁丸の内警察署　交通課	石川 正男				田尻 宏志	井田 桂子

（＊1）（2007 〜 10 年）都市計画課、（2015 〜 16 年）麹町地域まちづくり課
（＊2）（2004 〜 5 年）開発調整担当課、（2006 年）地域経営担当課、（2007 〜 10 年）都市計画課、（2011 〜 18 年）景観・都市計画課
（＊3）「大丸有協議会」は、2004 〜 11 年度は「大手町・丸の内・有楽町地区再開発計画推進協議会」、2012 年度からは「一般社団法人大手町・丸の内・有楽町地区まちづくり協議会」の略称。
（＊4）「大丸有協議会街づくり検討会」は、2015 年 5 月より「大丸有協議会都市整備・運営部会」に名称変更となる。

2010年	2011年	2012年	2013年	2014年	2015年	2016年	2017年	2018年
	白根 哲也（三菱地所）						横山 彰典	
中丸 茂之			黒田 和孝		中村　誠			
古橋 富夫			勝間田清之					
	中谷幸太郎	武村 竜彦	三國 理人		日比谷朱子	澤田 鉄哉		村瀬　毅
	中村 修和					藤井 宏章		
磯田 洋一			久保田博之		石山 哲也		星野 良一	葛西 敏彦
恵美奈裕征		鈴木かおる			田村 一徳		勝間田英行	杉浦 龍男
					小俣富士雄			
峰岸 啓介			小俣富士雄		福島 康芳		末松 英俊	
奈良 顕彦		幡野 修一		石田 晃夫		加納　武		牟田口千尋
牛山 正敏				伊藤 有二				

4-6 大手町・丸の内・有楽町地区駐車環境対策協議会事務局員の変遷

	氏　名	任　期	2004 年	2005 年	2006 年	2007 年	2008 年
事務局長	白根 哲也	2004 年 11 月～ 2009 年 3 月 2015 年 4 月～ 2017 年 12 月					
	国富　剛	2009 年 4 月～ 2015 年 3 月					
	渡邉　仁	2018 年 1 月～					
事務局員	保阪 邦夫	2005 年 4 月～ 2016 年 3 月					
	茂木 憲明	2016 年 4 月～					
	三武 庸男	2004 年 11 月～ 2012 年 12 月					
	白根 哲也	2009 年 4 月～ 2015 年 3 月 2018 年 1 月～					
	大原 大志	2015 年 4 月～ 2017 年 3 月					
	渡邉　仁	2017 年 4 月～ 2017 年 12 月					
	吉岡　悠	2017 年 4 月～					

2009 年	2010 年	2011 年	2012 年	2013 年	2014 年	2015 年	2016 年	2017 年	2018 年

索　　　引

執筆者略歴

【監修者】

高田　邦道（たかだ　くにみち）　担当：序文、第1章、第2章、第8章
日本大学名誉教授　地域ルール策定協議会会長

【執筆者】

苦瀬　博仁（くせ　ひろひと）　担当：コラム Parking2
流通経済大学教授　地域ルール策定協議会専門委員

原田　　昇（はらた　のぼる）　担当：コラム Parking1
東京大学教授　地域ルール策定協議会専門委員

宮本　成雄（みやもと　しげお）　担当：第5章、第6章
（株）メッツ研究所　技術顧問　地域ルール策定協議会専門委員

白根　哲也（しらね　てつや）　担当：第3章、第4章
三菱地所（株）開発推進部　シニア統括　大丸有地区駐車環境対策協議会事務局

茂木　憲明（もぎ　のりあき）　担当：第7章
（株）グランドワークス代表取締役　大丸有地区駐車環境対策協議会事務局

加藤　昌樹（かとう　まさき）　担当：資料
（一財）計量計画研究所（IBS）交通・社会経済部門　担当部門長

福本　大輔（ふくもと　だいすけ）　担当：資料
（一財）計量計画研究所（IBS）都市地域・環境部門　グループマネジャー

松本　浩和（まつもと　ひろかず）　担当：資料
（一財）計量計画研究所（IBS）都市地域・環境部門　グループマネジャー

木全　淳平（きまた　じゅんぺい）　担当：資料
（一財）計量計画研究所（IBS）都市地域・環境部門　研究員

【編著者・監修者紹介】

大手町・丸の内・有楽町地区駐車環境対策協議会

適切な附置義務駐車場整備と、路上駐車の排除、路外駐車場への誘導などを行い、交通の円滑化と安全性の確保を図ることにより、大手町・丸の内・有楽町地区に相応しい交通環境を実現することを目的として設置された機関。駐車場整備計画に係る地域ルールに関する諸事項の検討、申請案件に対する審査および千代田区長への地域ルール運用状況報告などを行っている。

高田　邦道 (たかだ　くにみち)

日本大学名誉教授、工学博士
日本大学理工学部交通工学科卒業、同大学大学院理工学研究科建設工学専攻修了。同大学理工学部次長(船橋校舎)、評議員、常務理事・副理事長、長崎日本大学学園理事など歴任。現在は、(一社)交通工学研究会顧問、(公財)国際交通安全学会顧問、(一社)国土政策研究会副理事長、(公財)日本交通管理技術協会理事、(一財)道路開発振興センター理事、(一社)全国交通信号工事技術普及協会副理事長を兼任。

駐車施策からみたまちづくり
地域ルールの先がけ大丸有モデル

2019 年 11 月 28 日　初版発行

定価はカバーに
表示してあります。

監修者　高田邦道
編著者　大手町・丸の内・有楽町地区駐車環境対策協議会
発行者　小川典子
印刷　　大盛印刷株式会社
製本　　東京美術紙工協業組合

発行所　**株式会社成山堂書店**
〒 160-0012　東京都新宿区南元町 4 番 51　成山堂ビル
TEL：03(3357)5861　FAX：03(3357)5867
URL：http://www.seizando.co.jp